ULRICH SCHNEIDER
DER BUDDHISMUS

ULRICH SCHNEIDER

DER BUDDHISMUS

Eine Einführung

PRIMUS
VERLAG

Einbandgestaltung: Jutta Schneider, Frankfurt

1. Auflage 1980
2., unveränderte Auflage 1987
3., durchgesehene Auflage 1992

Die Deutsche Bibliothek – CIP-Einheitsaufnahme

Schneider, Ulrich:
Der Buddhismus: eine Einführung /
Ulrich Schneider. – Darmstadt: Primus Verl., 1997
ISBN 3-89678-501-X

Lizenzausgabe 1997
für den Primus Verlag, Darmstadt

4., unveränderte Auflage

Gedruckt auf säurefreiem und alterungsbeständigem Werkdruckpapier
Printed in Germany

ISBN 3-89678-501-X

INHALT

ABKÜRZUNGSVERZEICHNIS

ABAW	Abhandlungen der Deutschen (bzw. Preußischen) Akademie der Wissenschaften, Berlin, phil.-hist. Klasse
AGAW	Abhandlungen der Akademie der Wissenschaften in Göttingen, phil.-hist. Klasse
AN	Aṅguttara Nikāya (Ausgabe der PTS)
AWLM	Akademie der Wissenschaften und der Literatur, Abhandlungen der geistes- und sozialwissenschaftlichen Klasse, Mainz
CII	Corpus Inscriptionum Indicarum
DN	Dīgha Nikāya (Ausgabe der PTS)
Dpv	Dīpavaṃsa (Ausgabe der PTS)
EI	Epigraphia Indica
ERE	Encyclopaedia of Religion and Ethics, hrsg. von J. Hastings
HOS	Harvard Oriental Series
IHQ	Indian Historical Quarterly
IIJ	Indo-Iranian Journal
JA	Journal Asiatique
LalVist	Lalita Vistara (hrsg. von S. Lefmann)
MCB	Mélanges chinois et bouddhiques
Mhv	Mahāvaṃsa (Ausgabe der PTS)
MN	Majjhima Nikāya (Ausgabe der PTS)
MP	Mahāparinirvāṇa Sūtra
Mvu	Mahāvastu (hrsg. von É. Senart)
n.	Fußnote
NGAW	Nachrichten der Akademie der Wissenschaften in Göttingen, phil.-hist. Klasse
NGGW	Nachrichten von der Gesellschaft der Wissenschaften zu Göttingen, phil.-hist. Klasse
p.	pāli, in Pāli
PTS	Pali Text Society, London
SBB	Sacred Books of the Buddhists
SBE	Sacred Books of the East
skt.	sanskrit, in Sanskrit
SN	Saṃyutta Nikāya (Ausgabe der PTS)
Sn	Suttanipāta (Ausgabe der PTS)
T.I.	Taishō Issaikyō (hrsg. von J. Takakusu und K. Watanabe, Tōkyō)
TP	T'oung Pao, Leiden
Vin	Vinaya-Piṭaka (hrsg. von H. Oldenberg, London 1879ff.)
WZKSOA	Wiener Zeitschrift für die Kunde Süd- und Ostasiens
YS	Yogasūtra

VORWORT

Erwarten Sie, verehrter Leser, bitte nicht, daß ich mich einer communis opinio unterwerfe, die ich nicht zu teilen vermag. Das wäre unredlich und würde gesicherte Ergebnisse nur vortäuschen.

Wie das, so werden Sie vielleicht fragen, ungesicherte Ergebnisse, wo es sich doch um einer Einführung handeln soll, also um die Vermittlung von grundlegendem Wissen? Und versteht man nicht unter Grundlage (fundamentum) etwas, auf dem man stehen, von dem aus man weiterkommen (weiterbauen) kann? Können ungesicherte Ergebnisse eine solche Grundlage bilden?

Darauf wäre zu antworten: Sie müssen es, notgedrungen; denn der Gegenstand, in den hier eingeführt werden soll, ist leider nicht derart, daß man, um ihn kennenzulernen, vom Einfacheren zum Komplizierteren und damit vom Sicheren zum, vielleicht, weniger Sicheren voranschreiten kann.

Was ist überhaupt dieser Gegenstand, der „Buddhismus"? Was der Buddha gelehrt hat? Gewiß! Aber nicht nur, sondern auch das, was seine Anhänger (bis auf den heutigen Tag) daraus gemacht haben oder daraus haben machen lassen — wobei noch eine ganz andere Frage die ist, ob und, gegebenenfalls, wieweit sie sich solcher (von der Autorität, auf die sie sich berufen, nicht vorgesehenen) Veränderungen bewußt waren.

Wenigstens für den Außenstehenden — bei einem, der sich selbst dazu bekennt, mögen die Dinge anders liegen — ist also „Buddhismus" auch ein soziales und folglich auch ein historisches Phänomen, etwas, das sich mit der Zeit gewandelt hat (und noch wandelt). Buddhismus ist daher nicht — zumindest nicht in dem Umfange wie z. B. eine wissenschaftliche Methode — erlernbar; er kann letztlich nur aus dem Zusammenhang menschlichen Lebens heraus verstanden werden, und zwar mehr oder weniger und nie ganz ohne persönliche Wertung, die ihn zum Bestandteil des Weltbilds dessen macht, der sich mit ihm beschäftigt.

Bestehen bleibt bei alledem, daß die Lehre des Buddha der wesentliche Ausgangspunkt der Entwicklung war. Sie sollte daher zweckmäßigerweise auch Ausgangspunkt und Schwerpunkt für unsere Einführung sein. Allein, hierin liegt nun eine weitere Schwierigkeit, die zwar nicht so prinzipieller Natur ist wie die soeben geschilderte, jedoch als nicht minder einschneidend betrachtet werden muß: wir besitzen — trotz gegenteiliger Behauptung in den erst lange nach dem Tode des Buddha fixierten kanonischen Schriften — kein authentisches „Buddhawort" *(buddhavacana)*. Und so wird in diesem Buche der Versuch gemacht werden müssen, wenn nicht dieses „Buddhawort", so doch seinen wesentlichen Lehrinhalt zu rekonstruieren. Dabei kann gar nicht nachhaltig genug darauf hingewiesen werden, daß es sich um einen Versuch handelt, einen Versuch, dessen Ergebnisse nicht zum gesicherten Bestand unseres Wissens gehören und auch nicht — darf ich sagen: Gott sei Dank? — communis opinio sind.

Die hier vorgelegte „Einführung in den Buddhismus" ist also auch eine Einführung in die Problematik einer wissenschaftlichen Beschäftigung mit dieser geistigen Bewegung, die wie vielleicht keine zweite das Gesicht Asiens geprägt hat und deren universalhistorische Bedeutung noch gar nicht abgeschätzt werden kann. Sie soll zum Nachdenken anregen und will nicht als „Schwarz-auf-Weiß-Besitz" getrost nach Hause getragen sein.

Entschuldigen muß ich mich dafür, daß ich in den Kapiteln 1 und 2 einige Passagen aus eigenen früheren Arbeiten mehr oder weniger wörtlich übernommen habe. Es geschah dies nicht aus Bequemlichkeit, sondern weil ich es nicht besser formulieren, andererseits im Interesse des Themas auch nicht weglassen konnte.

Das Ganze beruht übrigens auf einem Vorlesungsmanuskript und hat insoweit bereits als Einführung in den Buddhismus gedient.

Dank schulde ich vielen, mit denen ich anstehende Probleme diskutieren konnte: am meisten R. Geib; er hat mich u. a. durch eine auf meditativer Erfahrung beruhende Kritik dazu gebracht, die Bedeutung des Edlen Achtgliedrigen Weges (vgl. unten) ungleich höher einzuschätzen, als ich es früher getan hatte.

0. EINLEITUNG

0.1. Allgemeines

In der Religionswissenschaft — vor allem, wenn sie sich populär gibt — ist es auch heute noch üblich, von drei existierenden Weltreligionen zu sprechen. Zu ihnen gehört neben dem Christentum und dem Islam der in der Reihenfolge ihrer Entstehung sogar an erster Stelle stehende Buddhismus. Diese drei Religionen sind gleichermaßen Stifter- oder Gründerreligionen, und das insofern, als ihr Beginn auf eine bestimmte historische Persönlichkeit zurückgeführt werden kann. Und sie stehen im Gegensatz zu den sogenannten Volksreligionen. Die Unterscheidung zwischen Weltreligion und Volksreligion wird darin gesehen, daß letztere im Volkstum ihre Grenze findet, während erstere mit dem Anspruch auftritt, eine für alle Menschen verbindliche Lehre oder Heilsbotschaft zu bieten (s. A. Bertholet [1952], s.v.; G. Mensching [1938]).

Eine solche Unterscheidung zwischen Welt- und Volksreligion mag brauchbar sein für einen ersten Anlauf, einen ersten Versuch, sich den Überblick über das bunte Bild der heute auf der Erde existierenden Religionen und ihre Geschichte zu erleichtern. Bei näherer Betrachtung jedoch — und das ist sozusagen der didaktische Wert dieser Unterscheidung — wirft sie mehr Probleme auf, als durch sie gelöst werden können.

Was zunächst den Begriff „Volksreligion" angeht, so ist anzumerken, daß er selbst in der Religionswissenschaft nicht eindeutig auf die oben angegebene Definition festgelegt ist. Man versteht darunter auch noch etwas anderes, nämlich den niederen Volks- oder Aberglauben, der, oft als uraltes Substrat, auch unter der Decke der mehr oder weniger offiziell anerkannten Hochreligion weiterlebt, dabei von ihr entweder unterdrückt, stillschweigend geduldet oder sogar (nicht selten) nutzbar gemacht wird. Ein solcher Volks- oder Aberglaube erfaßt keineswegs immer ein bestimmtes Volkstum; er kann in seiner Verbreitung viel enger begrenzt sein, er kann aber auch viel weiter reichen, sogar — und das ist in der Tat häufig der Fall — global vorkommen.

Allein selbst wenn man bei der Definition des Begriffes „Volksreligion" diese schwer einzuordnende und abzugrenzende Sphäre des Volks- oder Aberglaubens ausscheidet, gibt es noch Fälle zu registrieren, die an der Zweckmäßigkeit des hier zur Erörterung stehenden religionswissenschaftlichen Schemas zweifeln lassen. Zwei von ihnen, indische und daher für das

Thema „Buddhismus" von unmittelbarer Bedeutung, mögen, eben aus diesem Grunde, herausgestellt werden:

1. Der Jinismus (oder Jainismus): Er ist eine — mit Kult (des Stifters, der Stifterfigur) angereicherte, daher zweifellos auch „Religion" zu nennende — Erlösungsbewegung auf asketischer Grundlage. Als solche trägt er, wie der Buddhismus (mit dem er etwa gleichaltrig ist), alle Merkmale einer „Weltreligion" bis auf eines, das nun allerdings als unabdingbar angesehen werden muß: Der Jinismus hat nie nennenswert über Indien hinausgewirkt, und er ist, zumindest heute, selbst in Indien auf eine kleine, festgefügte Gruppe (meist Kaufleute) beschränkt. Trotz dieses Mankos steht er jedoch seiner ganzen Struktur nach dem Buddhismus sehr viel näher als dieser den beiden anderen „Weltreligionen" Christentum und Islam.

2. Ganz anders als der Jinismus ist der Hinduismus. Müßte man, um das angenommene Schema zu halten, jenen als „potentielle" oder geradezu als „verhinderte Weltreligion" einstufen, so ließe sich dieser, der eher unter dem Begriff „Volksreligion" zu subsumieren wäre, etwa als „hypertrophe Volksreligion" bezeichnen. Der Hinduismus schleppt nämlich eine Unzahl meist primitiver, in jedem Falle heterogener Kulte und, wenn man so will, Heilslehren mit sich, ein Tatbestand, der allein schon beweist, daß er im Verlaufe seiner Geschichte gewachsen ist — gewachsen aber nicht durch Mission, d.h. durch Bekehrung einzelner zu einem bestimmten Glauben, sondern durch Eingliederung ganzer Bevölkerungsgruppen in ein spezifisch indisches Sozialsystem. Das Ganze ist dennoch mehr als ein Konglomerat der verschiedensten Kult- und Glaubensformen; gibt es doch neben diesen, besser vielleicht: darüber, so etwas wie einen „Hochhinduismus", oder anders ausgedrückt: eine „Große Tradition", die es — um nur ein Beispiel zu nennen — einem Dorfgott ermöglicht, zur Inkarnation Viṣṇus und damit zu überregionaler Geltung (durch Verwandtschaft mit anderen „Inkarnationen Viṣṇus") aufzusteigen.

Diese „Große Tradition" ist einer priesterlichen Elite (dem weitgehend die geistige Kultur Indiens tragenden Brahmanentum) verpflichtet. Der Hinduismus hat deshalb eine indische Grundlage mit Buddhismus (und Jinismus) gemeinsam, welche radikal anders ist als die der beiden westlicheren „Weltreligionen". So herrscht, um nur das Wichtigste zu nennen, in den indischen Systemen ein zyklisches Weltbild vor, nach dem sich alles in einem ewigen (d.h. end- und anfangslosen) Kreislauf befindet, mit der einzigen Ausnahme, daß eine Erlösung (aber immer nur des einzelnen!) möglich bleibt — während Christentum und Islam ein streng theozentrisches Weltbild bieten, mit einem absoluten Anfang und einem absoluten Ende, also einer Eschatologie, in der neben (kollektiver) ewiger Seligkeit auch ewige Verdammnis (die in Indien undenkbar erscheint) ihren festen Platz hat.

Die soeben skizzierte Gemeinsamkeit von Hinduismus auf der einen und Buddhismus (Jinismus) auf der anderen Seite verhindert indessen nicht, daß mit ihnen, innerindisch und idealtypisch gesehen, Gegenpositionen vertreten werden. Während nämlich die Asketen eine ethische Lehre verkünden, die alle Menschen als gleich betrachtet, damit aber auch, nach Art der „Weltreligion", alle Menschen bindet (nur in der einen Lehre ist das Heil), bietet der Hinduismus, wenigstens für die einzelne Gruppe in dem Sozialsystem, geistige Freiheit (ihr Glaube, ihre religiöse Praktik berühren die anderen nicht), zwingt dafür aber zumindest dem einzelnen, weitgehend auch der Gruppe eine soziale Bindung auf, von der kaum loszukommen ist. Eine Tabelle mag verdeutlichen, was ich meine:

Hinduismus	Buddhismus (Jinismus)
nur Angliederung ganzer Gruppen	nur Bekehrung einzelner
religiöse Freiheit	Gebundenheit an eine Lehre
soziale Gebundenheit	soziale Freiheit (Mensch = Mensch)

Man sieht: Es ist eine echte Alternative, die hier geboten wird, besser: die sich im Verlaufe der Zeit herausgebildet hat; denn es handelt sich dabei natürlich um das Ergebnis eines den Beteiligten kaum je bewußt gewordenen historischen Prozesses. Gerafft und vergröbernd kann man ihn etwa folgendermaßen beschreiben:

1. Am Anfang standen lokale Kulte und ihre Priester, daneben, fast schon darüber, Opferpriester vedischer Tradition, deren crème de la crème dem alten arischen Priesteradel (dem Brahmanentum) entstammte. Unter ihnen — vor allem, soweit es sich um größere Unternehmen (z.B. am Hofe von Regionalfürsten) handelte — gab es Konkurrenz und somit die Entwicklung eines bis zur Raffinesse gesteigerten Rituals. Es versteht sich von selbst, daß dieses Ritual, wie priesterliches Wissen überhaupt, esoterisch war.

2. Als die Asketenbewegungen aufkamen, trat mit ihnen eine Konkurrenz ganz anderer, nämlich radikaler, Art auf den Plan. Sie läßt sich am Buddha als dem bedeutendsten, weil erfolgreichsten und daher auch am besten dokumentierten, Asketenlehrer exemplarisch aufzeigen: Seine Lehre erhebt zwar den Anspruch, die (einzige) Möglichkeit zur Erlösung aus dem Kreislauf der Wiedergeburten aufzuzeigen; sie kann aber strenggenommen nicht als „Religion" bezeichnet werden: Es fehlt jeglicher Kult, jegliches Ritual, und es fehlt auch ein echter Glaube. Man kann sich, nebenbei bemerkt, den Weg zu ihrem Verständnis kaum gründlicher verbauen als dadurch, daß man den Buddha mit Christus oder Mohammed auf eine Ebene stellt; er war vielmehr ein Wanderprediger und Lehrer vom Schlage eines Sokrates oder Konfuzius, ein Rationalist, für den nicht metaphysische (also auch nicht „religiöse")

Fragen im Vordergrund standen, sondern ethische. Und er setzte damit eine (vom indischen Standpunkt) philosophische Tradition fort, die von Haus aus zwar ebenfalls priesterlich-esoterisch war, die er aber mit seiner Lehre in die Exoterik führte.

3. Exoterik einer philosophischen Lehre, welche die Erlösung verspricht, ohne daß man des Priesters bedarf — das mußte vom Brahmanentum als ketzerisch empfunden werden; denn damit war dessen Existenzgrundlage unmittelbar bedroht. So kam es zu einer Reaktion aus diesen Kreisen dergestalt, daß die bis dahin weitgehend auf sich gestellten Kulte, auch die kleineren, durch entsprechenden Ausbau der (an sich längst vorhandenen) „Großen Tradition" attraktiver wurden. Man kann daher sagen: Die brahmanische Reaktion, welche für die in der Tabelle aufgezeigte hinduistische Alternative zum Buddhismus verantwortlich ist, ist ihrem ganzen Wesen nach konservativ, d.h. sie trachtet, Althergebrachtes („Volksreligiöses") gegen die Neuerung der Asketen zu erhalten. —

So haben also die großen Asketenbewegungen des 6. Jahrhunderts v. Chr. den Hinduismus provoziert; und sie sind dabei — begreiflicherweise, wenn auch (von ihrem Gründer) nicht vorhergesehen — in den Sog des weltlichen Lebens (dem sie ja eigentlich entfliehen wollten), ja sogar in den Sog der Politik geraten.

Was den Buddhismus angeht, so gilt es jedenfalls festzustellen, daß (ohne die Autorität des Buddha!) die Provokation, von der eben die Rede war, sehr bald auch nach der anderen Richtung wirksam und dadurch eine permanent wechselseitige wurde: Ein Prozeß des Gebens und Nehmens kam in Gang und mit ihm im Verlaufe der Jahrhunderte eine Gewichtsverlagerung dahingehend, daß der Buddhismus (es war längst nicht mehr nur die Lehre des Buddha) immer stärker in die Rolle des nur nehmenden Teils gedrängt wurde, sich also immer mehr dem Hinduismus anglich, bis er schließlich von diesem aufgesaugt werden konnte — jedenfalls in Indien. Außerhalb setzte er, durch die erwähnte hinduistische („volksreligiöse") Beeinflussung mehr oder weniger verändert, sogar stimuliert, seinen Siegeszug fort.

Dieser Siegeszug führte ihn über riesige Gebiete Asiens, bis nach Japan, bis in die Mongolei hinein. Und wenn ihm davon auch vieles wieder entrissen wurde, vor allem durch den Islam, in den letzten Jahrzehnten auch durch kommunistische Revolutionen, so dürfte die Zahl seiner Anhänger doch noch immer die 100-Millionen-Grenze übersteigen. Indessen hat und hatte die eigentliche weltgeschichtliche Bedeutung des Buddhismus mit der Zahl seiner Anhänger wenig zu tun. Sie liegt vielmehr darin, daß über ihn (keineswegs ausschließlich, aber doch vornehmlich) eine der großen Kulturen der Menschheit, die indische, ausgestrahlt wurde und (was man häufig außer acht läßt) ausgestrahlt wird. Man hat deshalb den Buddhismus geradezu als „Exportform des Hinduismus“ bezeichnet (Eliot). Doch das ist genauso halbrichtig (und halbfalsch) wie seine Zuordnung zu den „Weltreligionen“. Genauere Kenntnis führt auch hier, wie so oft, zu einer differenzierteren Beurteilung.

0.2. Zur Geschichte und zum Stand der Forschung

Nachrichten über Indien hatte das Abendland schon lange vor Alexander dem Großen, der 327 v. Chr. in das Panjab-Gebiet kam. In den darauffolgenden Jahrhunderten war der griechisch-indische Kontakt zeitweilig recht eng. Eine — übrigens nur ganz oberflächliche — Kenntnis von der Existenz des Buddhismus ist jedoch erst bei Klemens von Alexandria nachweisbar (ca. 200 n. Chr.; s. R. C. Majumdar [1960], S. 440), und erst seit dem 13. Jahrhundert n. Chr. ist abendländischer Kontakt mit Buddhisten belegt. Es hat dann immerhin noch fünf Jahrhunderte gedauert, bis es zu einer ernst zu nehmenden indologischen Forschung kam. Und von einer Buddhismus-Forschung (zunächst innerhalb der Indologie) kann vor Beginn des 19. Jahrhunderts kaum die Rede sein.

In diesem Zusammenhang ist vor allem Eugène Burnouf (1801—1852) zu nennen, ein genialer Franzose, der in Paris lehrte und dem fast die gesamte auf ihn folgende Indologen-Generation verpflichtet ist. Der Aufschwung, den mit ihm die Indologie (und mit ihr die Erforschung des Buddhismus) nimmt, ist nicht auf Frankreich beschränkt; er ist auch in England, Holland, Belgien, Dänemark, Rußland und nicht zuletzt in Deutschland spürbar. Doch nun gabelt sich die Forschung, soweit sie sich mit dem Buddhismus befaßt. Während die einen — unter ihnen die deutschen Indologen, aber auch die englischen, dänischen, niederländischen — auf die indischen Quellen des Buddhismus konzentriert bleiben, d. h. überwiegend auf die in Pāli abgefaßten Schriften des südlichen (Theravāda-)Buddhismus, haben Russen und Franzosen (teils durch ihre geographische Situation, teils durch ihren Kolonialbesitz mehr auf den gesamtasiatischen Raum verwiesen) viel früher auch außerindische Quellen, vor allem tibetische und chinesische, herangezogen. Es handelt sich dabei zum größten Teil um Übersetzungen indischer Texte, die mit dem Verschwinden des Buddhismus in Indien in ihrem indischen Original verlorengegangen sind. Diese Übersetzungsliteratur ist von riesigem Umfang.

Ohne sie zu kennen, haben deutsche Forscher (Geiger, Oldenberg) die Ansicht vertreten, sie trüge nichts zur Kenntnis der älteren buddhistischen Lehre bei (auf die man zunächst schon deswegen konzentriert war, weil auch jüngere Texte von der Tradition ganz überwiegend dem Buddha in den Mund gelegt werden). Diese Ansicht ist inzwischen, was gewisse chinesische Texte angeht, nicht mehr aufrechtzuerhalten. Sie hat aber in Deutschland zu einer folgenschweren Vernachlässigung des Studiums zentral- und ostasiatischer Quellen geführt. Dieses Manko kann erst allmählich ausgeglichen werden. Buddhologische Zentren wie Paris, Rom und, früher, Petersburg gibt es in Deutschland nicht. Auch England und die Vereinigten Staaten sind in dieser Hinsicht günstiger gestellt. In London wurde 1881 die Pali Text Society gegründet, die sich inzwischen durch Texteditionen und Übersetzungen große Verdienste erworben hat.

Außerhalb des Westens wird in den Ländern des Theravāda-Buddhismus (Sri Lanka, Burma, Thailand), aber auch in Indien selber viel für die Buddhismus-Forschung getan; ganz unentbehrlich sind die dort erscheinenden Texteditionen, u. a. Ausgaben des Pāli-Kanons. Die wertvollste buddhologische Arbeit überhaupt wird jedoch in Japan geleistet, wo es, wie in Südostasien, neben der buddhologischen auch eine ungebrochene buddhistische Tradition gibt.

Wer über diese Einführung hinaus Information, abweichende Ansichten, andere Gesichtspunkte und Maßstäbe sucht, dem sei wärmsten empfohlen, zunächst zu zwei kleineren Arbeiten zu greifen, die einander gut ergänzen: D. Schlingloff (1962) und H. W. Schumann (1976). Ersterer behandelt den Buddhismus mehr als Religion, letzterer bietet eine wohlabgewogene, durchaus eigenständige Darstellung der Lehre und ihrer Entwicklung. Damit sind die (sehr verdienstvollen) älteren Arbeiten von R. Pischel (1921) und H. Beckh (1916) zeitgemäß ersetzt; doch sei darauf hingewiesen, daß Beckh in seinem ersten Band eine zuverlässige, bequem benutzbare Inhaltsangabe der Buddha-Legende nach dem Lalita Vistara (vgl. dazu unten, S. 52 sowie n. 18) bringt. Eine gute Ergänzung hierzu: A. Bareau (1964) — das Handbuch aus der Feder eines Forschers der französischen Schule.

Aus dieser Schule stammt auch É. Lamotte, der (1958) ein magnum opus vorlegte, welches auf lange Zeit hinaus das Standardwerk für die Geschichte des Buddhismus bleiben wird. Des Autors umfassende Kenntnis der Primärquellen (nicht nur der philologischen) gibt diesem Buch in vieler Hinsicht selber so etwas wie einen Quellenwert; und es sei gleich betont, daß davon auch diese Einführung profitiert hat, mehr, als aus der Darstellung im einzelnen hervorgehen mag. Leider reicht Lamottes Geschichte vorläufig (sie soll offenbar fortgesetzt werden) nur bis in das 1. Jahrhundert n. Chr. Außerdem ist sie, was nun freilich auch (beim jetzigen Stand der Forschung) gewisse Vorteile hat, auf Indien beschränkt. Hier ergänzt (übrigens ohne etwa bloß Lückenbüßer zu sein) ein sehr langer, mit Material vollgepropfter, leider noch nicht annotierter (die Noten sollen in einem weiteren Band folgen)

Handbuchartikel zweier hervorragender französischer Gelehrter: J. Filliozat und P. Demiéville (1953) — Pflichtlektüre für einen angehenden Studenten der Buddhologie.

In älteren Gesamtdarstellungen seien noch genannt: H. Kern (1882), H. Oldenberg (1881), W. Wassiljew (1860), C. F. Koeppen (1857). Von diesen hat Oldenberg 1959 die 13. Auflage erlebt (Nachwort von H. v. Glasenapp). Das Buch wird noch immer sehr gelobt, kann aber nicht mehr als auf der Höhe der Forschung stehend bezeichnet werden. Oldenberg hat vieles allzusehr mit westlichen Augen gesehen, er hat den südlichen Buddhismus in seiner Originalität über- und den nördlichen unterschätzt, und seine große Kunst der Darstellung hat ihn gelegentlich dazu verführt, Schwächen in seiner Argumentation zu verdecken. Dagegen hat Koeppen, obwohl vollkommen Außenseiter in dem illustren Kreis der Indologen, mit seinem Werk für seine Zeit und seine Möglichkeiten einen großen Wurf getan.

Ganz für sich steht E. Burnouf (1844) und (1852). Er hat, als Pionier, ganz Erstaunliches geleistet und erkannt. Für einen, der etwas tiefer in die Buddhismus-Forschung eingedrungen ist, lohnt es daher noch immer, ihn zu lesen; daß fast alle seine Quellen Handschriften waren (da ja noch keine Texteditionen zur Verfügung standen), erscheint heute beinahe unfaßbar.

Was die philosophische Seite des Buddhismus angeht — und eine Philosophie hat es ja im Buddhismus immer gegeben; die in den Abwehrkämpfen gegen den Hinduismus entwickelte Erkenntnistheorie gehört zu den großen Leistungen der indischen Kultur —, so bietet E. Frauwallner (1956) den mit Abstand besten Zugang: sorgfältig ausgewählte (und gut übersetzte) Textstücke in chronologischer Reihenfolge, mit einem überleitenden Kommentar. Damit müßte auch der des Sanskrit unkundige, aber philosophisch interessierte Leser zurechtkommen. Im übrigen sei aber einmal gesagt: Das Philosophen-Sanskrit ist weder von der Grammatik noch vom Vokabular her besonders schwierig; es läßt sich mit einem vernünftigen Aufwand an Zeit und Mühe erlernen. Und der Vergleich der indischen Philosophie mit der abendländischen, ein dringendes Desideratum, geht (so unerläßlich Übersetzungen selbst für den Sprachkundigen sind) letztlich nur über das Studium des indischen Originals.

Doch nicht nur Frauwallners Quellenlesebuch ist wichtig, auch seine „Geschichte der indischen Philosophie" (1953). Sie ist allerdings unvollendet geblieben und geht deshalb nur auf den älteren Buddhismus ein. Leider, denn S. Dasgupta (1922), ansonsten noch immer das Standardwerk über indische Philosophiegeschichte, behandelt die buddhistische Philosophie nur summarisch (s. I, S. 78—168). Und die Arbeiten russischer Gelehrter — von denen O. Rosenberg (1918) und T. Stcherbatsky (1930) genannt werden mögen — sind kein vollwertiger Ersatz; sie gehen von Voraussetzungen aus, die ich sowenig akzeptieren kann wie Frauwallner (1953), S. 464.

Übersetzungen buddhistischer Texte gibt es eine Menge. Doch die Qualität ist sehr unterschiedlich. Benutzbar ist auf alle Fälle das breite Angebot der Pali Text Society, Translation Series, und der Sacred Books of the Buddhists (die beide in London erscheinen). Von den deutschsprachigen Übersetzungen sei R. O. Franke (1913) ganz besonders empfohlen. Franke bietet eine Auswahl von Sūtra-Texten aus dem Dīghanikāya, einer der wichtigsten Lehrtextsammlungen des Pāli-Kanons (vgl. dazu unten, 4.3.1.1.). Und er übersetzt nicht nur, sondern er schließt auch den Text auf: durch Register, zahlreiche Anmerkungen sowie durch Anhänge und eine ausführliche Einleitung. Mit seiner Ansicht, der Dīghanikāya sei „keine Sammlung von Reden, sondern ein einheitlich abgefaßtes schriftstellerisches Werk", die er, a.a.O., S. Xff., zu beweisen versucht, ist er freilich nicht durchgedrungen. Empfehlenswert ist ferner K. Seidenstücker (1923). Dieses Buch hat sogar den Vorteil, daß es dem Leser die Lehre, vornehmlich nach den älteren Teilen des Pāli-Kanons, in systematischer Anordnung kleiner, sorgfältig ausgewählter Textstücke vor Augen führt. Mehr den Charakter einer Anthologie haben die Übersetzungen von E. Conze (1957) und H. v. Glasenapp (1956). Beide beziehen aber auch, Conze vor allem, die nördliche Überlieferung (die auch das Mahāyāna und noch spätere Entwicklungen umfaßt) mit ein. Will man bedeutendere Mahāyāna-Texte kennenlernen, dann ist es nützlich zu wissen, daß man von da aus — und vielleicht über H. C. Warren (1896) und H. Kern (1884) — Zugang gewinnt zum Verständnis wichtiger Texte der nördlichen Tradition, um deren monographische Behandlung sich vor allem Forscher der französischen Schule (Sylvain Lévi, L. de La Vallée-Poussin, E. Lamotte u.a.) verdient gemacht haben.

Die entsprechenden bibliographischen Angaben findet man — in diesem Falle am besten unter Zuhilfenahme des (auch von mir oben benutzten) wissenschaftsgeschichtlichen Abrisses von J. W. de Jong (1974) — in der Bibliographie Bouddhique, einem Arbeitsinstrument, das für jeden, der auf diesem oder einem verwandten Gebiet arbeitet, ganz unentbehrlich ist. Eine alphabetisch nach Verfassernamen geordnete, einbändige und daher gelegentlich bequemer benutzbare Bibliographie von immerhin über 15000 Titeln ist Sh. Hanayama (1961). Die philosophischen Werke findet man verzeichnet bei C. Regamey (1950).

Ein auf großem Umfang berechnetes enzyklopädisches Werk, G. P. Malalasekera (1961) — das einzige seiner Art in einer europäischen Sprache —, steckt leider noch immer ganz in den Anfängen.

Wer sich für den „buddhistischen Modernismus" interessiert, sollte zu allererst H. Bechert (1966) konsultieren, ein großangelegtes dreibändiges Werk über den Theravāda-Buddhismus (Ceylon, Birma, Kambodscha, Laos, Thailand), dem auch die historische Dimension nicht fehlt.

0.3. Der kulturgeographische Kontext

Die Lehre des Buddha gilt für alle Menschen. Dennoch konnte sie nur in Indien entstehen, und übrigens auch hier nur unter bestimmten historischen Voraussetzungen. Was diese Voraussetzungen anbetrifft, so werden wir darauf später (s. unten, 0.5. sowie 2.0.—2.1.) zurückkommen; zunächst geht es darum, wenigstens ganz kurz das Land vorzustellen[1].

Dabei ist die Bezeichnung „Land“ schon nicht ganz richtig gewählt. Indien, genauer Vorderindien, ist eher ein Subkontinent von etwa der Flächenausdehnung Europas (ohne Rußland), eine riesige Halbinsel im Süden der eurasiatischen Festlandmasse, die mit ihrer Spitze (welche aussieht wie die eines ziemlich langgezogenen gleichschenkeligen Dreiecks) in den Ozean hineinstößt, während die nördliche Grenze (die dem Ganzen nun doch eher die Form eines Trapezes als die eines Dreiecks gibt) durch die höchste Gebirgskette der Erde (den Himālaya) sowie deren westliche und östliche Randgebirge gebildet wird. Besonders wenn die Insel Ceylon (Sri Lanka) miteinbezogen wird, nennt man diesen Subkontinent auch „Südasien“.

Seine nördliche Baueinheit besteht aus dem Himālaya (mit den Randgebirgen) und seinen Vorbergen. Ihr folgt nach Süden hin erst die Schwemmebene der Flüsse Indus und Yamunā-Gangā (mit der sich in Bengalen der vom Norden kommende, durch das Gebirge hindurchbrechende Brahmaputra zu einem Delta vereint). Dann kommt der eigentliche Sockel der Halbinsel mit dem Hochland von Dekkhān. Dies fällt (mehr noch im Westen als im Osten, kaum noch im Südosten) zur Küste hin steil ab, die sogenannten West- bzw. Ost-Ghats bildend (Hindi ghāṭ = „Treppe“). Es ist übrigens auch sonst stark zerklüftet und hat im Süden wie auch auf Ceylon Berge von mehr als zweieinhalbtausend Metern Höhe.

Bei dem sehr ausgeprägten Relief (die Himālaya-Kette ist fast doppelt so hoch wie die Alpen) und der großen Nord-Süd-Entfernung (Delhi liegt in der gemäßigten Zone, Ceylon in Äquatornähe) sind starke Klimaunterschiede selbstverständlich. Trotzdem spricht man von einem (relativ) einheitlichen „Großklima“ (s. Fischer-Länderk. [1977], S. 47ff.), und zwar insoweit, als Monsunwinde, und d. h. jahreszeitlich ziemlich scharf abgrenzbare Regen- und Trockenperioden, eine beherrschende Rolle spielen. Somit entspricht der geographischen Abgrenzung Südasiens auch eine klimatische: vom trocken-heißen Vorderasien, vom trocken-winterkalten, abflußlosen Innerasien und übrigens auch vom monsunal-tropischen Hinterindien.

[1] Vgl. dazu die ebenso kurze wie informative Darstellung (mit ausgezeichneten Karten) von H. Uhlig (1966). Ferner: Fischer-Länderk., S-Asien (1977); O. H. K. Spate (1967); L. Alsdorf (1955); N. Krebs (1939).

Was vom Klima gilt, das kann man in ähnlicher Weise — ohne Zusammenhänge zwischen beiden Bereichen konstruieren zu müssen — von der Kultur behaupten. Jedenfalls taucht für Südasien auch der Begriff „Kulturerdteil" auf (s. a.a.O., S. 11), woraus allerdings gerade nicht geschlossen werden darf, daß die Menschheit in diesem Gebiet der Erde abgeschlossen gelebt oder gar vor sich hingedämmert hätte, wie man auf Grund der Abgeschlossenheit des Raumes vielleicht vermuten könnte.

Das Gegenteil ist von dieser Definition her gefordert und auch tatsächlich der Fall: Wie eine oberflächliche Betrachtung nahelegt und eine eingehendere Untersuchung bestätigt, zerfällt die indische Bevölkerung — mehr noch als die Europas — in eine Vielzahl von Rassen, Ethnien und Sprachen (aus drei ganz verschiedenen Sprachfamilien), was mit Sicherheit darauf schließen läßt, daß Indien anthropologisch ein Schwemmland ist: Man wanderte ein und blieb.

Der anthropologische Befund ergibt aber auch, daß, obgleich alle großen Rassen in der indischen Bevölkerung vertreten sind, der europide Typ entschieden überwiegt. Schon daraus geht hervor, daß die Mehrzahl der Einwanderer aus westlicher Richtung kam — nicht alle. So müssen z.B. die Mundas, eine Stammesbevölkerung von heute noch etwa fünf Millionen Menschen in den Rückzugsgebieten Orissas, Bihars und Bengalens, nicht nur wegen ihrer körperlichen Merkmale, sondern auch nach Ausweis ihrer Sprache (es gibt da Verwandtschaft bis nach Vietnam hin) und ihrer heutigen Verbreitung in Indien, aus dem Nordosten eingewandert sein; und derselbe Tatbestand läßt sich, um ein weiteres Beispiel zu bringen, für die Ahom, die mehrere Jahrhunderte hindurch in Assam die Herrenschicht bildeten, sogar urkundlich nachweisen. Auch die Himālaya-Pässe waren, wie wir wissen, kein unüberwindliches Hindernis. Und beiläufig sei erwähnt, daß es (lange vor den Portugiesen) auch schon kleinere Gruppen von See-Einwanderern (u.a. Juden, Araber, Christen) gegeben haben muß. Die mit weitem Abstand wichtigste „Wetterecke" des Subkontinents war jedoch der Nordwesten.

Über die afghanischen Pässe (Bolan-, Khaibar-Paß) hat Indien immer wieder Einwanderer gehabt. Sie mögen z.T. aus reiner Eroberungs- oder Abenteuerlust gekommen sein, z.T. auch angelockt durch die fruchtbaren Flußlandschaften und, wenigstens in der späteren Zeit, durch die Kunde von märchenhaften Schätzen — der entscheidende Grund zur Wanderung war jedoch in den meisten Fällen sicher der Druck in Bewegung geratener Völkerschaften, ein Druck, der von den Nomaden der zentralasiatischen Steppengebiete — einem Unruheherd erster Ordnung — ausging.

Die folgenreichste aller historisch noch faßbaren Einwanderungsbewegungen muß Indien etwa um die Mitte des 2. Jahrtausends v. Chr. erlebt haben.

Damals müssen Nomadenhorden, deren Sprache dem arischen Zweig des Indogermanischen zuzurechnen ist[2], erobernd nach Indien eingedrungen sein, wahrscheinlich schubweise und über einen sehr langen Zeitraum hinweg. (Vgl. dazu auch unten, 0.5.)

Die arischen Stämme, von denen übrigens ein anderer Teil sich nach dem Iran ergossen hat, gaben — ähnlich wie die Dorer in Griechenland — den Anstoß zur Entwicklung einer Hochkultur[3].

Diese ist, geographisch und vielleicht auch zeitlich gesehen, die mittlere von drei Hochkulturen, welche in der Alten Welt des 2. Jahrtausends v. Chr. entstehen; neben ihr, also der indoarischen, sind es die antike in Griechenland und im Raum der Ägäis (die uns am nächsten liegt und der wir deshalb am meisten verpflichtet sind) und die chinesische, am großen Knie des Hoang-ho. Alle diese Hochkulturen sind ihrem Charakter (fast möchte man sagen: ihrer Physiognomie) nach sehr verschieden voneinander; sie haben aber ausgestrahlt und dadurch die Geschichte der Menschheit entscheidend mitgeprägt.

Die Entwicklung, auf die damit angespielt wird, setzt aber in nennenswertem Umfange erst viele Jahrhunderte später ein, am Ende eines langen historischen Prozesses, der in Indien am wenigsten klar und auch am wenigsten erforscht ist. Daran schuld ist die eigenartige Quellenlage, der wir hier begegnen. Auf sie soll im folgenden Abschnitt noch eingegangen werden.

0.4. Zur Quellenlage

Einer Betrachtung der Quellenlage mag vorausgeschickt werden, daß die Indologie, die es ja mit diesen Quellen zu tun hat, erstens eine verhältnismäßig junge Wissenschaft ist (sie kann es an Alter keineswegs mit europäischen Schwesterdisziplinen, wie z. B. der Germanistik oder der klassischen Philologie, aufnehmen) und zweitens eine verhältnismäßig geringe Anzahl von Mitarbeitern aufweist.

[2] Damit ist über ihre Rasse noch so gut wie nichts ausgesagt. Hinreichend sicher ist eigentlich nur, daß sie zum europiden Typ gehört haben.

[3] Nicht der ersten: Bereits im 3. Jahrtausend v. Chr. hat indischer Boden eine bedeutende Hochkultur getragen, mit Großstädten, die wahrscheinlich moderner waren als die gleichzeitigen des Vorderen Orients, zu dem eindeutig Beziehungen bestanden. Der zweifellos vorhandene Einfluß dieser sogenannten „Indus-Kultur" oder „Harappa-Kultur" auf die hier allein zur Erörterung stehende „indoarische Kultur" ist aber noch längst nicht abgeklärt und, soweit sich bis jetzt sehen läßt, kaum für die Geschichte des Buddhismus — sehr viel eher für die des Hinduismus — von Interesse. Vgl. dazu M. Wheeler (1960); H. Mode (1959).

In einem krassen Mißverhältnis dazu steht die schlechterdings unübersehbare Fülle des indologischen Quellenmaterials. Und es gibt auch außergewöhnliche Schwierigkeiten seiner Bearbeitung. Eine davon ist besonders eigenartig: Der Indologe bewegt sich nämlich, zumal wenn er sich mit der ältesten Zeit befaßt, in einer fast völlig geschichtslosen Welt.

Dieser Tatbestand hat etwas mit dem zu tun, was ich oben, zögernd, als „Physiognomie" (der indischen Kultur) bezeichnete. Er ist nicht auf irgendeinen Mangel zurückzuführen, sondern auf eine bestimmte Haltung dem Leben gegenüber — eine Haltung wie sie in allen uns bekannten Kulturen eher dem Priester, bzw. dem Priestertum als Stand, eignet als seinem Widerpart, dem Krieger, der seinen Rückhalt im weltlichen Adel hat. Man wird schwerlich umhinkönnen, einen Zusammenhang damit (ich sage nicht: eine Erklärung darin) zu sehen, daß in Indien das Priestertum (in Gestalt der Brahmanen) mehr als anderswo eine kulturtragende Rolle gespielt hat (und übrigens noch spielt). Ein kurzer Blick auf China, Indiens geistigen Antipoden, lehrt jedenfalls, daß hier, wo der „historische Sinn" — das Bedürfnis, was geschehen war, in der Erinnerung zu behalten und zu benutzen — besonders stark war (fast die gesamte ältere chinesische Literatur ist „historische Literatur"), die Tradition nicht in priesterlichen Händen lag, ja, ein selbständiges Priestertum als Stand überhaupt nur für die älteste Zeit mit Mühe nachweisbar ist.

Der Indologe sieht sich jedenfalls, ganz anders als etwa sein sinologischer Kollege, vor folgender Situation: Die Texte, die er bearbeiten möchte — und außer literarischen Quellen hat er für die ältere Zeit nicht viel anderes zur Verfügung —, geben ihm keine Möglichkeit an die Hand, ein auch nur einigermaßen tragfähiges chronologisches Gerüst zu erarbeiten, in das sich die einzelnen Fakten einordnen, zu einem größeren Ganzen zusammenschließen lassen.

Als ein solches größeres Ganzes schwebt ihm zunächst auch nicht eine politische und wirtschaftliche Geschichte vor Augen. Wenn es überhaupt einmal gelingen sollte, eine solche zustande zu bringen, so wird sie jedenfalls ganz anders aussehen als die anderer Kulturen. Es werden in ihr nicht nur Jahreszahlen fehlen, sondern überhaupt Einzelheiten des äußeren Geschehens; sie wird also nur die großen Entwicklungslinien aufzeigen und sich dabei weitgehend auf geistesgeschichtliche Fakten zu stützen haben. Denn für eine Geistesgeschichte — der Ausdruck sei erlaubt, weil sich Religion und Philosophie oft nicht trennen lassen — bietet die indische Literatur unverhältnismäßig viel Material; ist sie doch in ihren älteren Teilen ganz und gar brahmanischen Herkommens, mindestens in dem Sinne, daß sie von Brahmanen, wo nicht verfaßt, da wenigstens überliefert und redigiert wurde.

Aber auch von einer Geistesgeschichte sind wir noch weit entfernt. Der Grund dafür ist wiederum die Geschichtslosigkeit der Texte. Da sie — das gilt nicht nur für die ältere Zeit, wenn auch hier in besonderem Maße — nur selten einen Verfassernamen, noch seltener weitere Angaben über den Verfasser und fast nie eine Abfassungszeit überliefern, besteht nur die Möglichkeit, eine relative Chronologie anzustreben; d.h. man muß versuchen, die Texte in sich (auf Grund innerer Kriterien) zeitlich zu ordnen, festzustellen, was früher und was später sein muß.

Eine solche grobe zeitliche Gliederung, allerdings nur eine ganz grobe, läßt sich für die Literatur der ältesten Epoche, den Veda, schon erkennen. So enthält zweifellos der sogenannte Mantra-Teil des Veda, allen voran der Ṛgveda (eine Sammlung metrischer Texte, meist Hymnen, die beim Opfer rezitiert wurden) die ältesten Sprachzeugnisse des Indoarischen. Eine im ganzen — keineswegs immer im Einzelfalle — deutlich als später erkennbare Epoche repräsentieren die Brāhmaṇas, mehr oder weniger umfangreiche Sammlungen opfertheoretischer Anweisungen und Begründungen, die in esoterischen Priesterkreisen entstanden und tradiert wurden. Eine noch spätere Epoche bilden schließlich die Upaniṣaden, unsere wichtigsten Quellen für die ältere indische Philosophiegeschichte.

Mit den Upaniṣaden — genauer: mit den wenigen uns erhalten gebliebenen älteren Upaniṣaden; die große Masse dieser Gattung ist jünger — erreicht der bedeutendste Teil der vedischen Literatur, der vorbuddhistisch ist, seinen Abschluß. Es ist eine Literatur, die zweifellos eine lange Entwicklung hinter sich hat, in ihren ältesten Teilen sogar bis in (oder vor?) die Zeit der oben erwähnten arischen Einwanderung zurückreicht. Wir können das ganz gut dem Inhalt der Texte entnehmen: Wie die noch verhältnismäßig primitiven, offensichtlich nomadisierenden vedischen Stämme erobernd immer weiter in das Becken der Flüsse Gaṅgā und Yamunā vorstoßen und dabei ganz allmählich seßhaft werden, ferner wie sich dann aus einfachen, auf diesseitigen Nutzen (Sieg gegen die Feinde, Reichtum in Form von Land, Vieh und Söhnen) gerichteten Gott- und Opfervorstellungen, die wir im Ṛgveda antreffen, eine, in den Brāhmaṇas faßbare, vom Priestertum beherrschte Opfermagie herausbildet, mit der man auch die Götter, sogar den Glauben an sie, manipuliert; wie schließlich, als Reaktion gegen diese priesterliche Magie, rationales Denken durchbricht und eine Philosophie erschafft — das alles muß sich über viele Jahrhunderte erstreckt haben. — Auch aus der Sprache der Texte ist eine solche Entwicklung abzulesen. Hier vollzieht sich allmählich der Übergang vom Vedischen zum Sanskrit.

Es sind also sowohl sprachliche als auch sachliche Kriterien, die uns wenigstens die allergröbsten Umrisse der Geschichte der vedischen Literatur erkennen lassen. Es liegt auf der Hand, daß man mit den kritischen Mitteln, wie sie uns vor allem Inhalt und Sprache der Texte liefern, noch weiterkommen kann. Tatsächlich ist man auch schon weitergekommen, hat hier und da der Umrißzeichnung einen Strich hinzugefügt. Aber so vieles bleibt doch noch dunkel; denn es ist leider eine Tatsache, daß diese notwendige Kleinarbeit sich nur sehr langsam und auch nicht ohne Umwege, noch nicht einmal ohne Irrwege, bewerkstelligen läßt. Die Schwierigkeit liegt vor allem in der Art der Texte begründet.

Ein Text läßt sich ja noch verhältnismäßig leicht untersuchen und in Inhalt und Sprache mit anderen vergleichen, wenn er in sich geschlossen ist, d. h. wenn er von einem Verfasser stammt; darf man doch in einem solchen Falle mit einem relativ geschlossenen Gedankengang (einer bestimmten Zeit und einer bestimmten Umgebung) rechnen, ihn somit auch als Kriterium für die Richtigkeit der Interpretation einsetzen.

Schlimmer wird es schon, wenn man, wie das z. B. beim Ṛgveda der Fall ist, einzelne Texte vor sich hat, die von verschiedenen Verfassern stammen und weder alle der gleichen Gegend noch der gleichen Zeit angehören. Da muß man die einzelnen Texte der Sammlung für sich betrachten, bevor man überhaupt erst den Versuch wagen kann, eine Geschichte dieser Sammlung zu rekonstruieren — oder aber man betrachtet die Sammlung notgedrungen als Einheit, projiziert sozusagen die Einzeltexte alle auf eine Ebene und nimmt dabei Fehler in Kauf, von denen man noch nicht einmal weiß, wie groß und wie schwerwiegend sie sind.

Noch viel komplizierter wird die Sachlage, wenn auch die einzelnen Texte solcher Sammlungen nicht von einem Verfasser stammen, sondern eine Geschichte haben, die man sich etwa so vorzustellen hat: Ein Text wird auf dem Wege mündlicher Tradition von einer Generation zur nächsten, z. B. von Lehrer zu Schüler (und so immer weiter), überliefert. Dabei bleibt dieser Text, da er ja gebraucht wird, auf die jeweilige Gegenwart bezogen, d. h. jede Generation interpretiert ihn so, gestaltet ihn so um und vor allem (durch Zusätze) aus, daß er ihren jeweiligen Bedürfnissen, Anforderungen, Absichten gerecht bleibt. Wenn ein solcher Text längere Zeit hindurch (und das können Jahrhunderte sein) auf diese Weise tradiert wurde, dann hat er eine Geschichte, die nicht unähnlich der einer Kirche ist, an welcher eine Reihe von Generationen in sich wandelnden Stilepochen und bei sich wandelnden Bedürfnissen gebaut hat. Und wie die Baugeschichte einer solchen Kirche auch ohne äußere Quellen, wie z. B. Urkunden, an Hand formaler Kriterien aufgehellt werden kann, so läßt sich mit den Mitteln philologischer Kritik auch eine Textgeschichte herausarbeiten. Wo das nicht geschehen ist, bilden die Texte einen schwankenden Grund, den zu betreten man nicht vermeiden kann. Man kann sich höchstens darüber hinwegtäuschen, indem man meint, da sei kein schwankender Grund. Oder man resigniert von vornherein

— und begibt sich damit der durchaus vorhandenen Möglichkeit, Geschichtsforschung an Texten zu treiben, deren Träger die Geschichte negierten, damit aber auch ganz naiv überlieferten, d.h. sorglos-subjektiv, ohne bewußte, systematische Verfälschung oder Unterdrückung historischer Fakten: ein positiver Aspekt dieser Quellenlage, der m.E. noch viel zuwenig beachtet und genutzt worden ist.

Die Brāhmaṇas und vielleicht noch mehr die Upaniṣaden bieten Musterbeispiele solcher gewachsener Texte. Das „Große Epos", Mahābhārata, dessen alter Kern ein tragisches Heldenepos im Stile der Ilias ist, hat sich auf die geschilderte Weise zu einem riesigen literarischen Trümmerfeld entwickelt. Und auch viele der mehr oder weniger als „klassisch" geltenden Schultraditionen, die in der Gupta-Zeit (einem enzyklopädischen Zeitalter, ca. 4.—6. Jh.n.Chr.) zu einem gewissen Abschluß kamen, sind durch diese Art Literatur repräsentiert.

Selbstverständlich ist auch ein großer Teil der buddhistischen Literatur (hauptsächlich der älteren, kanonischen) nicht anders zu beurteilen. Wir werden daher nicht umhinkönnen, bei dem einen oder anderen Text möglichst seine Geschichte mitzuberücksichtigen — so schwierig, ja gefährlich das, bei dem Mangel an einschlägigen Untersuchungen, im Augenblick noch sein mag. Die Schwierigkeiten liegen vor allem in folgendem: Es gibt in der buddhistischen Überlieferung zwar viele Paralleltexte; doch die konventionelle Art, sie zu vergleichen — deren oberster Grundsatz da lautet: was alle gemeinsam haben, ist alt — führt nicht selten in die Sackgasse, und zwar aus einem Grunde, der leicht einzusehen ist: Buddhistische Textüberlieferung ging in der alten Zeit fast ausschließlich auf mündlichem Wege vor sich: an vielen verschiedenen Orten, in vielen verschiedenen Gemeinden. Diese hatten keine, oder jedenfalls keine wirksame, Instanz über sich, wohl aber mehr oder weniger engen Kontakt miteinander. So wurden auch Texte oder Textstücke (z.B. wenn sie verlorengegangen waren) übernommen, und es gab selbstverständlich auch äußere Entwicklungen irgendwelcher Art, auf die an den einzelnen Stellen (sei es unabhängig, sei es nach Kontaktnahme mit anderen) gleichförmig, ähnlich oder auch unterschiedlich (aber immer mit Auswirkung für die Textentwicklung) reagiert wurde. Die Folge davon sind ähnliche Verhältnisse wie die, die man bei schriftlicher Überlieferung als durch Kontamination entstanden bezeichnet, nur noch schlimmer, noch schwerer zu entwirren. Formale Kriterien reichen hier nicht aus; sie müssen mit inhaltlichen kombiniert werden — und man kann auch das Risiko nicht ausschließen, daß einmal in die Irre gegangen wird.

Ein Grund zu der Ansicht, es ließe sich auf diesem Wege überhaupt nicht vorankommen, besteht indessen, nach meiner Überzeugung, nicht.

0.5. Abriß der politischen Geschichte bis zur Zeit des Buddha

Für die älteste indische Geschichte, von der arischen Einwanderung bis in die Zeit der Upaniṣaden, stehen uns als Quellen fast nur die vedischen Texte zur Verfügung. Aus ihnen wird wenigstens ein Faktum klar: das der Einwanderung und Ausbreitung der Arier. Der Schauplatz ist nach den ältesten Texten der Mantra-Epoche noch durchaus der Nordwesten, etwa das heutige Panjab (wörtlich: „Fünf-Wasser", für die vedischen Inder aber noch ein Land von sieben Strömen). Und es ist sogar möglich, daß in den Texten gelegentlich noch Zustände zu greifen sind, die vor der Einwanderung liegen bzw. die Einwanderung reflektieren. Je jünger die Texte werden, um so mehr verschiebt sich das Geschehen ins Innere des Subkontinents. Dabei ist von heftigen Kämpfen mit der ansässigen Bevölkerung, aber auch untereinander, die Rede, ferner von Landeroberungen und Landverteilungen, und schließlich gibt es auch deutliche Anspielungen darauf, daß zumindest der Großteil der arischen Bevölkerung noch lange in einer Art Nomadenstadium verharrte. So kommt, um nur ein besonders deutliches Beispiel zu nennen, das Sanskrit-Wort *grāma*, das später „Dorf" heißt, noch in den Brāhmaṇa-Texten in der Bedeutung „Treck" vor.

Bei der arischen Eroberung lassen sich wenigstens zwei Hauptstoßrichtungen erkennen: Die erste (und bei weitem wichtigste) geht in die Ganges-Ebene hinein, an den beiden Strömen Gaṅgā und Yamunā entlang nach Osten; die zweite geht längst des Indus nach Süden und dann weiter, wobei in vedischer Zeit mindestens der Berg Ābu (skt. *arbuda*), in Rajasthan, bei Udaipur, erreicht worden sein muß. Dazu kommt wahrscheinlich noch eine dritte Stoßrichtung, längs der Vorberge des Himālaya.

Der östliche Einwanderungsstrom (oder die östlichen Einwanderungsströme), dessen Kerngebiet lange Zeit etwa nördlich von Delhi (Indraprastha), später vor allem im sogenannten Doab („Zwei-Wasser"; das Gebiet zwischen den beiden Flüssen Yamunā und Gaṅgā) gelegen haben mag, muß gegen Ende der vedischen Zeit Magadha (heute: Bihar) oder zumindest die Grenze von Magadha erreicht haben. Dabei hat die Intensität der Wanderung offensichtlich nachgelassen, und entsprechend muß die Vermischung mit der ansässigen Bevölkerung stärker geworden sein. Vielleicht ist das wenigstens ein Grund dafür, daß in der spätvedischen und in der nachvedischen Zeit (in der auch der Buddhismus entsteht) ein deutlich spürbarer Unterschied zwischen dem Westen und dem Osten Nordindiens hervortritt, selbstverständlich mit fließenden Übergängen.

Dieser Unterschied ist sprachlich zu fassen; kann man doch die mittelindischen Volkssprachen der damaligen Zeit (im 5. Jahrhundert v. Chr. hat man bereits Mittelindisch gesprochen) geradezu in eine östliche und eine westliche Gruppe einteilen, eventuell auch in zwei (dann aber auf jeden Fall enger zusammengehörige) westliche Gruppen. Er muß aber auch im Sozialgefüge bestanden haben, und zwar insofern, als der Einfluß der Opferpriester, der Brahmanen überhaupt, gegenüber dem des weltlichen Adels (der Kṣatriyas) im Osten schwächer war als im Westen. Auf alle Fälle verdient aber festgehalten zu werden, daß im Westen wie im Osten ein Kastensystem heutiger Prägung noch nicht existierte. Es gab, wie in der Frühzeit anderer Hochkulturen, im wesentlichen drei Stände oder Klassen: Neben dem weltlichen (Krieger-)Adel, den Kṣatriyas, und dem geistlichen (Priester-)Adel, den Brāhmaṇas, deren Stellung in Indien, wenn auch nicht überall und zu allen Zeiten unangefochten, so doch im ganzen unverhältnismäßig stark war, war da noch die große Masse der sonstigen freien (d.h. arischen) Bevölkerung. Die nichtarische, autochthone, Bevölkerung, die es natürlich auch gab, spielt in unseren Texten keine nennenswerte Rolle. Daß sie nach der arischen Theorie unfrei war, wird nicht immer mit der Praxis übereingestimmt haben.

Das Milieu ist auch in der Upaniṣaden-Zeit noch durchaus ein dörfliches, mit Gaufürstentümern. Größere politische Einheiten werden nicht erwähnt; man darf daraus wohl schließen, daß sie zumindest noch selten waren.

Die Lage ändert sich schlagartig, wenn wir uns den buddhistischen Texten (die später, aber auch nichtbrahmanisch sind) zuwenden. Da hören wir mit einemmal von Großstädten, in denen sich ein neuer Stand gebildet hat, der des Kaufmanns, der, wahrscheinlich durch Überlandhandel (mit Karawanen) — mindestens vier große Handelsstraßen sind uns bekannt — und durch Seehandel, Reichtümer ansammelt und damit auch einen nicht unbeträchtlichen politischen Einfluß gewinnt — einen Einfluß, der nicht zuletzt in Richtung auf eine gewisse, die alten Standesschranken sprengende Weltoffenheit hin spürbar wird.

Wir hören nun auch von größeren Territorialstaaten: Nord- und Südavanti mit den Hauptstädten Ujjayinī und Māhiṣmatī (an der Narmadā), die Vatsas mit der Hauptstadt Kauśāmbī (etwa Allāhābād), Kosala mit der Hauptstadt Śrāvastī und schließlich Magadha mit der Hauptstadt Rājagṛha und einem Gebiet, das etwa das heutige Südbihar umfaßt haben wird, scheinen die vier großen Königreiche gewesen zu sein. Auch Oligarchien muß es damals gegeben haben. Bekannt ist uns vor allem, als nördlicher Nachbar des alten Magadha (das am Südufer der Gangā endete), die der Vṛjis, eine Konföderation von acht Clans, deren wichtigste die Licchavis und Videhas sind. Letztere waren in der Brāhmaṇa-Zeit — falls es sich bei dem dort erwähnten Namen *(videgha)* um denselben Clan und um dasselbe Gebiet handelt — noch selbständig.

Eine Reihe von Geschichten oder Legenden um die Herrscher, ihren Anhang und ihr Reich werden erzählt. Wenig davon wird historisch sein, vieles aber die damaligen Verhältnisse im allgemeinen einigermaßen getreu widerspiegeln. Wenn wir dann noch hinzunehmen, was wir aus einer späteren Zeit wissen, dann kann an einem kein Zweifel bestehen: Die ganze Entwicklung drängte damals schon längst auf die Bildung immer größerer Reiche; jeder der großen Herrscher versuchte sein Territorium zu erweitern, seine Macht zu vergrößern. Sie führten daher zahlreiche Kriege, nicht nur gegen die Kleineren, die nach und nach ihre Selbständigkeit einbüßten, sondern auch untereinander: Eine Zeit der kämpfenden Staaten war angebrochen, aus der Magadha schließlich als Sieger hervorgehen sollte.

Die Tatsache, daß die Herrscher von Magadha das indische Imperium errichteten, ist nun sicherlich auch der Grund dafür, daß wir aus diesem Land als einzigem eine zwar schwache, aber für indische Verhältnisse immerhin brauchbare Tradition besitzen, die mindestens bis in die Zeit des Buddha zurückgeht (also wohl letztlich von Buddhisten stammt). Es handelt sich um eine Liste der Dynastien mit den betreffenden Herrschern und deren Regierungsjahren. Diese Liste ist uns in vier verschiedenen Quellenbereichen überliefert:

1. in ceylonesischen Chroniken, also in der Tradition der südlichen Buddhisten;
2. in buddhistischen Sanskrit-Texten, d.h. in der Tradition des nördlichen Buddhismus;
3. in einem jinistischen Text (Hemacandras Pariśiṣṭaparvan, einem Werk, das erst dem 12. Jahrhundert n.Chr. angehört);
4. in den Purāṇas, d.h. in brahmanischer (hinduistischer) Tradition.

Davon fallen Nr. 2 und Nr. 3 praktisch aus; sie sind wertlos. Der Fehler von Nr. 2 liegt vielleicht darin, daß hier (wie vielfach auch sonst) ein Herrscher namens Kālāśoka mit dem viel bekannteren Aśoka fälschlich identifiziert und dadurch wenigstens runde hundert Jahre zu knapp kalkuliert wurde. Es bleibt also nichts anderes übrig, als sich auf Nr. 1 und Nr. 4 zu stützen. Allein schon ein flüchtiger Vergleich zeigt, daß zwischen beiden ganz erhebliche Differenzen bestehen. Drei Punkte sind wichtig:

a) Die Aufeinanderfolge der Dynastien ist in der Pāli-Tradition (Quellenbereich Nr. 1): Haryaṅka, Śiśunāga, Nanda, Maurya. In der Purāṇa-Tradition (Quellenbereich Nr. 4) stehen dagegen die Śiśunāgas vor den Haryaṅkas. — Die Differenz ist deswegen besonders wichtig, weil nach übereinstimmender, unbezweifelbarer Tradition (man vergleiche z.B. den Anfang des Mahāparinirvāṇa-Sūtra, unten, 1.3.1.) in die Regierungszeiten der beiden ersten Haryaṅka-Herrscher, Bimbisāra und Ajātaśatru (p. Ajātasattu), das Leben des Buddha fällt.

b) Die Zahl der aufgeführten Herrscher ist zwar ungefähr (keineswegs genau) dieselbe, aber die für sie angegebenen Regierungszeiten gehen in beiden Traditionen weit auseinander. Rechnet man alle Regierungsjahre zusammen, dann kommt man nach der Pāli-Tradition auf 315, nach der Purāṇa-Tradition auf 517 Jahre.

c) Selbst die Radikalkur, eine der beiden in umgekehrter Reihenfolge genannten Dynastien auszuscheiden, indem man unterstellt, sie habe mit der anderen gleichzeitig, also über ein anderes (benachbartes) Territorium regiert — eine Hypothese, die methodologisch einiges für sich hat, daher naheliegt —, beseitigt die Schwierigkeiten in keiner Weise.

Man kann daher nichts weiter tun, als die beiden Traditionen auf ihre Zuverlässigkeit hin gegeneinander abzuwägen, um sich dann für eine von ihnen zu entscheiden. Nach der Lage der Dinge wird das — hier stimmen die meisten Forscher überein — die Pāli-Tradition sein müssen, und zwar aus drei Gründen: Erstens bringt sie die kürzeren Regierungszeiten, zweitens stammt sie von Buddhisten, von denen man noch am ehesten annehmen darf, daß sie ein gewisses — sagen wir: „kirchengeschichtliches" — Interesse bis zurück in die Zeit des Buddha hatten, und drittens kommt sie aus nicht- (rein-) indischer Umgebung, nämlich aus Ceylon, wo wir auch sonst mehr als in Indien „Geschichtsbewußtsein" beobachten können.

Nun gibt es allerdings einen Punkt, in dem wir die beiden Traditionen doch zusammenbringen können. Das ist bei der Behandlung der Maurya-Dynastie. Hier werden übereinstimmend drei Herrschernamen genannt, nämlich

Candragupta — Bindusāra — Aśoka

mit insgesamt 93 Regierungsjahren in der Pāli-Tradition und 85 in der Purāṇa-Tradition. Die Differenz von acht Jahren ist in Anbetracht der geschilderten Quellenlage unerheblich. Zudem läßt sie sich vielleicht erklären, indem man annimmt, daß in der Purāṇa-Tradition bei Bindusāra und Aśoka je vier Jahre zwischen Regierungsantritt und Königsweihe ausgefallen sind — eine Annahme, die darin ihre Stütze findet, daß diese vier Jahre eines „Interregnums" für Aśoka sicher belegt sind. Man würde dann auch hierin der Pāli-Tradition den Vorzug geben dürfen.

Es ist nun für die Erforschung der indischen Geschichte ein besonderer Glücksfall, daß in der Maurya-Zeit griechische Quellen zu fließen beginnen. 327—325 v. Chr. war ja Alexander der Große in Indien eingefallen. Er ist allerdings nur bis in das Panjab gekommen und hat lediglich „die Haut des Elefanten gekratzt"; irgendeine Erinnerung an ihn wird man in der auf uns gekommenen indischen Literatur vergeblich suchen. Allein seit dieser Zeit ist der Kontakt zwischen Griechenland und Indien, wenn nicht überhaupt erst hergestellt, so jedenfalls erheblich verstärkt worden, mit dem Erfolg, daß wir eine Reihe von für die indische Geschichte wertvollsten Nachrichten der griechischen Literatur entnehmen können. Dazu kommt, daß seit Aśoka indische Herrscher nach achämenidischem Vorbild Inschriften in Stein hauen lassen, von denen die für die ältere indische Geschichte weitaus bedeutendsten von Aśoka selber stammen.

Beides zusammen macht es möglich, mit einem Unsicherheitsfaktor von nur wenigen Jahren (kaum mehr als einem halben Dutzend) die Maurya-Zeit von Candragupta bis Aśoka chronologisch an zwei Stellen aufzuhängen. Wir erhalten damit die ersten — wie schon erwähnt: bis auf eine geringe Schwankungsbreite — sicheren Daten der indischen Geschichte. Der wahrscheinlichste Ansatz ist: Candragupta 324—300 — Bindusāra 300—272 — Aśoka 272—268, 268—231.

Rechnet man von da aus nach der Pāli-Tradition rückwärts und setzt, ebenfalls nach der Pāli-Tradition (die gut zu den Angaben der ältesten buddhistischen Texte überhaupt paßt) das Nirvāṇa, also den Tod, des Buddha in das achte Jahr der Regierung des Königs Ajātaśatru, des zweiten überlieferten Herrschers der Haryaṅka-Dynastie (vgl. dazu oben), dann kommt man auf 486 als Todesjahr des Buddha.

Für diesen Ansatz ist freilich der Unsicherheitsfaktor ungleich größer als er es bei der Datierung der Maurya-Herrscher ist. Skeptiker könnten einwenden, daß wir nach der Purāṇa-Tradition auf das Jahr 584, also fast hundert Jahre weiter zurück, kommen, daß andererseits aber die oben erwähnte Möglichkeit, aus textkritischen Erwägungen heraus die Herrscher der Śiśunāga-Dynastie aus der Pāli-Tradition zu eliminieren, das Datum um 68 Jahre herab, also auf 418 v. Chr., drücken würde. Noch näher heran, nämlich bis ungefähr hundert Jahre vor Aśokas Regierungsantritt, also tief ins 4. Jahrhundert v. Chr., geht P. H. L. Eggermont (1965 ff.); s. bes. II (1969), S. 94—97 (§ 6, The Buddha Eras). Es ist hier nicht der Ort, auf seine wichtige, übrigens viel weiter ausgreifende Untersuchung einzugehen, zumal sie noch nicht abgeschlossen vorliegt. (Sie erscheint in Fortsetzungen.) Nur soviel sei gesagt: Innere Kriterien, wie sie aus der älteren buddhistischen (vor allem der kanonischen) Überlieferung gewonnen und insbesondere mit Angaben aus den Inschriften Aśokas verglichen werden können (vgl. dazu unten, 4.2., 4.3.1. und 4.3.2.), bleiben bei der Dürftigkeit der Quellen als Stütze jedes erarbeitbaren chronologischen Gerüsts unentbehrlich. Und sie weisen, soviel ich zu sehen vermag, darauf hin, daß zur Zeit Aśokas (der selber ein großer, allerdings, wie wir sehen werden, recht eigenwilliger „Buddhist" war) die Lehre des Buddha schon eine ziemlich lange Entwicklung hinter sich gehabt haben muß. Sie dürfte mit zweihundert Jahren kaum zu hoch, mit hundert Jahren eher zu niedrig veranschlagt sein.

Eine Sonderstellung muß man bei all den Erörterungen einem archäologischen Fund einräumen, der zur Datierung beitragen könnte. Es handelt sich um eine Speckstein-Urne, welche zusammen mit anderen Beigaben in einem

Stūpa bei Piprāhwā, in der Nähe von Kapilavastu, der Heimatstadt des Buddha, gefunden wurde. Diese Urne trägt die Aufschrift:

iyaṃ salilanidhane budhase bhagavate sakiyanaṃ sukitibhatinaṃ sabhaginikanaṃ saputadalanaṃ (vgl. dazu EI X (1912), appendix, Nr. 931 (s. 94); Abbildung bei R. Pischel [1921], dazu Beschreibung, ibid., S. 43)
Dies [ist] der (oder: ein) Behälter der Reliquien des Buddha, des Erhabenen, [und zwar ist er eine Stiftung] der Śākyas, [nämlich] des Sukiti und seiner Brüder, samt Schwestern, Söhnen und Frauen.

Die Schrift ist altertümliche Brāhmī, vor Aśoka, aber vielleicht noch dem 3. Jahrhundert v. Chr. zugehörig, kaum viel älter. (Da so gut wie kein Vergleichsmaterial vorhanden ist, läßt sich schriftgeschichtlich leider nichts Genaueres sagen.)

Unterstellt man, daß die Urne unmittelbar nach dem Tode des Buddha beigesetzt wurde und daß zu dieser Zeit auch schon die Inschrift darauf kam, dann wäre die Lebenszeit des Buddha ganz nahe an Aśoka heranzurücken. Doch eine solche Unterstellung ist unzulässig: Die Beisetzung der Reliquien in dem Stūpa kann, auch wenn es die erste dieser Art gewesen sein sollte, sehr viel später (als die Leichenverbrennung) stattgefunden haben. Und auch die Urne muß nicht älter sein als diese (letzte oder einzige) Beisetzung. Ganz abgesehen davon ist ihr Alter natürlich für das Alter der Inschrift nur ein terminus post quem.

Wie dem aber auch sein möge: Der Buddha ist jedenfalls Zeitgenosse der Haryaṅka-Herrscher Bimbisāra und Ajātaśatru gewesen. Was sich sonst noch über ihn feststellen läßt, soll im folgenden erörtert werden.

1. DER HISTORISCHE BUDDHA

1.1. Drei Quellenbereiche

Wenn ein Mann berühmt wird, dann geschieht das gewöhnlich erst im vorgerückten Alter oder gar nach seinem Tode. Das ist auch für den Buddha zu unterstellen. Zweifellos hat er im Verlaufe seiner langen Wanderprediger-Tätigkeit, die ihn durch ganz Magadha und die umliegenden Gebiete führte, eine ständig wachsende Anzahl von Anhängern um sich geschart. Je mehr Anhänger er aber hatte, um so mehr wuchs auch die Möglichkeit, daß sich Erinnerungen an ihn erhielten.

In erster Linie waren das natürlich Erinnerungen aus dem Lebensalter, in dem die Betreffenden mit dem Buddha persönlichen Kontakt hatten. Unabhängig davon aber können es auch Erinnerungen gewesen sein, die markant genug waren, etwa weil sie der Aneignung und Verbreitung der Lehre in besonderem Maße dienten: Neben der objektiven Seite in der Auswahl des Bewahrten steht somit eine subjektive, in welcher Neugier oder inneres Engagement ebenso eine Rolle spielen wie (die Gefahr von Manipulationen bergendes) äußeres Interesse.

All das müssen wir uns vor Augen halten, wenn wir verstehen wollen, warum das Leben des Buddha sich überlieferungsgeschichtlich in drei Abschnitte einteilen läßt, mit jeweils völlig verschiedenen Quellen, von denen zwar nicht eine den Charakter eines historischen Berichts hat, die aber trotzdem von Wert — und zwar von unterschiedlichem Wert — sind:

Da ist erstens, und als Wichtigstes, eine Überlieferung vom Lebensende des Buddha, das Mahāparinirvāṇa-Sūtra, auf das unten, 1.3., näher eingegangen werden soll. Hier nur soviel: Dem Titel nach ist es ein „Lehrtext" (*sūtra*, s. u.). Tatsächlich überwiegt in ihm jedoch die Form des Berichtes. Und obgleich darin die — von einem fiktiven Buddha legitimierte — „Ordenszucht" *(vinaya)* propagiert wird, kann es doch nicht dem geringsten Zweifel unterliegen, daß sich hier immerhin noch die am meisten authentischen Nachrichten über den Buddha erhalten haben. Es ist eigentlich der einzige Text, bei dessen Lektüre man sich des Gefühls nicht erwehren kann, daß durch die Schönfärberei der Legende hindurch und trotz der die historischen Fakten beiseite schiebenden Tendenz zur Ordenszucht eine wirkliche Erinnerung an den Menschen, welcher der Buddha einmal war, lebendig geblieben ist.

Zweitens gibt es eine Überlieferung vom ersten Lebensabschnitt des Buddha (bzw. Bodhisattva, vgl. dazu unten, 1.4.1., n. 16). Sie reicht, grob gesprochen, von der Geburt über die Weltentsagung bis zum Gewinn der erlösenden Erkenntnis und der ersten Predigt im Tierpark zu Benares. Dies ist die eigentliche „Buddha-Legende". Wie wir sie unten sehen werden (1.4., besonders 1.4.2.), spiegelt sich in ihr überraschenderweise sehr viel weniger das Leben des Buddha wider als seine Lehre, wenn auch in einer anderen Form als in den Lehr- und Predigttexten (auf die wir gleich noch kommen werden). Einige unbezweifelbare historische Fakten — wenig genug! — finden sich in dieser „Buddha-Legende" dennoch.

Drittens liegt auch noch eine Überlieferung von demjenigen Lebensabschnitt des Buddha vor, welcher durch die beiden vorgenannten Quellenbereiche ausgespart bleibt; das ist die Zeit nach der Predigt von Benares, mit der er, nach Erlangung der Buddhaschaft, das „Rad der Lehre in Bewegung gesetzt" hat, bis zum Beginn seiner letzten großen Wanderung, wenige Monate vor seinem Ende. Dieser Lebensabschnitt dauert, wenn man der Tradition trauen darf, etwa 45 Jahre und ist von Predigttätigkeit ausgefüllt. Entsprechend besteht die Überlieferung aus einer riesigen Anzahl von „Lehrtexten" (skt. *sūtra*, p. *sutta*[4]), die alle den Anspruch erheben, ein bestimmtes authentisches Ereignis festzuhalten, bei welchem der Buddha seine Stimme für die Lehre erhoben hat.

1.2. Die Sūtras (Quellenbereich 3)

Die eigentlichen Predigttexte, die Sūtras also, oben als dritter Quellenbereich eingestuft, sind alle nach demselben Schema eingeleitet. Um einen Begriff davon zu geben, sei ein Beispiel in Übersetzung vorgeführt (Brahmajāla-Sutta = DN 1, im wesentlichen nach R. O. Franke [1913], S. 1ff.):

„So habe ich gehört:

Einstmals wanderte der Erhabene zwischen Rājagaha und Nāḷandā, begleitet von einer großen Schar seiner Mönche, fünfhundert insgesamt.

Auch der Wanderasket Suppiya befand sich in Begleitung seines Schülers, des jungen Brahmadatta, auf der Wanderung zwischen Rājagaha und Nāḷandā. Da hatte der Wanderasket Suppiya an Buddha, seiner Lehre und Gemeinde vieles auszusetzen; sein

[4] Eigentlich „Schnur", auch „Meßschnur", dann aber auch alles Durchlaufende und, übertragen, die „Regel". Damit wird in der brahmanischen Wissenschaft auch eine kurzgefaßte Regel, ein Lehrsatz bezeichnet, ebenso schließlich ein aus solchen Sūtras bestehender Lehrtext.

Schüler aber, der junge Brahmadatta, pries die drei auf alle mögliche Weise. So äußerten beide, Lehrer und Schüler, gerade entgegengesetzte Ansichten, während sie dem Erhabenen und seiner Mönchsschar immer auf dem Fuße folgten.

Da kehrte der Erhabene mit seiner Mönchsschar für eine Nacht im königlichen Rasthause im Ambalaṭṭhikā-Parke ein. Dasselbe tat der Wanderasket Suppiya mit seinem Schüler, dem jungen Brahmadatta. Auch dort noch hatte Suppiya vieles an Buddha, seiner Lehre und Gemeinde auszusetzen, wohingegen sein Schüler, der junge Brahmadatta, die drei auf alle mögliche Weise pries; und beide, Lehrer und Schüler, äußerten also genau entgegengesetzte Ansichten, während sie sich in unmittelbarer Nähe des Erhabenen und seiner Mönchsschar befanden.

Am nächsten Morgen entspann sich zwischen einer Anzahl von Mönchen, die in einem Pavillon beisammensaßen, nachdem sie bei Tagesgrauen sich erhoben hatten, ein Gespräch folgenden Inhalts: „Wunderbar und überraschend ist es, Brüder, wie klar der Erhabene, der Wissende und Schauende, der Vollendete, der vollkommen Erwachte, die Verschiedenheit der Neigungen bei den verschiedenen Individuen erkannt hat. Nörgelte doch dieser Wanderasket Suppiya in allen möglichen Tonarten an Buddha, seiner Lehre und Gemeinde herum, während sein Schüler, der junge Brahmadatta, die drei auf alle Weise pries, so daß also beide, Lehrer und Schüler, genau entgegengesetzte Ansichten äußerten, während sie dem Erhabenen und seiner Mönchsschar dicht auf dem Fuße folgten.

Im folgenden wird dann auf dieselbe weitschweifige Art geschildert, wie der Buddha zur Mönchsschar hinzukommt und, an dieses Gespräch anknüpfend, seine weit darüber hinausführenden Gedanken entwickelt. — Am Schluß freuen sich alle darüber, daß der Erhabene so schön gesprochen hat.

Dieser Schlußpassus ist reine Konvention. Er hat für die Textgeschichte nichts zu besagen. Anders zu beurteilen ist die im einzelnen von Sūtra zu Sūtra unterschiedliche, im Schema aber immer gleiche oder wenigstens ähnliche Einleitung mit dem stereotypen „So habe ich gehört: Einstmals..." an der Spitze. Sie hat einen bestimmten Zweck gehabt. Ihre Entstehung (zu der man auch die Berichte über das sogenannte „erste Konzil", unten, 4.1.1.1., vergleichen möge) muß man etwa in folgendem Zusammenhang sehen: Als nach dem Tode des Buddha unter seinen Anhängern das Bedürfnis entstand, das authentische Buddhawort *(buddhavacana)* vor dem Vergessen zu bewahren, versammelten sie sich, entweder alle oder ein Teil von ihnen; dabei wurde jeder, der sich einer Begebenheit erinnern konnte, bei welcher sich der Buddha über die Lehre geäußert hatte, aufgefordert zu berichten; und dieser Bericht wurde dann entweder für gut befunden oder verworfen. Und die Einleitung hatte den Zweck, die Authentizität des Berichtes zu sichern.

Freilich, erreicht hat sie diesen Zweck nicht. Wußte doch, wenn ein solcher Bericht für gut und der weiteren Tradition für würdig befunden worden war, schon bald keiner mehr, wer sich denn eigentlich unter dem „ich", der das gehört hatte oder gehört haben wollte, verbarg. So war der Willkür bei der

Erfindung neuer oder der Ausschmückung und Umgestaltung alter Geschichten praktisch kein Riegel vorgeschoben, um so weniger, als offenbar auf die Angabe des Zeitpunktes der Begebenheit überhaupt kein Wert gelegt wurde, wie das in keinem der Sūtras fehlende, an Unbestimmtheit kaum noch zu übertreffende „Einstmals" beweist.

Eine genauere Betrachtung dieser auf solche Art tradierten Texte zeigt denn auch, daß keinesfalls alles, was dem Buddha in den Mund gelegt wird, von ihm stammen kann. Und dieser Befund läßt sich durch die Vergleichung paralleler Texte oder ganzer Textsammlungen verschiedener Schulen erhärten.

Damit ist aber natürlich nicht gesagt, daß alles, was in den Sūtras steht, pure Erfindung späterer Generationen ist. Im Gegenteil, wir haben gerade in ihnen nach der Lehre des Buddha zu suchen. Es kann gar nicht anders sein: Wenn überhaupt, dann muß sich die Erinnerung an die fünfundvierzigjährige Predigttätigkeit des Buddha in diesen Sūtras niedergeschlagen haben. Die Frage ist nur, wie man es fertigbringt, hier die Spreu vom Weizen zu sondern, oder besser: ältere und jüngere Textschichten voneinander abzuheben, um, womöglich, erstere auf den Buddha zurückzuführen.

Für das äußere Leben des Buddha geben diese Sūtras nicht viel her. Immerhin bestätigen sie seine Predigttätigkeit und erlauben auch, das Gebiet dieser Predigttätigkeit ziemlich genau abzustecken. Dazu kommen gelegentliche Schilderungen, die im Grunde autobiographisch sein können, deren Echtheit — dabei auch: Abhängigkeit bzw. Unabhängigkeit von der Buddha-Legende, die ein besonderes Problem aufwirft, vgl. unten, 1.4.2. — aber noch geprüft werden muß.

1.3. Das Mahāparinirvāṇa-Sūtra (Quellenbereich 1)

Viel mehr und vor allem Wichtigeres erfahren wir aus dem Mahāparinirvāṇa-Sūtra (p. Mahāparinibbāna-Sutta), dem „Großen Lehrtext vom vollständigen Verlöschen" (im folgenden abgekürzt mit MP[5]). Ich gebe im folgenden eine Inhaltsangabe, die sich weitgehend an den Pāli-Text, DN 16 (= II 72ff.) hält, der bei R. O. Franke (1913), S. 179ff. übersetzt ist.

[5] Die zahlreichen Parallelfassungen dieses Textes sind zusammengestellt und analysiert von E. Waldschmidt (1944); eine Edition des (im zentralasiatischen Wüstensand gefundenen) Sanskrit-Textes, in Synopse mit (den) Parallelen in Tibetisch, Pāli und Chinesisch (letztere in Übersetzung): E. Waldschmidt (1950); vgl. dazu ferner E. Waldschmidt (1939) und (1948), vor allem aber auch A. Bareau (1970). Über meinen Versuch, mit Hilfe innerer Kriterien in der Textgeschichte weiterzukommen: U. Schneider (1971). Dazu meine Bemerkungen zur Quellenlage, oben, 0.4.

1.3.1. Inhaltsangabe

I: Der Buddha befindet sich auf dem „Geiergipfel“ bei Rājagṛha. Ajātaśatru (p. Ajātasattu), der in Rājagṛha regierende König von Magadha, will gegen die nördlich der Gaṅgā, in Vaiśālī (p. Vesālī), regierende Adelskonföderation der Vṛjis (p. Vajjis) Krieg führen; er schickt daher („denn Tathāgatas sagen nichts Falsches“) seinen Premierminister, Varṣākāra (p. Vassākāra), zum Buddha mit dem Auftrag, zu erkunden, wie ein solches Unternehmen ausgehen würde (—3).

Die Antwort des Buddha: Es bestehe keine Gefahr für die Vṛjis, solange sie (a) fleißig Versammlungen abhielten, (b) sich in Eintracht versammelten, (c) keine Neuerungen einführten, sondern nach den seit alters bestehenden Vṛji-Gesetzen lebten, (d) ihre Alten achteten und ehrten, (e) sich nicht durch Raub und Gewalt Frauen und Mädchen aus guter Familie zum Zusammenleben verschafften, (f) ihre Heiligtümer achteten und ehrten, (g) für Schutz und Sicherheit der Vollendeten (Arhats), der auswärtigen wie der einheimischen, sorgten.

Varṣākāra zieht dankend wieder ab, nicht ohne zu bemerken, daß man es dann bei den Vṛjis mit anderen Mitteln versuchen müsse (—5).

Der Buddha aber läßt eine Mönchsversammlung einberufen. Dort bringt er die Nutzanwendung dessen, was er über die Vṛjis gesagt hat, für die Mönchsgemeinde: Auch für sie gälten, mutatis mutandis, diese sieben Voraussetzungen für einen Nicht-Niedergang (6).

[Im Text ist dann noch von einer Reihe weiterer „sieben Voraussetzungen“ die Rede, zuletzt sogar von sechs; aber dabei handelt es sich offenkundig (nach Ausweis inhaltlicher wie auch formaler Gründe) um Interpolationen (—11). Dasselbe gilt wohl für die sich daran anschließende „Schemapredigt über sittliche Zucht“ (12).]

Dann zieht der Buddha, immer mit Ānanda, seinem persönlichen Bediensteten, und der obligaten Schar von „fünfhundert Mönchen“ weiter, und zwar in nördlicher Richtung. So kommt er zum Veṇuyaṣṭikā- (p. Ambalaṭṭhikā-) Park (zwischen Rājagṛha und Nālandā gelegen), dann nach Nālandā. An beiden Orten predigt er vor den dortigen Mönchen (—15).

[Mit dem Aufenthalt in Nālandā verknüpft der Pāli-Text noch eine Episode, in welcher ein berühmter Jünger des Buddha, Śāriputra, eine merkwürdige Rolle spielt. Der Text ist sicher interpoliert; s. E. Waldschmidt (1944), S. 17f. (—17). Darauf wieder, vgl. oben, I 12, „Schemapredigt“ (18).]

Die nächste Station nach Nālandā ist Pāṭaligrāma (p. Pāṭaligāma), das spätere Pāṭaliputra (p. Pāṭaliputta). Hier wird der Buddha von Laienanhängern beherbergt, vor denen er bis tief in die Nacht hinein predigt: über fünferlei Schaden durch Zuchtlosigkeit und den entsprechenden Nutzen durch sittliche Zucht (—25).

Zu dieser Zeit wird Pāṭaligrāma gerade von zwei Ministern des Königs Ajātaśatru, von einem gewissen Sunīdha und dem uns schon bekannten Varṣākāra, zur Festung ausgebaut. Der Buddha sieht Gottheiten des Baugrundes einziehen und prophezeit der Stadt eine große Zukunft, aber auch Untergang (oder die Möglichkeit des Untergangs?) durch Feuer, Wasser oder Zwietracht (—28). Dann wird er von den beiden Ministern eingeladen, wobei möglicherweise die älteste Version dieser Erzählung dahin ging, daß die Gastgeber das religiöse Verdienst dieser Einladung den Lokalgottheiten, und damit der Stadt, zukommen ließen (s. E. Waldschmidt [1944], S. 58) (—31).

Mit dem Weggang des Buddha aus Pāṭaligrāma werden zwei Aitiologien verknüpft: Das Stadttor, durch das er die Stadt verläßt, wird „Gotama-Tor" genannt, die Stelle, an der er die Gangā überquert, heißt von da an „Gotama-Furt" (32).

Die Überquerung der Gangā bewältigt der Buddha ohne Hilfsmittel (Schiff oder Floß), nur mit Hilfe seiner Wunderkraft (—34).

II.: Nördlich der Gangā führt der Weg des Buddha zunächst nach Kuṭigrāmaka (p. Koṭigāma), wo er vor den Mönchen eine Predigt über die Vier Edlen Wahrheiten hält (—3), und dann [nach einer weiteren „Schemapredigt"] nach Nādikā (oder Nādika) (—5). Hier gibt er auf Befragen Auskunft über das Schicksal verstorbener Mönche und Laienanhänger (—7), verbittet sich aber weitere diesbezügliche Fragen als belanglos und belästigend und predigt statt dessen den „Spiegel der Wahrheitslehre"; Inhalt: fester Glaube an den Buddha, die Lehre und die Gemeinde, sowie die Einhaltung der Prinzipien der sittlichen Zucht (—9). [Dann wieder „Schemapredigt" (10).]

Schließlich kommt der Buddha nach Vaiśālī (p. Vesālī), wohnt dort im Park der Hetäre Āmrapālī (p. Ambapālī), predigt vor Mönchen über (rechte) Achtsamkeit und Vollbewußtheit und läßt sich von Āmrapālī, die ihn besuchen kommt, zum Essen einladen (—14). Lebhaftes Bedauern bei den Licchavis (den Herren der Stadt), die das gleiche vorhatten, aber mit ihrer Einladung zu spät kommen und mit ihrem Versuch, der Āmrapālī die Einladung abzukaufen, scheitern (—18). Nach dem Mahl schenkt Āmrapālī dem Buddha ihren Park (19). [Dann „Schemapredigt" (20).]

Inzwischen ist die Regenzeit herangekommen, die der Buddha, allein mit Ānanda, auf dem Dorf Veṇugrāmaka (p. Beluva) verbringt, nicht ohne die Mönche zu ermahnen, auch ihrerseits die Regenzeit bei Bekannten oder Freunden einzuhalten (—22).

In Veṇugrāmaka wirft ihn nun zum ersten Male eine ernste, sogar lebensbedrohende Krankheit nieder. Er bezwingt sie, um nicht ohne Abschiedswort von den Mönchen zu gehen (23). Die Hoffnung Ānandas aber, der sich über die Genesung freut, der Buddha werde noch eine Bestimmung hinsichtlich der Gemeinde treffen, erfüllt sich nicht. Der Buddha erklärt ihm, er habe alles verkündigt, nichts zurückgehalten; er sei jetzt achtzig Jahre alt und sehr hinfällig; wenn er nicht mehr am Leben sei, sollten sie ihre Zuflucht nur in sich und in der Lehre suchen (—26).

III: Offenbar am Ende der Regenzeit nach der Rückkehr vom Bettelgang nach Vaiśālī geht der Buddha mit Ānanda zum Cāpāla-Heiligtum. Dort deutet er ihm an, daß er die Macht habe, bis zum Ende des Weltzeitalters am Leben zu bleiben (—3). Ānanda versteht aber den Wink nicht und unterläßt es, ihn darum zu bitten (—5). Nachdem er weggeschickt worden ist, naht sich Māra, der Versucher, dem Buddha und fordert ihn auf, sofort von hinnen zu scheiden (—8). Der Buddha setzt sich zwar noch eine Frist von drei Monaten, gibt aber seinen Āyuḥsaṃskāra (etwa: die Anlage zu längerem Leben[6]) auf, ein Ereignis, das ein Erdbeben auslöst (—10). Dies hört Ānanda, geht zum Buddha, und über einen Exkurs, in dem der Buddha die acht Ursachen für Erdbeben aufzählt (—20) [dem, zweifellos als Interpolation, noch drei weitere Achterreihen angehängt sind (—33)], erfährt er nun von dem Erscheinen Māras, der Zusage des Buddha, in drei Monaten aus dem Leben zu scheiden und von seinem Aufgeben des Āyuḥsaṃskāra (—37). Ānandas nunmehr vorgebrachte Bitte, der Buddha möge bis zum Ende des Weltzeitalters leben bleiben, kommt zu spät; das wird ausdrücklich als Schuld Ānandas festgestellt (—40 bzw. mit einer Texterweiterung, —48).

Es folgt eine längere Predigt und eindringliche Ermahnung zur Achtsamkeit an die Mönche, wobei in einer abschließenden Strophe auf Dharma und Vinaya hingewiesen wird (—51).

IV: Es folgt ein letzter Bettelgang nach Vaiśālī, dann kehrt der Buddha dieser Stadt für immer den Rücken. Er geht nach Bhaṇḍagāma, wo er über die vier Dharmas (ähnlich wie in Koṭigāma, s. oben, II 3, über die Vier Edlen Wahrheiten) predigt (—3), dann jeweils die „Schemapredigt" haltend, nach Hatthigāma, Ambagāma und Jambugāma[7] (—5).

Schließlich kommt er nach Bhoganagaraka (6). Dort hält er eine bemerkenswerte Predigt über die vier Kriterien für die Richtigkeit einer Tradition, nämlich: (a) vom Erhabenen selbst gehört, (b) von einer Mönchsschar mit Ältestem gehört, (c) von einer Anzahl altehrwürdiger Mönche gehört oder (d) von einem altehrwürdigen Mönch gehört. In allen vier Fällen gilt jedoch: Prüfung an Sūtra und Vinaya (—11). [Dann „Schemapredigt" (12).]

[6] Über *saṃskāra* wird weiter unten, S. 100, ausführlicher gehandelt.

[7] So der Pāli-Text; die Parallelfassungen bieten hier z. T. andere und in fast jedem Falle mehr Ortsnamen. Für den großen Gang sind diese Abweichungen völlig belanglos. Vgl. E. Waldschmidt (1944), S. 126.

Dann kommt der Buddha nach Pāpā (p. Pāvā), wo er sich im Mangowald beim Schmied Cunda, einem Laienanhänger, aufhält (—14). Cunda lädt ihn zum Essen ein (15). Aber das „Schweine-Weich" *(sūkara-maddava)*, das nur vom Buddha gegessen und auf Anweisung des Buddha von Cunda dann vergraben wird, weil es niemand außer ihm verdauen könne (—19), bringt ihm erneut schwere, bis an den Rand des Todes führende Beschwerden. Er bezwingt sie und faßt den Entschluß, nach Kuśinagara (p. Kusināra) zu gehen (20). Unterwegs muß er sich ausruhen. Ānanda holt Wasser, das, obgleich es trübe war, durch des Buddha Wunderkraft wieder klar und rein wird (—25).

Der Malla Putkasa (p. Pukkusa), ein Anhänger des Asketenlehrers Ārāḍa (p. Āḷāra) Kālāma (der auch Lehrer des Bodhisattva gewesen sein soll, s. unten, 1.4.1.), kommt vorbei, rühmt dessen Seelenruhe, läßt sich aber überzeugen, daß die des Buddha noch viel größer ist, und wird Laienanhänger (—34). Er schenkt dem Buddha zwei Stücke goldfarbigen Stoffes, von denen eines Ānanda erhält (35). Beim Anlegen tritt ein erstaunlicher Unterschied zutage: Der Stoff wirkt glanzlos auf der Haut des Buddha, da diese viel mehr glänzt. Dies ist, wie der Buddha erklärt, ein Zeichen dafür, daß heute nacht sein Parinirvāṇa stattfinde. Es werde in Kuśinagara, im Śāla-(p. Sāla-)Walde, in der letzten Nachtwache sein (—38). Der Buddha nimmt noch ein Bad im Fluß Kakutsā (p. Kakutthā), kurz darauf muß er sich erneut hinlegen. Ein Mönch namens Cundaka betreut ihn; dabei ist ausdrücklich davon die Rede, daß den Schmied Cunda wegen des Schweinefleisches keine Schuld treffe, er habe im Gegenteil großes Verdienst erworben (—43).

V: Dann geht der Buddha über den Fluß Hiraṇyavatī (p. Hiraññavatī) in den Śāla-Wald, um sein letztes Lager einzunehmen. Mit dem Kopfende nach Norden, auf der rechten Seite liegend, einen Fuß über den anderen gelegt (1). Es gibt Blütenregen zur Unzeit, himmlische Musik usw., doch der Buddha stellt ausdrücklich fest, daß man ihm nicht damit Ehre erweise, sondern durch Befolgung der Lehre (—3). Trotzdem schickt er gleich darauf den Mönch Upamāna (p. Upavāṇa), der ihm zufächelt, weg, weil er den zahlreichen Gottheiten, die sich versammelt hätten, den Blick verstelle (—6).

Folgende Themen werden vom Buddha noch erörtert:

die vier Wallfahrtsstätten, die man nach seinem Hinscheiden aufsuchen soll, nämlich die Geburtsstätte (Lumbinī) sowie die Stätten der erlösenden Erkenntnis (Gayā), der ersten Predigt (Benares) und des Parinirvāṇa (—8);

wie man sich Frauen gegenüber verhalten soll (9);

was mit seinem Leichnam zu geschehen hat (wobei klargestellt wird, daß dies nicht die Sache der Mönche ist) (10);

für wen und wo Stūpas zu errichten sind (—12).

Ānanda, der noch nicht frei von weltlichen Schwächen ist, wird vom Buddha getröstet (—14), aber auch gelobt (—16). Seine Bitte, der Buddha möge nicht in dem kleinen Dorfe aus dem Leben scheiden, sondern in einer der großen Städte, lehnt dieser jedoch ab, und zwar mit dem Hinweis, Kuśinagara sei einst der Sitz eines Weltenherrschers gewesen (—18).

Die Mallas, von Ānanda benachrichtigt, kommen, dem Buddha ihre Reverenz zu erweisen (—22). Ebenso kommt ein Wanderasket namens Subhadra (p. Subhadda), der belehrt werden will und, obwohl zunächst von dem besorgten Ānanda abgewiesen, doch noch vom Buddha belehrt, bekehrt und (unter Umgehung der üblichen Probezeit von vier Monaten) ordiniert wird (—29). Er, der letzte Schüler des Buddha, erlangt ganz rasch die Erlösung (30).

VI: Nun folgen noch Lehre oder Gemeinde betreffende Anordnungen:

Dharma und Vinaya sollen künftig die Lehrer der Mönche sein (1).

Die Mönche sollen sich nicht mehr unterschiedslos anreden, sondern vom älteren zum jüngeren anders als umgekehrt (2).

Die Gemeinde kann von sich aus kleinere Gebote (skt. *kṣudrānukṣudrakāni śikṣāpadāni*) aufheben (3).

Gegen den Mönch Chanda (p. Channa) soll die schwerste Strafe, *brahmadaṇḍa*, verhängt werden (d. h. er soll ausgestoßen, jeder Verkehr mit ihm soll abgebrochen werden) (4).

Dann eine letzte Frage an die Mönche, ob sie noch irgendwelche Zweifel hätten. Als das nicht der Fall ist, ermahnt sie der Buddha noch einmal zur Unermüdlichkeit (—7) und durchläuft dann die vier Stufen der Versenkung (skt. *dhyāna*, p. *jhāna*) und weiter die fünf obersten kosmischen Stufen der Unendlichkeit des Raumes, der Unendlichkeit des Bewußtseins, des Nichts, des Jenseits von Bewußt und Unbewußt sowie des Aufhörens von Wahrnehmung und Gefühl; er geht dann zurück, um noch einmal bis zur vierten Versenkungsstufe aufzusteigen — ein Verfahren, das Ānanda nicht durchschaut, so daß er vorzeitig auf Parinirvāṇa erkennt und sich von einem hier zum ersten Mal auftauchenden Aniruddha (p. Anuruddha) belehren lassen muß. Mit dem zweiten Erreichen der vierten Versenkungsstufe[8] ist aber dann der Buddha „vollständig verloschen" (—9).

Die Erde bebt. Götter (Brahman und Indra) sprechen je eine Strophe, Aniruddha spricht zwei, Ānanda eine. Trauer bei den Mönchen, die noch nicht von Leidenschaften frei sind (10). Dann hält Aniruddha, nun offenbar das Oberhaupt der Versammlung, eine (aus zwei verschiedenen Texten zusammengeflickte) Ansprache (11).

[8] Zu den Versenkungsstufen vgl. unten, 2.2.2.2.2., besonders S. 91.

Mit Ānanda zusammen verbringt er die Nacht im Gespräch über die Lehre. Am Morgen meldet Ānanda auf Geheiß Aniruddhas den Mallas das Ereignis; diese sind gerade versammelt, um darüber (sic!) zu beraten (12). Sie übernehmen die Leichenfeierlichkeiten, an denen bemerkenswert ist, daß zweimal die Götter eingreifen (was übrigens Aniruddha erkennt und interpretiert): das erste Mal, um ein anderes Zeremoniell durchzusetzen, das zweite Mal, um einem gewissen Mahākāśyapa (p. Mahākassapa), welcher sich zusammen mit fünfhundert Mönchen auf den Weg nach Kuśinagara gemacht hat[9], noch die Verehrung der Leiche des Buddha zu ermöglichen. Als das geschehen ist, findet die Leichenverbrennung statt (—22).

Nur Knochenreste bleiben übrig. Die Reliquien werden von den Mallas verehrt und zurückgehalten (23). Es entsteht ein Streit um sie. Ein Brahmane namens Droṇa (p. Doṇa) schlichtet ihn, indem er achtfach aufteilt, und zwar für den Magadha-König Ajātaśatru, für die Licchavis in Vaiśālī, für die Śākyas in Kapilavastu (den Clan, aus dem der Buddha stammt) sowie für kleinere Herrscher oder Honoratioren aus der Umgebung, u.a. auch für die Mallas in Pāpā. Da auch die Urne (die Droṇa selber erhält) und die Asche des Scheiterhaufens verteilt werden, kommt es zur Errichtung von zehn Stūpas (—28).

1.3.2. Beurteilung

Soweit also der Inhalt des MP. Daß es sich nicht um einen historischen Bericht handelt, ist klar und wird, wie ich hoffe, nach dem Folgenden noch klarer sein. Nichtsdestoweniger ist aber auch klar, daß wir in ihm mehr als in jedem anderen buddhistischen Text Erinnerungen an den historischen Buddha erwarten dürfen. Die Frage ist nur: Wie können wir zu diesem historischen Kern durchstoßen?

Ein, wie mir scheint, passender Ausgangspunkt der Betrachtung sind die handfesten geographischen Angaben über den jeweiligen Aufenthalt des Buddha. Es handelt sich um eine Reiseroute mit folgender Reihenfolge der Orte: Rājagṛha (I 1), Veṇuyaṣṭikā-Park (I 13), Nālandā (I 15), Pāṭaligrāma (I 19); dann, nach Überqueren der Gangā; Kuṭigrāmaka (II 1), Nādikā (II 5), Vaiśālī (II 11) und das nahebei liegende Dorf Veṇugrāmaka (II 21), wo der Buddha die Regenzeit verbringt, Bhaṇḍagrāma usw. (IV 1—5; vgl. dazu oben, n. 7), Bhoganagaraka (IV 6), Pāpā (IV 13), Kuśinagara (V 1).

Die meisten dieser Orte lassen sich mit hinreichender Sicherheit bestimmen. Danach kann es keinem Zweifel unterliegen, daß der Buddha auf einer

[9] VI 19f. kehrt noch einmal, fast wörtlich, im Bericht über das „erste Konzil" wieder; vgl. dazu unten, 4.1.1.1.

alten (Handels-)Straße wanderte, die weiter nach Norden bzw. Nordwesten führte, um vor Erreichen der Himālaya-Vorberge nach Westen und Süden umzubiegen. Wir haben nämlich in einem ziemlich alten buddhistischen Text, Sn 1010—1014[10], ein in die umgekehrte Richtung laufendes Itinerar überliefert, das sehr weit im Süden, mit der Stadt Pratiṣṭhāna (heute Paithan, am Oberlauf der Godāvarī gelegen) beginnt, am Ende allerdings einen merkwürdigen Sprung, von Vaiśālī bis zu einem in Rājagṛha liegenden Heiligtum, dem Ziel der Reise, macht. Es lohnt sich, die beiden Routen einmal ganz schematisch und fast ohne Rücksicht auf Lage und Entfernung zu vergleichen:

Route nach Sn			Route des Buddha
	Setavyā →	Kapilavastu	
	↗	↘	
	Śrāvastī	Kuśinagara	Kuśinagara
	↑	↓	↑
	Sāketa	Pāpā	Pāpā
		↓	↑
		Bhoganagaraka	Bhoganagaraka
	↑	↓	↑
			Bhaṇḍagrāma
			↑
		Vaiśālī	Vaiśālī (Veṇugrāmaka)
			↑
			Nādikā
			↑
			Kuṭigrāmaka
			↑
			Pāṭaliputra
			↑
	Kauśāmbī	↓	Nālandā
	↑		↑
	Vanasāhvaya	[Rājagṛha]	Rājagṛha
↗			
Vidiśā			
↑			
Gonaddha			
↑			
Ujjayinī			
↑			
Māhiṣmatī			
↑			
Pratiṣṭhāna			

[10] *Bāvariṃ abhivādetvā katvā ca taṃ padakkhiṇaṃ /*
jaṭājinadharā sabbe pakkāmuṃ uttarāmukhā // [Forts. S. 34]

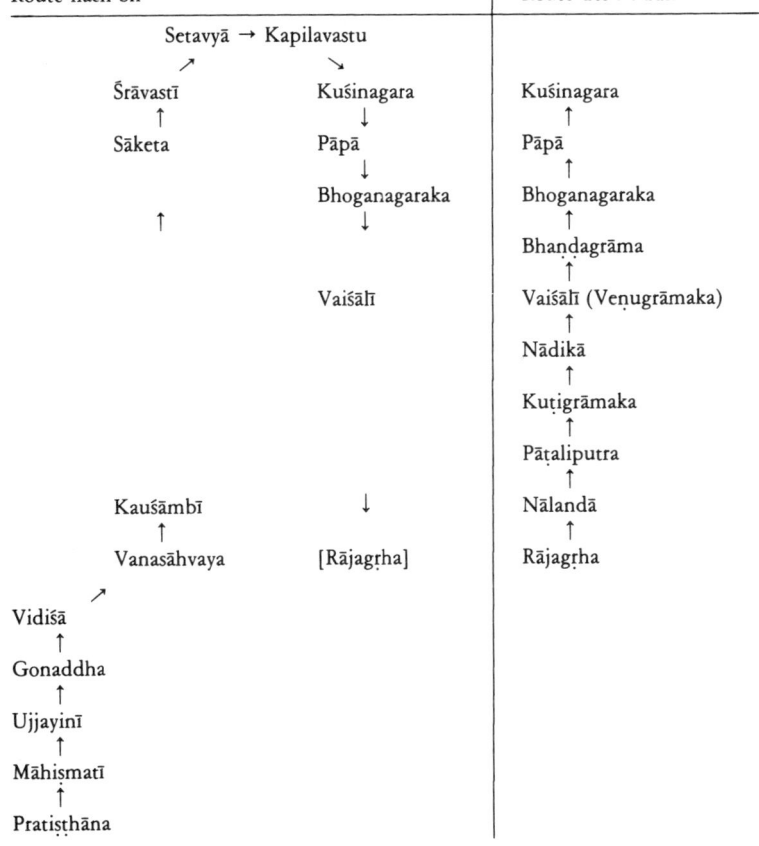

Man sieht: Wäre der Buddha weitergekommen, hätte er u. a. sowohl Kapilavastu als auch Śrāvastī erreicht. Nun sind dies zwei Städte, die in seinem Leben eine bedeutende Rolle gespielt haben, wenn auch aus unterschiedlichen Gründen: Kapilavastu ist seine Heimatstadt, in der die Śākyas, aus deren Geschlecht er stammt, regierten, und Śrāvastī ist die Hauptstadt des mächtigen Reiches Kosala, von dem Kapilavastu damals wahrscheinlich bereits abhängig war. In Śrāvastī hielt sich der Buddha besonders gern auf. Die — längst geäußerte: s. E. Waldschmidt (1944), S. 337 — Vermutung ist daher nicht von der Hand zu weisen, daß der Buddha, im hohen Alter und mit seinem Ableben rechnend, sich von Magadha aus, wo er sich aufhielt, aufmachte, um an einem der beiden Orte, Kapilavastu oder Śrāvastī, zu sterben — daß er jedoch unterwegs vom Tod ereilt wurde.

Läßt sich diese Vermutung erhärten? Was spricht eventuell noch für sie? Da ist zunächst einmal die Angabe, daß der Buddha bei Kuśinagara aus dem Leben scheidet. Die diesbezügliche Tradition ist ganz fest, und sie wird übrigens auch durch archäologische Zeugnisse gestützt; schon zur Zeit Aśokas (3. Jh. v. Chr.) war Kuśinagara ein berühmter Wallfahrtsplatz. Aber gerade das ist auffällig. Denn Kuśinagara spielte weder im Leben der alten Gemeinde eine irgend bedeutsame Rolle, noch hatte dieser Ort sonst Qualitäten, die ihn zum Platz für das Parinirvāṇa prädestiniert hätten erscheinen lassen. Ānanda belegt ihn denn auch (s. V 17) mit Ausdrücken, die man im Deutschen etwa mit „armseliges Nest" zusammenfassen könnte. Und er bittet den Buddha ausdrücklich, nicht Kuśinagara zum Platz seines Parinirvāṇa zu wählen, sondern der Leichenfeierlichkeiten wegen eine der großen Städte. Die Bitte ist, im Textzusammenhang gesehen, zwar wertlos, weil der Buddha sich schon vorher (IV 38) festgelegt hat. Sie darf nichtsdestoweniger ein textgeschichtliches Interesse beanspruchen; gibt sie doch dem Buddha Gelegenheit, Ānanda zu widersprechen und ein Loblied auf Kuśinagara anzustimmen: Es sei einst die Hauptstadt eines Weltenherrschers gewesen und deshalb für ihn ein ganz besonders würdiger Platz. Die Tatsache, daß dem Buddha zu seiner Rechtfertigung hier ein so peinlicher Exkurs in die mythi-

[Fn. 10 (Forts.)]

Muḷakassa Patiṭṭhānaṃ puraṃ Māhissatiṃ tadā/
Ujjeniñ câpi Gonaddhaṃ Vedisaṃ Vanasavhayaṃ//

Kosambiñ câpi Sāketaṃ Sāvatthiṃ ca puruttamaṃ/
Setavyaṃ Kapilavatthuṃ Kusināraṃ ca mandiraṃ//

Pāvaṃ ca Bhoganagaraṃ Vesāliṃ Māgadhaṃ puraṃ/
Pāsāṇakaṃ cetiyaṃ ca ramaṇīyaṃ manoramaṃ//

tasito v'udakaṃ sītaṃ mahālābhaṃ va vāṇijo/
chāyaṃ ghammābhitatto va turitā pabbatam āruhuṃ//

sche Vorzeit zugemutet wird, zeigt besser als alles andere, daß man gezwungen war, sich mit Kuśinagara abzufinden. Wir haben hier also eine historische Tradition vor uns, die trotz des Unbehagens späterer Generationen stark genug war, sich zu halten — eine Tradition, die für ein nicht gewolltes, vorzeitiges Ende der letzten Wanderung des Buddha spricht.

Daß der Buddha weiterwollte und in seinem Bestreben, das ins Auge gefaßte Ziel zu erreichen, sich nur bis Kuśinagara hat schleppen können, darauf weist nun auch noch folgendes hin: Gelegentlich der Schilderung seines Aufenthaltes in dem Dorfe Veṇugrāmaka bei Vaiśālī, wo er die Regenzeit verbringt, hören wir (II 23) zum ersten Mal von einer schweren, sogar lebensbedrohenden Krankheit. Es heißt dann weiter, er habe diese Krankheit bezwungen, um nicht fern von seiner Gemeinde (die ja durch die Regenzeit zerstreut war) von hinnen zu gehen. Als aber darauf Ānanda der Hoffnung Ausdruck gibt, der Buddha werde noch eine letzte Bestimmung hinsichtlich der Gemeinde treffen, setzt dieser der Hoffnung sofort einen Dämpfer auf, und zwar in einer bemerkenswerten Rede, die, obwohl sie nichts Neues bietet, wie ein Vermächtnis klingt (und von mir im folgenden der Kürze halber auch so bezeichnet wird). Wir werden darauf weiter unten noch etwas näher eingehen müssen (s. S. 37f.). Hier nur soviel: Es ist darin auch von seinem hohen Alter die Rede, von seiner Gebrechlichkeit und von seiner Erwartung des Lebensendes. (Sehnsucht danach darf er ja als — von Emotionen freier — Vollendeter nicht haben.)

Das alles gibt keinen Grund dafür her, daß er bald darauf weiterzieht. Er hätte, so möchte man meinen, nach der Regenzeit, als die Gemeinde sich wieder versammelt hatte, in Vaiśālī ruhig sein Ende abwarten können: Wenn er es nicht tat, dann kann ihn nur irgend etwas getrieben haben, ein Ziel, das aus den oben erwähnten Gründen nicht Kuśinagara gewesen sein kann.

Daß er aber nicht über Kuśinagara hinauskam, muß nach dieser Interpretation in der erneuten Krankheitsattacke (IV 20f.) seinen Grund haben. Sie setzt ein nach dem (letzten) Mahl, das er bei Cunda in Pāpā einnimmt. Und sie ist auf den Genuß von „Schweine-Weich" (*sūkara-maddava*[11]) zurückzuführen.

[11] *sūkara* heißt „Schwein", *maddava* (skt. *mārdava*) ist eine Ableitung von skt. *mṛdu* „weich". Es ist heute ganz klar, daß es sich um Schweinefleisch handelt — und hätte eigentlich immer klar sein müssen, da sogar der älteste buddhistische Kommentator zu dieser Stelle daran keinen Anstoß nahm. Nach der Lehre der älteren Asketen war nur das Töten von Tieren verboten, nicht der Verzehr von Fleisch, sofern man sicher war, daß das betreffende Tier nicht eigens dafür geschlachtet wurde. Daß hier die Pāli-Tradition als einzige das Echte bewahrt hat, beweist nur, wie wenig bei einer Untersuchung buddhistischer Paralleltexte auf Mehrheitsverhältnisse allein zu geben ist. — Zu dieser Überlieferung vgl. E. Waldschmidt (1939), S. 63ff. (dessen „Zweite textgeschichtliche Erklärungsmöglichkeit", S. 82ff., ich übrigens für unmöglich halte).

Da späteren Generationen von Buddhisten, die strengem Vegetarismus huldigten, jedwedes Fleischessen anstößig, ja unbegreiflich sein mußte, ist es kein Wunder, daß von ihnen nicht nur das Schweinefleisch um- oder sogar hinweginterpretiert wurde, sondern auch Cunda, der Gastgeber des Fleischgerichts, ins Zwielicht geriet. Die — unterschwelliger Tradition zugehörigen — Vorwürfe gegen ihn, klingen selbst im MP an, wenn (IV 43) der Buddha ausdrücklich feststellt, der Schmied habe mit dieser Speisung keinerlei Schuld auf sich geladen, sondern großes Verdienst gesammelt. Aus einem solchen Textstück erhellt die Vorwärtsverteidigung eines Verfassers oder Redaktors, der übrigens schon weiter vorn — durch die dem Buddha in den Mund gelegte Anordnung, nur er dürfe von dem Schweinefleisch essen, das von ihm übriggelassene müsse vergraben werden (IV 18f.) — aus einer schlichten Almosenspeise die nur einem Gott zukommende, weil kraftgeladene (und daher für den gewöhnlichen Sterblichen gefährliche) Opferspeise macht. In die gleiche Richtung geht dann die Abspaltung eines Mönches Cunda bzw. Cundaka (IV 39—41), des moralischen Antipoden zu dem ebenfalls vom Schmied und Laienanhänger abgespaltenen „Schweineschlächter Cunda" (Cunda Sūkarika; vgl. dazu U. Schneider [1971], S. 402). Der historische Kern ist jedenfalls darin zu sehen, daß der Buddha in Pāpā, nach Genuß von Schweinefleisch, ein zweites Mal von einer Krankheit, vielleicht von derselben, niedergeworfen wurde.

Die folgende Erzählung des MP, IV 20ff., bestätigt das voll und ganz: Die letzte Wegstrecke, welche der Überlieferung nach der Buddha zurücklegt, reicht von Pāpā bis zum Śāla-Wald bei Kuśinagara. Wie lang diese Strecke war, läßt sich nicht mehr feststellen. Die Entfernung kann aber, wenn wir der Tradition trauen dürfen, nicht erheblich gewesen sein, denn der Buddha hat ja, derselben Tradition nach, keine weitere Mahlzeit eingenommen. Trotz der relativ kurzen Wegstrecke ist jedoch hier zum ersten Male von einem Schwächeanfall (IV 21), vielleicht sogar von einem zweiten (IV 39), die Rede.

Fazit all dieser Überlegungen kann nur sein: Der Buddha starb deswegen in, vielmehr: bei, Kuśinagara, weil er auf dem Weg zu einem ferneren Ziel vom Tod übermannt wurde. Und dieses Ziel könnte entweder seine Heimatstadt, Kapilavastu, gewesen sein oder aber — was ich für unwahrscheinlicher halte — Śrāvastī.

Wie man aber auch die Dinge im einzelnen beurteilen mag — an der Geschichtlichkeit der großen letzten Wanderung des Buddha, die er, achtzigjährig und immer hinfälliger werdend, nicht zu Ende führen konnte, dürfte kaum ein Zweifel möglich sein.

Andererseits ist aber auch nicht zu bezweifeln, daß diese als historisch einzustufende Begebenheit bei denen, welche die Tradition zu verwalten hatten, Unbehagen hervorgerufen hat — Unbehagen nicht über die Begebenheit an sich (wer konnte schon gegen eine letzte große Wanderung des Buddha etwas einzuwenden haben), wohl aber über die menschlichen Unzulänglichkeiten, mit denen sie behaftet war.

Nur so ist es zu erklären, daß, wie wir bereits sahen, das in der Gegenwart so dürftige Kuśinagara durch eine ad hoc erfundene großartige Vergangenheit aufgewertet wird und daß eine als schockierend empfundene Fleischspeise von den einen zur kraftgeladenen Götterspeise hochstilisiert, von anderen (d. h. außerhalb der Pāli-Tradition) entweder zum Pilzgericht abgewiegelt oder mehr oder weniger verschwiegen wird.

In dieselbe Richtung — weg von der Historie, sofern durch sie gegenwärtige Wunsch- oder Programm-Vorstellungen beeinträchtigt werden — weisen noch eine ganze Reihe anderer Indizien. Gesammelt und gesichtet, geben sie Auskunft über die Tendenz des MP, und das heißt gleichzeitig: über das äußere Schicksal der Lehre des Buddha nach dessen Tod.

Nun ist dies zwar strenggenommen erst Thema eines späteren Kapitels in diesem Buch (vgl. unten, S. 127ff.). Es empfiehlt sich aber, in dem oben abgesteckten Rahmen schon hier darauf einzugehen; müßten wir doch sonst die Textanalyse auseinanderreißen und uns damit der Möglichkeit berauben, sozusagen hinter dem Vordergrund der Tendenz, die Spätere in eine von Haus aus geschichtliche Überlieferung hineingetragen haben, diese Überlieferung (und damit auch das Bild des historischen Buddha) klar aufzuzeigen.

Ich komme zunächst noch einmal auf diesen Hintergrund. Die entscheidende Stelle, eine Überlieferung von solcher Wucht, daß offenbar kein Redaktor in der Lage war, sie zu unterdrücken, findet sich II 25f. in der Antwort des Buddha auf die mit freudiger Hoffnung ausgesprochene Bemerkung Ānandas, der Buddha werde ja wohl nun, da er die Krankheit bezwungen habe, nicht ohne eine Bestimmung hinsichtlich der Mönchsgemeinde aus dem Leben scheiden. Die Antwort lautet in der Pāli-Fassung (mit der dem Sinne nach alle Parallelversionen übereinstimmen) folgendermaßen (Übersetzung nach R. O. Franke [1913], S. 203f.; vgl. auch U. Schneider [1971], S. 404f.):

Ānanda, was erwartet denn die Mönchsgemeinde noch von mir? Ich habe die Lehre (= „Wahrheit“: *dharma*) verkündet, ohne ein Drinnen und Draußen zu unterscheiden. Der Tathāgata geizt nicht, wo es sich um die Lehre handelt, wie sonst wohl die Lehrer zu tun pflegen. Wer den Hintergedanken hat: „Ich will es sein, der die Mönchsgemeinde leitet“ oder „Die Mönchsgemeinde soll auf mich angewiesen bleiben“, der hat vielleicht irgendwelche Bestimmungen betreffs der Mönchsgemeinde zu treffen. Der Tathāgata aber kennt diesen Hintergedanken nicht. Ānanda, warum soll also der Tathāgata betreffs der Mönchsgemeinde noch Bestimmungen treffen?

Ich bin jetzt gebrechlich, alt, betagt, am Ende meines Lebensweges, ein Greis, achtzig ist die Zahl meiner Jahre. Wie ein altersschwacher Karren nur noch mit Hilfe von Stricken usw. [?] zusammenhält, so wird auch der Körper des Tathāgata gewissermaßen mit Stricken [?] [künstlich] zusammengehalten....

So sucht denn, Ānanda, hienieden Insel und Zuflucht in euch selbst, nirgends sonst, und sucht in der Lehre Insel und Zuflucht, nirgends sonst! Und wie verfährt der Mönch, wenn er Insel und Zuflucht in sich selbst und in der Lehre suchen will und nirgends sonst? So, daß er, soweit der Körper in Betracht kommt, dem Körper nachsinnt, ernst strebend, bewußt und achtsam, nachdem er in der Welt das Begehren und die Kümmernis abgetan hat; soweit die Gefühle in Betracht kommen..., soweit das Denken in Betracht kommt..., soweit die Gegebenheiten *(dharma)* in Betracht kommen..., abgetan hat[12]. So verfährt ein solcher Mönch. Und welche Mönche immer, sei es jetzt, sei es, wenn ich nicht mehr bin, Insel und Zuflucht in sich selbst und in der Lehre suchen werden und nirgends sonst, solche eifrig strebenden Mönche werden die höchsten heißen.

Diese Aussage ist ganz klar. Sie läßt sich in zwei Punkte zusammenfassen:

1. Der Buddha ist ein Mensch wie jeder andere, durch nichts anderes ausgezeichnet als dadurch, daß er den (einzig möglichen) Weg zur Erlösung gefunden und ihn, als seine Lehre, für jedermann einsichtig und befolgbar verkündet hat.

2. In diesem Erlösungsstreben steht jeder für sich. Das ist zu Lebzeiten des Buddha so und wird nach dessen Tod nicht anders sein. Keiner der Mönche erhebe sich über den anderen. Die Mönchgemeinde ist lediglich eine Gemeinschaft von nach Erlösung Strebenden; sie bedarf keiner Hierarchie, keiner politischen Führung.

Kein Zweifel, daß wir hier, und nur hier, so etwas wie ein „Vermächtnis des Buddha" vor uns haben — allerdings ein Vermächtnis besonderer (man könnte sagen: negativer) Art: Der Lehrer tritt hinter seine Lehre zurück und erteilt mit seiner nun einmal vorhandenen Autorität allen denen eine Absage, die den — naheliegenden — Versuch machen sollten, sich mit dieser Lehre (die ja aus der Welt herausführen soll) in der Welt einzurichten.

Wie wir wissen, ist dieser Versuch — unter unberechtigter Berufung auf den Buddha — dennoch gemacht worden, und zwar mit beträchtlichem Erfolg. Der Buddhismus wäre sonst keine Massenbewegung geworden, noch weniger eine „Weltreligion".

Den Anfang einer solchen Entwicklung können wir nun, und zwar mit aller wünschenswerten Deutlichkeit, im MP fassen. Dazu müssen wir uns nur, mit dem als Hintergrund bezeichneten „Vermächtnis" des Buddha vor

[12] Es handelt sich in dieser Formel um die vier „Erweckungen der Achtsamkeit"; vgl. dazu unten, S. 81.

Augen, dem Vordergrund, der eigentlich aktuellen Schicht des MP, welche seine Tendenz enthält, zuwenden. Das soll im folgenden getan werden. Ich gebe die entsprechenden Belege der Übersichtlichkeit halber nach drei Gesichtspunkten geordnet; es sei aber betont, daß es sich dabei nicht etwa um Entwicklungsstufen handelt:

1. Der Buddha wird vom Menschen zum Wundermann.
2. Ein Kult wird etabliert.
3. Neben die — im „Vermächtnis" zur einzigen Autorität erklärte — Lehre *(dharma)* treten äußere Vorschriften, die das Zusammenleben der Mönche regeln, sowie Personen, welche diese Vorschriften überwachen.

Zu Punkt 1:

Daß der Buddha an Wunder glaubte und sich selber Wunderkräfte zuschrieb, wird, auch in der kanonischen Literatur, zu oft behauptet, als daß man es ungeprüft hinnehmen dürfte. Prüfen wir aber, dann bleibt uns nur dieses eine, vom gesunden Menschenverstand eingegebene innere Kriterium: Eklatanter Widerspruch, zumal wenn er sich im Text unmittelbar hintereinander findet, läßt eher auf Beugung einer Tradition, z. B. durch Klitterung, schließen als — das wäre die Alternative — auf geistige Verwirrung des Autors.

Das wichtigste Beispiel eines solchen Widerspruchs in unserem Text bildet das von mir als „Vermächtnis" bezeichnete (und oben ausführlich mitgeteilte) Textstück (II 25f.) zu dem, was uns gleich darauf (III 1ff.) geboten wird. Da erfahren wir, wie der Buddha sich mit Ānanda zum Cāpāla-Heiligtum begibt, dort, mit Blick auf Vaiśālī, die Lieblichkeit dieser Stadt und ihrer verschiedenen Heiligtümer preist und dabei Ānanda den Wink gibt, er könne, wenn man ihn darum bitte, bis zum Ende des Weltzeitalters am Leben bleiben. Er tut es dreimal. Aber Ānanda versteht nicht, „weil Māra sein Herz beherrschte" — und so wurde damals auch für die heutigen Buddha-Anhänger (denn das Weltzeitalter ist noch lange nicht zu Ende) die Möglichkeit vertan, den Buddha lebend bei sich zu haben.

Wer wollte behaupten, daß nach der II 25f. gemachten Äußerung der Buddha diese Möglichkeit (leben zu bleiben) auch schon zu haben glaubte? Ist es nicht vielmehr so, daß er derartiges (übrigens in Übereinstimmung mit seiner gesamten Lehre) noch nicht einmal für wünschenswert gehalten hätte? Ich meine, der Schluß ist unausweichlich, daß, wenn II 25f. (also das „Vermächtnis") historisch sein sollte, die gleich darauf folgende Schilderung der Szene vor dem Cāpāla-Heiligtum es nicht auch sein kann: Sie muß vielmehr gerade mit dem Ziel eingefügt worden sein, die geschichtliche Überlieferung abzuschwächen, ja umzubiegen. Und die Tendenz dabei ist völlig klar: Man will den Buddha über die menschliche Sphäre hinausheben.

Wenn man sich schon damit abfinden muß, daß der Buddha infolge Krankheit und Alter stirbt, so will man wenigstens zeigen, daß er es nicht brauchte. Daß dabei Ānanda in die Rolle eines Sündenbocks gedrängt wird, sei nur beiläufig erwähnt; wir werden darauf weiter unten zurückkommen. Siehe S. 44f., ferner S. 130f. mit n. 83.

Die Schilderung der Szene am Cāpāla-Heiligtum geht aber noch weiter: Nachdem der Buddha Ānanda weggeschickt hat, naht sich ihm Māra und will ihn zum sofortigen Ausscheiden aus dem Leben überreden, ein Unternehmen, das ihm natürlich nicht gelingt, aber zur Folge hat, daß der Buddha sich nun eine Frist von drei Monaten setzt und seinen Āyuḥsaṃskāra aufgibt. Letzteres ruft ein Erdbeben hervor, ein Wunder, über das sich unser Text ausführlich verbreitet. Erst daraufhin kommt Ānanda auf den Gedanken, den Buddha um die Verlängerung seines Lebens zu bitten. Zu spät. Er erhält von seinem Meister einen Tadel und muß sich sagen lassen, daß ein Buddha sein Wort nicht zurücknimmt. — Auch diese bombastische Geschichte trägt den Stempel späterer Erfindung.

Mit diesem Befund sind stellvertretend alle Wundergeschichten des MP abqualifiziert. Ich zähle noch auf (ohne Anspruch auf Vollständigkeit):

Der Buddha macht trübes Wasser wieder klar (IV 25); er überquert die Gangā sozusagen mit einer Armbewegung (I 33f.); während er im Śāla-Wald auf seinem letzten Lager ruht, gibt es Blütenregen (zur Unzeit), himmlische Musik u. ä. (V 2); gleich darauf schickt er den ihm zufächelnden Mönch Upamāṇa (p. Upavāṇa) weg, weil dieser den Göttern aller zehn Welten, die sich versammelt hätten, um ihn zu sehen, den Blick versperre (V 4f.) — Dazwischen steht übrigens (V 3) die Bemerkung des Buddha zu Ānanda, nur durch Befolgung der Lehre werde ihm Ehre erwiesen! — Bei den Leichenfeierlichkeiten, die natürlich besonders ausführlich geschildert werden, greifen zweimal die Götter ein: Das erste Mal (VI 14f.) machen sie, um ein anderes Zeremoniell durchzusetzen, den Körper des Buddha zum Forttragen zu schwer (ein weitverbreitetes Motiv; es findet sich z. B. auch in der Kṛṣṇa-Legende); das zweite Mal (VI 21) verzögern sie das Anzünden des Scheiterhaufens, um Mahākāśyapa (vgl. dazu weiter unten in diesem Abschnitt, aber auch 4.1.1.1.) die Gelegenheit zu geben, die Leiche des Buddha noch zu verehren; in der Nacht des Dahinscheidens glänzt die Haut des Buddha, so daß sogar die goldfarbigen Stoffstücke, die der Malla Putkasa ihm schenkt und die Ānanda ihm anlegt, glanzlos wirken (IV 37). — Eine weitere körperliche Eigenschaft des Buddha, seine Fähigkeit, kraftgeladene, nur für einen Gott bestimmte Speise zu verdauen (IV 19), kam schon weiter oben, bei der Behandlung der Cunda-Episode, zur Sprache; ebenso war für seine Fähigkeit, mehr zu sehen, als ein leibliches Auge vermag, oben schon ein Beispiel angeführt: Er erblickt (den anderen unsichtbar bleibende) Gottheiten, die ihn zu verehren herbeigekommen sind (V 5f.); ferner sieht er in Pāṭaligrāma Gottheiten des Baugrundes (I 27), und dieselbe „himmlische Sehkraft" (skt. *divya cakṣus)* gibt ihm auch die Möglichkeit, die Zukunft, Pāṭaligrāmas vorauszusagen (I 28) sowie in Nādikā Auskunft über das Schicksal verstorbener Mönche und Laienanhänger zu geben (II 7).

Nachdem er letzteres getan hat, verbittet er sich allerdings weitere diesbezügliche Fragen als Belästigung (II 8), und wir werden kaum fehlgehen, wenn wir auch hierin wieder die Bestätigung sehen, daß es dem historischen Buddha fernlag, sich als Übermensch zu gerieren. Auch aus dem „Vermächtnis" (s. oben, S. 37f.) läßt sich erahnen, wie wenig Aufwand er um seine Person geduldet hat. Und selbst die Tatsache, daß in unserem Text die Leichenfeierlichkeiten so breit und bombastisch geschildert werden, kann uns an diesem Urteil nicht irremachen; denn vorher (V 10) gibt der Buddha auf die Frage Ānandas, was mit seinem Leichnam zu geschehen habe, die lapidare Antwort, dies sei nicht Sorge der Mönche, um allerdings, verdächtig genug, dann doch (für die Laienanhänger, versteht sich) detaillierte Anweisungen zu geben (die ihn, der ja auch Mönch ist, ebensowenig interessieren sollten).

Ich glaube, wir können aus alledem ersehen, daß im MP der historische Buddha, der noch zu greifen ist, mit Wundergeschichten zugedeckt wurde.

Zu Punkt 2 (vgl. oben, S. 39):

Man kann nicht geradezu sagen, daß mit den Wundergeschichten, wie sie ins MP Eingang fanden, bereits eine Vergöttlichung des Buddha stattgefunden hätte. Er ist zwar längst mehr als z.B. die zahlreichen Gottheiten, die zu seinem Parinirvāṇa-Lager geeilt kommen, um ihn zu verehren, aber er ist damit doch keineswegs der menschliche Geschicke lenkende Allgott hinduistischer Prägung. Eines ist jedoch klar: Sobald man begann, im Buddha mehr als einen Menschen zu sehen, war der erste Schritt dazu getan, daß man ihm in einer Weise entgegentrat, die über die einer Respektsperson geschuldete Höflichkeit und Ehrerbietung hinausging. Das wird bei Anhängern schlichteren Gemüts bereits zu seinen Lebzeiten der Fall gewesen sein. Läßt sich doch nur so erklären, warum der Buddha solchen Tendenzen ausdrücklich entgegentritt. Das tut er im MP (auf das wir uns hier zu beschränken haben) eindeutig damit, daß er seine Person vollständig hinter die Lehre zurücktreten läßt, wie z.B. im „Vermächtnis" oder auf dem Sterbelager, wo er (V 3) inmitten einer göttlichen Verehrungskampagne ausdrücklich feststellt, nicht mit solch äußeren Dingen könne man einem Buddha Ehre erweisen, sondern nur durch die Befolgung seiner Lehre.

Trotz solcher Ermahnungen müssen diese Tendenzen nach dem Tode des Buddha stärker geworden sein. Hier liegen die Anfänge eines Kultes[13] um seine Person. Auch sie haben bereits einen Niederschlag im MP gefunden. Wenigstens zwei (auch überlieferungsgeschichtlich gut bezeugte) Stellen sind bedeutsam, nämlich:

a) V 7f.: Hier ordnet der Buddha an, welche vier mit besonders markanten Ereignissen seines Lebens verbundene Stätten ein ordentlicher Buddhist als Pilger besucht haben muß. Diese vier Stätten sind wohlbekannt, und sie waren auch (oder sind noch) mit Stūpas bestückt. Um so merkwürdiger ist, daß hier von einer solchen Ausstattung mit Stūpas nicht die Rede ist, im Unterschied zu

b)VI 23ff.: Da geht es um die — nach der Leichenverbrennung getätigte — Verehrung und Verteilung der Reliquien und, in Zusammenhang damit, auch um die Errichtung von Stūpas. Jedoch spielen dabei die vier oben (V 7f.) genannten Stätten keine Rolle.

Zu Punkt 3 (vgl. oben, S. 39):

Die Analyse des Textes hat bis jetzt gezeigt, wie man sich vom „Vermächtnis", das man als historischen Kern betrachten darf, entfernte, indem man den Buddha erstens zum Wundermann erhob und zweitens mit einem Kult versah.

Ein Drittes ist nun hier noch zu behandeln, das damit in unauflöslichem Zusammenhang steht. Gemeint ist der Aufbau einer äußeren Ordnung, mit der man versucht, sich als allmählich wachsende Kultgemeinschaft in der Welt zu behaupten.

Mit der Lehre des Buddha allein wäre das ja nicht möglich gewesen. Denn die wendet sich nie an die Gemeinschaft, immer nur an den einzelnen, und sie führt diesen letztlich aus der Welt heraus. So war es auch nur konsequent, wenn der Buddha es im „Vermächtnis" schlankweg ablehnte, über seinen Tod hinaus noch irgendwelche Bestimmungen hinsichtlich der Gemeinde zu treffen, mit der Begründung, jeder müsse sich auf sich selber und auf die Lehre zurückziehen. Die Lehre *(dharma)* wird damit zur einzigen Autorität erhoben.

Mit diesem „Vermächtnis" verglichen ist vielleicht schon der Anfang des MP auffällig — weniger noch der Umstand, daß der Minister eines Königs

[13] Von „Kulthandlungen" spricht — vorsichtig, zweifelnd — D. Schlingloff (1962) I, S. 36, in Hinsicht auf die Pravāraṇā genannten Feierlichkeiten am Ende der Regenzeit (Schenkung der Laienanhänger an die Mönche; vgl. unten, 3.2.). Daran ist wenigstens so viel richtig, daß bei der Einführung von Kulthandlungen in den Buddhismus das Laienelement die Initiative hatte. — Es kommt natürlich auch darauf an, wie weit oder wie eng man den Begriff „Kult" zu fassen geneigt ist. Zwischen „Ehrung", „Verehrung" und „Kult" sind die Grenzen fließend.

zum Buddha (einem großen Heiligen also) kommt, um sich politischen Rat zu holen, und diesen Rat auch tatsächlich erhält: Was aber sollte den Buddha bewogen haben, aus seiner Antwort eine Nutzanwendung auf die Mönchsgemeinde zu ziehen — und damit eben doch Bestimmungen hinsichtlich der Gemeinde zu treffen (I 6)? Liegt es da nicht nahe anzunehmen, daß dieser ganze Beginn des MP bereits die spätere Tendenz, die Mönche zum Zusammenleben in der Welt zu ermutigen, widerspiegelt?

Ferner: Es sieht vielleicht nach wenig aus, macht aber tatsächlich einen gewaltigen Unterschied zu diesem „Vermächtnis", wenn nun an anderen Stellen neben den Dharma als auf gleicher Stufe stehende Ergänzung der Vinaya tritt. Vinaya bedeutet „Disziplin", „Ordenszucht" sowie (und nur das kommt hier in Betracht) ein entsprechendes (schriftlich oder auch nur mündlich tradiertes) Reglement, eine Art „Corpus der Ordenszucht", das sich im Laufe der Zeit zum Vinaya-Piṭaka, einem der drei Teile des Kanons, auswächst. So finden wir IV 8—11 die Ermahnung des Buddha an die Mönche, nach seinem Tode als Kriterien für echtes Buddhawort Sūtra (d.h. Texte, die den Dharma enthalten) und Vinaya zu verwenden. Wichtig ist aber vor allem VI 1. Hier spricht der Buddha eindeutig von Dharma und Vinaya[14] als den Lehrern, welche den Mönchen nach seinem Tode verbleiben. Dharma steht also hier nicht mehr allein. Ja, im folgenden (VI 2f.) wird Vinaya sogar noch rasch erweitert, indem man dem Buddha auf dem Sterbelager Verfügungen in den Mund legt wie:

— die Mönche sollten sich nicht mehr unterschiedslos anreden, sondern vom älteren zum jüngeren anders als umgekehrt;
— die Gemeinde könne von sich aus kleinere Gebote aufheben;
— mit dem Mönch Chanda (p. Channa), der hier ganz unvermittelt auftaucht, solle jeder Verkehr abgebrochen werden.

Ich meine, hier spricht nicht der historische Buddha, sondern hier sprechen Interessengruppen, welche stark genug waren, ihren Anliegen Eingang in die Tradition des MP zu verschaffen, wo sie nun die Autorität des Buddha genießen, und zwar geradezu in Form eines Testaments.

Wir erfahren sogar Namen, welche mit solchen Interessengruppen verbunden gewesen sein müssen. Treten doch, ohne daß vorher von ihnen die Rede gewesen wäre, zwei Führerpersönlichkeiten auf den Plan: Aniruddha und Mahākāśyapa.

Die Rolle, welche nach unserem Text Aniruddha zugedacht wird, läßt sich eindeutig bestimmen. Er erscheint genau zu dem Zeitpunkt, da der Buddha

[14] Parallelfassungen haben z.T. Prātimokṣa an Stelle von Vinaya, was auf dasselbe hinausläuft. Prātimokṣa ist ein Teil des „Corpus der Ordenszucht", die entsprechenden Feierlichkeiten dienen der Aufrechterhaltung der Disziplin unter den Mönchen.

sich bereits in Versenkung begeben hat: zu spät, bemerkenswerterweise, um noch irgendeinen Kontakt mit dem Buddha haben zu können, aber rechtzeitig genug, um mit profundem Wissen gegen Ānanda (der zu zeitig auf Parinirvāṇa erkannt hatte) zu glänzen (VI 8). Kurz darauf, nachdem das große Ereignis eingetreten ist, werden ihm zwei Strophen in den Mund gelegt, hinter Göttern wie Brahman und Indra (Śakra), aber vor Ānanda, der auch nur eine Strophe sprechen darf (VI 10). Dann hält Aniruddha eine Ansprache an die Mönche (VI 11), verbringt mit Ānanda im Gespräch über die Lehre den Rest der Nacht und schickt diesen am Morgen zu den Mallas nach Kuśinagara (VI 12). Schließlich weiß er sogar und erklärt auf Befragen — zweimal: VI 14f. und VI 21 —, was die Götter vorhaben. All das zeigt, daß er in der versammelten Mönchsgemeinde die Stellung eines Oberhauptes einnimmt, die man durch das Ableben des Buddha freigeworden glaubt.

Daß der Buddha eine solche Stellung gar nicht vorgesehen, sich im „Vermächtnis" gegen hierarchische Bestrebungen jedweder Art gewandt hatte, war offenbar längst vergessen oder beiseite geschoben.

Ein etwas anderer Fall, aber durchaus noch vergleichbar, ist Mahākāśyapa. Auch er taucht völlig unvermittelt und sehr spät auf, sogar erst nach dem Parinirvāṇa (VI 19). Daß er, der offenbar selbst als Oberhaupt einer Mönchsschar umherzieht, auf Veranlassung der Götter noch die Gelegenheit erhält, die Leiche des Buddha zu verehren (VI 22), braucht man nicht als historisch gelten zu lassen, auch wenn man das göttliche Wunder eliminiert. Viel plausibler ist die Annahme, man habe ihn mit dieser Erzählung aufwerten wollen, weil er (oder eine Gruppe, die mit ihm verbunden war) eine bedeutsame Rolle in der Gemeinde spielte. Daß das der Fall war, erhellt für ihn mehr als für Aniruddha aus den Konzilsgeschichten des Vinaya-Piṭaka, mit denen wir uns weiter unten, 4.1.1.1., zu befassen haben.

Noch etwas muß in diesem Zusammenhang herausgestellt werden: Der Einführung so gewichtiger Persönlichkeiten wie Aniruddhas und Mahākāśyapas entspricht genau eine Abwertung Ānandas, die durch das gesamte MP hindurch spürbar ist.

Dies kommt besonders an folgenden Stellen zum Ausdruck: Ānanda ist treu und wird vom Buddha gelobt (V 15). Aber unmittelbar vorher (V 13f.) weint er (ist also noch nicht emotionslos) und muß getröstet werden: Er wird somit als dienstbarer Geist von geringerer geistiger (und geistlicher) Kapazität hingestellt. Es überrascht daher wenig, wenn er, wie wir oben bereits sahen, unter Aniruddha zu stehen kommt und dessen Anweisungen zu befolgen hat. Bis zur Infamie gesteigert ist das Ganze dann allerdings da, wo Ānanda, durch den Mund des Buddha (III 39f.), für dessen Tod verantwortlich gemacht wird (vgl. dazu oben, S. 40). Dabei ist überdeutlich, daß der Vorwurf eigentlich dem Buddha selber gilt. (Warum war er Mensch? Warum wollte er es bleiben? Hätte er nicht wenigstens einen anderen Grund für sein Ableben finden können als Alter und Krankheit?) Ānanda ist hier bloß Stellvertreter. Denn der Buddha selber bleibt natürlich unangreifbar, da seine Autorität noch gebraucht — von seiten der alten Tradition her: mißbraucht — werden sollte. Wir werden sehen, daß dieser Trend, der das Bild Ānandas in der gesamten uns überkommenen buddhistischen Literatur bestimmt hat, sich in den Konzilsgeschichten des Vinaya-Piṭaka (vgl. dazu unten, 4.1.1.) fortsetzt — dann übrigens mit Mahākāśyapa (nicht Aniruddha) als der Hauptperson: ein Fingerzeig, woher diese Gestalt, die im MP doch ein wenig in der Luft hängt, stammen könnte?

Faßt man die wichtigsten Ergebnisse dieser Textanalyse zusammen, dann läßt sich etwa folgendes sagen:

Zugrunde liegen dem MP echte Erinnerungen an die letzte, große Wanderung des Buddha, die er, vom Tode übermannt, nicht vollenden konnte.

Diese Erinnerungen haben sich zu einem legendären Bericht ausgewachsen. In ihm wird eine Entwicklungstendenz erkennbar, die nach dem Tod des Buddha, und gegen dessen erklärte Absicht, wirksam, und zwar immer stärker wirksam, geworden sein muß. Sie läßt sich zweckmäßigerweise unter den drei (oben bereits zugrunde gelegten) Gesichtspunkten betrachten:

1. Der Buddha wird über die menschliche Sphäre hinausgehoben.
2. Um seine Person wird ein Kult aufgebaut.
3. Starke Persönlichkeiten treten hervor und führen das Erbe des Buddha in *ihrem* Sinne weiter. Dadurch kommt es, gegen den ausdrücklichen Willen des Buddha, zum allmählichen Aufbau einer Hierarchie und eines „Corpus der Ordenszucht". Technisch gesprochen: Neben Dharma, das der Buddha allein für ausreichend hielt, tritt Vinaya.

Wir können somit hier die Entstehung einer Kultgemeinschaft fassen. Das heißt aber auch, daß es eine solche Kultgemeinschaft zu Lebzeiten des Buddha noch nicht gab, allenfalls — das wäre menschlich verständlich — Ansätze dazu, die aber vom Buddha nicht geduldet wurden, da sie mit der Lehre nicht vereinbar waren. Diese Lehre ist so geartet, daß sie lediglich befolgt zu werden braucht, wobei ohnehin jeder für sich steht. Die Leistung des Buddha besteht nur darin, daß er diese Lehre gefunden, selber befolgt und anderen vollständig mitgeteilt hat, was ihm zwar unter den Menschen eine hervorragende Stellung gibt, ihn aber nicht über die menschliche Sphäre hinaushebt.

Abschließend mag wenigstens noch kurz auf die Frage eingegangen werden, wann etwa das MP in der vorliegenden Form abgefaßt bzw. redaktionell abgeschlossen wurde. Zur Beantwortung dieser Frage gibt es zwei Anhaltspunkte:

a) I 28 prophezeit der Buddha dem Ort Pāṭaligrama, der gerade zur Hauptstadt ausgebaut wird, eine große Zukunft. Das ist, wenn man so will, eine Wundertat des Buddha, die sich entzaubern läßt, indem man die Abfassung dieses Textstückes in die Zeit verlegt, zu der Pāṭaliputra (sic!) bereits diese große Stadt war. Wir kämen damit höchstens in die frühe Maurya-Zeit — wohlgemerkt: für die Abfassung dieses Textstückes, ob auch für die des MP, bleibt damit immer noch offen.

b) Wenn E. Frauwallner (1956a) recht hat — und ich halte das für wahrscheinlich; vgl. unten, 4.3.1.2. — dann wäre das MP mit seiner Vinaya-Tendenz (also ungefähr in seiner heutigen Gestalt) als das Werk des den gesamten Vinaya umgestaltenden Autors zu betrachten, dessen Tätigkeit zwischen dem „zweiten Konzil" (von Vaiśālī; s. unten, 4.1.1.2.) und der großen Spaltung in Mahāsāṃghikas und Sthaviras (s. unten, S. 137), also etwa in den Anfang des 2. Jahrhunderts nach dem Tode des Buddha datiert wird.

1.4. Die Buddha-Legende (Quellenbereich 2)

Die vorhergehende Textanalyse hat, so hoffe ich, gezeigt, daß der „Große Lehrtext vom vollständigen Verlöschen" (MP), sowenig wir in ihm einen historischen Bericht sehen dürfen, wenigstens im Kern eine Erinnerung an den historischen Buddha bewahrt hat. Allein obgleich wir darin seine Persönlichkeit überraschend gut greifen können und auch schon einen sehr wesentlichen Einblick in das erhalten, was er gedacht und gewollt hat — Dinge, die uns später noch beschäftigen werden —, so gewinnen wir doch an äußeren Daten seines achtzigjährigen Lebens recht wenig. Wir erfahren eigentlich nur, wie er, der Buddha, Lehrer und heimatlose Bettelmönch, von Rājagṛha aus — doch ist selbst dieser Ausgangspunkt nicht ganz gesichert — sich ein letztes Mal auf die große Wanderschaft begibt, um entweder in Śrāvastī oder (wahrscheinlicher) in seiner Heimatstadt, Kapilavastu, zu sterben; und wir erfahren, wie er unterwegs von Krankheit und Tod übermannt wird. Dazu kommen noch einige für sich ziemlich belanglose Einzelheiten, u.a. das letzte Mahl bei Cunda, dem Schmied. Man mag auch noch manches andere für historisch halten; das ändert jedoch nichts an der Tatsache, daß damit nur das Ende seines Lebens ein wenig aufgehellt wird, während alles Vorhergehende im Dunkel bleibt. Die einzige Quelle — oder doch fast die einzige —, die hier Abhilfe schaffen kann, ist die Buddha-Legende. Ihr müssen wir uns nun zuwenden[15].

[15] Literatur: E. Waldschmidt (1929); A. Foucher (1949); ferner (für ein eingehenderes Studium): A. Bareau (1962) und (1963); sowie É. Lamotte (1958), S. 16ff. und S. 718ff. — Über die Quellen und ihre Klassifizierung s. unten, 1.4.2.

1.4.1. Inhaltsangabe

Aus den unten, 1.4.2., angegebenen Quellen, vor allem aus denen in c), erfahren wir etwa folgendes: Vor seiner (letzten) Geburt befindet sich der Bodhisattva (p. Bodhisatta)[16] im Himmel der Tuṣita-Götter. Als die Zeit seines Herabstiegs heranrückt, suchen die Götter für ihn eine geeignete Familie. Ihre Wahl fällt dabei auf den König Śuddhodana (p. Suddhodana) und seine Gemahlin Māyā aus dem Geschlecht der Śākyas (p. Sākiyas oder Sakyas) in Kapilavastu. Dort erscheinen wunderbare Vorzeichen. Māyā erlebt im Traum (aus dem in späteren Textfassungen Wirklichkeit wird), wie der Bodhisattva als weißer Elefant mit sechs Stoßzähnen in ihren Leib eingeht. Sie hat keinerlei Beschwerden.

Zur Zeit der Geburt begibt sie sich in den bei Kapilavastu gelegenen Lumbinī-Park. Während sie steht, mit ihrem ausgestreckten rechten Arm einen Zweig ergreifend, tritt der Bodhisattva aus der rechten Seite ihres Leibes heraus. Götter und Nāgas (Schlangendämonen) kümmern sich um den Knaben, der alle Zeichen eines „großen Mannes" (skt. *mahāpuruṣa,* p. *mahāpurisa*) an sich hat, u. a. sieben Schritte nach allen Himmelsrichtungen geht und damit symbolisch die Welt erobert. Er erhält den Namen Siddhārtha (p. Siddhattha), sein Familienname ist Gautama (p. Gotama).

Sieben Tage später stirbt Māyā. Es folgt eine Art Triumphzug nach Kapilavastu, wo die Schwester der toten Königin, Mahāprajāpatī Gautamī (p. Mahāpajāpatī Gotamī), die Pflege des mutterlosen Prinzen übernimmt. Ein brahmanischer Seher namens Asita kommt mit seinem Schwestersohn Naradatta (oder Nārada) herbei, ihm zu huldigen. Er prophezeit ihm die Buddhaschaft.

Im Alter von sechzehn Jahren wird der Prinz verheiratet. Seine Frau, eine Śākya-Prinzessin (deren Name im Mvu mit Yaśodharā, im LalVist mit Gopā angegeben wird), muß er in einem Wettkampf erringen, den er mit Bravour erledigt. Ein Sohn, Rāhula, wird ihm geboren. Aber trotz der Tatsache, daß sein Vater alles tut, ihm die weltlichen Freuden vor Augen zu führen und das, was es an Leid gibt, von ihm fernzuhalten, kann er die wachsende Lebenserfahrung seines Sohnes nicht verhindern. Bei vier Ausfahrten aus dem

[16] Dies ist die Bezeichnung für einen, der sich im Geburtenkreislauf so weit nach vorn gearbeitet hat, daß er mit Sicherheit die Buddhaschaft erreichen wird. Der Ausdruck, der übrigens in der ältesten buddhistischen Literatur noch nicht vorkommt, ist nicht ganz klar; skt *sattva* (p. *satta*) kann „(Lebe-)Wesen", aber auch „guter Charakter" heißen; mit *bodhi* wird die erlösende Erkenntnis bezeichnet, wenigstens nach späterer Auffassung eine Art „Superwachsein" (für welches das normale Wachsein und der Schlafzustand die niedrigeren Stufen sind). Von der gleichen Verbalwurzel *(budh)* kommt übrigens *buddha* („der Erwachte").

Palast lernt dieser nacheinander kennen: (1) einen Greis, (2) einen Siechen, (3) einen Toten und schließlich (4) einen Asketen.

Durch dieses Erleben bestimmt, entschließt er sich zur Weltflucht. Mit neunundzwanzig Jahren verläßt er heimlich (sein Vater ist gegen den Entschluß) Kapilavastu, zu Pferde, begleitet von einem treuen Knappen. Beide schickt er dann zurück, zusammen mit seinem Schmuck. Sein Haar schneidet er sich ab, seine Kleider vertauscht er gegen die Lumpen eines Jägers. So beginnt sein Leben als Wanderasket. Er löst damit Trauer in Kapilavastu, aber Freude bei den Göttern aus.

Es folgt eine siebenjährige Zeit des Umherwanderns, immer mit dem Ziel, das Mittel zur Erlösung aus dem Kreislauf der Geburten zu finden.

Zunächst kommt er nach Vaiśālī, zu dem Yogin Ārāḍa Kālāma (p. Āḷāra Kālāma), der dreihundert Schüler hat. Dort lernt er in kurzer Zeit, sich zu erheben bis zum „Bereich des Nichts" (skt. *ākiñcanyāyatana*, p. *ākiñcaññāyatana*). Doch er bleibt unbefriedigt von diesem Meditationserlebnis, da der Zustand nicht anhält.

Er verläßt daher Ārāḍa und zieht weiter nach Rājagṛha, wo er zum ersten Mal dem König Bimbisāra (Vater des uns aus dem MP bekannten Ajātaśatru) begegnet, der später sein einflußreichster königlicher Förderer geworden sein soll. In Rājagṛha trifft er aber auch auf Udraka Rāmaputra (p. Uddaka Rāmaputta; die in der Sekundärliteratur noch immer anzutreffende Namensform „Rudraka" beruht auf einer falschen Lesung der Manuskripte), welcher siebenhundert Schüler hat, und er lernt von ihm, sich zu erheben bis in den „Bereich jenseits von Bewußt und Unbewußt" (skt. *naivasaṃjñā-nāsaṃjñāyatana*, p.*nevasaññā-nāsaññāyatana)*. Aber auch das kann ihn nicht befriedigen. Er nimmt daher Abschied von Udraka. Mit ihm ziehen fünf seiner Schüler (skt. *pañca bhadravargīyāḥ*, p. *pañcavaggiyā* — „die fünf Sympathisanten"), beeindruckt davon, daß der „Asket Gautama" so rasch alles lernte, was Udraka zu bieten hatte, und nach noch Höherem strebt.

Dann kommt er nach Urubilvā (p. Uruvelā), am Flusse Nairañjanā (p. Nerañjarā). Hier gibt er sich, zurückgezogen, härtester Askese hin, bis zum Atemanhalten und vollständigen Fasten. Dies treibt er sechs Jahre lang, kann aber damit noch nicht einmal seine (durch die vorhergehenden Übungen erworbenen) magischen Kräfte bewahren. So gibt er die Askese wieder auf. Enttäuscht verlassen ihn daraufhin seine „fünf Sympathisanten", um in den Tierpark bei Benares zu gehen.

Der Bodhisattva nimmt nun wieder Nahrung zu sich und badet in der Nairañjanā. Dann läßt er sich unter einem Pippalbaum *(ficus religiosa)* nieder mit dem Entschluß, erst wieder aufzustehen, wenn er die erlösende Erkenntnis *(bodhi*; vgl. dazu oben, S. 47, n. 16) erlangt hat. Nachdem er noch eine Versuchung Māras, des Bösen, abgewehrt hat, durchläuft er die vier Stufen der Versenkung[17] (skt. *dhyāna*, p. *jhāna*) und wird dadurch frei, sich im Verlaufe der drei Nachtwachen nacheinander auf drei Sachverhalte zu konzentrieren: Er sieht (1), wie die Lebewesen im Geburtenkreislauf herumgeworfen werden, durch schlechte Taten in die Hölle, durch gute in den Himmel gelangen, (2) dann sieht er sein eigenes Schicksal in diesem Geburtenkreislauf; und schließlich (3) sieht er, wie dabei die Lebewesen leiden, fragt nach der Entstehung des Leidens und kommt so zu dem „Lehrsatz vom abhängigen Entstehen" (skt. *pratītyasamutpāda*), über den weiter unten, 2.3., noch zu reden sein wird.

Damit wird aus dem Bodhisattva ein Buddha („Erwachter"). Das Ereignis löst Jubel bei den Göttern aus, aber Māra, der Versucher, naht sich ihm ein weiteres Mal, mit der Aufforderung, das „vollständige Verlöschen" *(parinirvāṇa)* geschehen zu lassen, ohne die Lehre verkündet zu haben. Der Buddha weist ihn zurück, verkündet aber auch zunächst noch nicht die Lehre. In der siebten Woche nimmt er, zum Bodhibaum zurückgekehrt (von dem er sich zeitweilig entfernt hatte), seine erste Almosenspeise als Buddha, und zwar von zwei vorüberziehenden Kaufleuten, Trapuṣa (p. Tapassu) und Bhallika (p. Bhalluka oder Bhalliya), die seine ersten Laienanhänger werden.

Dann kommen ihm doch Bedenken, ob er die Lehre, die so schwer zu durchschauen ist, anderen mitteilen solle. Erst dem Gott Brahman gelingt es, sein Schweigen zu brechen. Aus Mitleid mit der Welt macht er sich auf nach dem Tierpark bei Benares, um dort „das Rad der Lehre in Bewegung zu setzen". Er tut es vor den „fünf Sympathisanten", die von ihm wieder abgefallen waren (als er die harte Askese, die ihnen imponierte, ohne greifbares Ergebnis abbrechen mußte), die aber nun, trotz erheblichen anfänglichen Mißtrauens, endgültig als seine ersten Mönche gewonnen werden.

Die Rede, die er dort gehalten haben soll, ist als die berühmte „Predigt von Benares" (Dharmacakrapravartana-Sūtra, wörtlich: „Der Lehrtext vom In-Bewegung-Setzen des Rades der Lehre") in die buddhistische Literatur eingegangen. Ihr Thema — die Vier Edlen Wahrheiten sowie ein Annex über das Nicht-Selbst (skt. *anātman*, p. *anattā*) — wird uns später, 2.2.2., noch beschäftigen.

Ich schließe hier die Inhaltsangabe der Buddha-Legende ab; was gelegentlich in den einzelnen Fassungen sonst noch berichtet wird, meist Bekehrungsgeschichten, ist für uns hier von geringer Bedeutung.

[17] Es sind die vier Versenkungsstufen, die man auch als *rūpa-dhyāna* bezeichnet und von *arūpa-dhyāna* differenziert. Was der Bodhisattva vorher von den Yogins Ārāḍa Kālāma und Udraka Rāmaputra gelernt hatte (s. oben), rechnet anderweit als dritte bzw. vierte Stufe von *arūpa-dhyāna*. Vgl. dazu unten, S. 91f. und S. 89f.

1.4.2. Beurteilung

Die Inhaltsangabe der Budda-Legende, wie sie im Vorhergehenden dargeboten wurde, ist, das muß noch nachgetragen werden, eklektisch wie die des Mahāparinirvāṇa-Sūtra. Ja, die philologischen Probleme sind hier eher noch größer; gibt es doch vom MP immerhin einen Grundtext, wenn auch in einer Reihe von gelegentlich recht weit auseinandergehender Parallelversionen. Im Falle der Buddha-Legende hingegen kann man vorderhand nur mit Quellenbereichen operieren — É. Lamotte (1958), S. 718ff., unterscheidet deren fünf. Seine Einteilung (mit kleinen Abweichungen):

Quellenbereich a) Die Sūtras: Hier sind vor allem vier Pāli-Texte der „Mittellangen Sammlung" (Majjhimanikāya, abgekürzt: MN) wichtig, nämlich Nr. 4 (Bhayabherava-Sutta I 16ff.), Nr. 19 (Dvedhāvitakka-Sutta I 114ff.); Nr. 26 (Ariyapariyesana-Sutta I 160ff.) und Nr. 36 (Mahāsaccaka-Sutta I 237ff.); dazu (nicht für Nr. 36) ihre chinesischen Parallelversionen (die sich nicht nur im Madhyamāgama, der dem MN entspricht, finden). Nimmt man sie zusammen, so ergibt sich ein einigermaßen geschlossener Bericht von der Auswanderung des Bodhisattva bis zur Predigt von Benares. — Nicht hierher gerechnet habe ich das Catuṣpariṣat-Sūtra (E. Waldschmidt [1952]), einen Einzeltext, der in der sonstigen Sūtra-Literatur keine Parallelen hat (wohl aber in den Vinayas, s. Quellenbereich b). Ein weiterer Sonderfall ist das Mahāpadāna-Sutta (DN 14, II 6ff.; Skt.-Fassung: Mahāvadāna-Sūtra, s. E. Waldschmidt [1953]), in dem die Leben von sieben Buddhas (von denen die ersten sechs Vorgänger des historischen Buddha sind) abgehandelt werden, mit besonderer Berücksichtigung des ersten in der Reihe, namens Vipaśyin (p. Vipassī).

Quellenbereich b) Vinaya-Piṭaka: Eine vollständige Biographie, in welcher auch die Zeit der fünfundvierzigjährigen Predigttätigkeit des Buddha mit einer (pseudo-)chronologischen Ordnung irgendwelcher, meist schlecht beglaubigter, Geschichten überbrückt wird, findet sich im Vinaya der Mūlasarvāstivādins. Doch dabei handelt es sich um eine Kompilation, die in dieser Form erst dem 4.—5. Jahrhundert n. Chr. angehört, also sehr jung ist. — In den Vinayas zweier anderer Schulen, der Dharmaguptakas und der Mahīśāsakas, findet sich die Legende in extenso, mit Vorgängern, Genealogien, Geburt usw. bis zur Erlangung der Buddhaschaft und der Bekehrung Śāriputras. — Im Pāli-Vinaya (Mahāvagga I 1ff.) dagegen beginnt die Legende erst mit der Erlangung der Buddhaschaft. In zwei weiteren Vinayas schließlich, denen der Mahāsāṃghikas und der Sarvāstivādins, wird überhaupt keine zusammenhängende Erzählung gegeben.

Quellenbereich c) Es gibt selbständige Texte der Buddha-Legende, die zwar keine kanonische Gestaltung haben, die aber der kanonischen Literatur offensichtlich noch nahestehen. Zu ihnen zählen der Lalita-Vistara (in Sanskrit, zur Schule der Sarvāstivādins gehörig), das Mahāvastu (Mahāsāṃghika-Text, in sog. Buddhist Hybrid Sanskrit, das in Wirklichkeit ein hybrides Prakrit ist), Nidānakathā (aus der Pāli-Kommentarliteratur) sowie eine Reihe ähnlicher Werke, die wir nur in chinesischer Übersetzung haben.

Quellenbereich d) Seit dem 1. (oder 2.) Jahrhundert n. Chr. befassen sich Dichter mit dem Leben des Buddha. Drei vollständige Biographien (die also nicht nur den ersten Lebensabschnitt der eigentlichen Buddha-Legende enthalten) sind uns bekannt. Die eine stammt von einem gewissen Saṃgharakṣa und hat sich nur in chinesischer Übersetzung erhalten; die zweite, von Aśvaghoṣa, ist wenigstens zur Hälfte (14 Kapitel) noch im Sanskrit-Original vorhanden (vollständig in tibetischer und chinesischer Übersetzung); die dritte, das Werk eines unbekannten Autors, kennen wir wiederum nur aus einer chinesischen Übersetzung, die dem 5. Jahrhundert n. Chr. angehört.

Quellenbereich e) Schließlich sind noch Texte der kanonischen Pāli-Literatur zu erwähnen, die trotz ihrer kanonischen Geltung höchstwahrscheinlich sehr jung sind, nämlich drei biographische Suttas (Sūtras) des Suttanipāta (Sn) und der (steoretype) Legenden von fünfundzwanzig Buddhas enthaltende Buddhavaṃsa, nicht zu rechnen die sich daran anschließende Kommentarliteratur.

Die große Frage ist nun, wie diese fünf Quellenbereiche a)—e) zueinander stehen, d. h. aber auch: wie die Buddha-Legende entstanden ist. É. Lamotte, und mit ihm wohl die Mehrzahl der Forscher, nimmt an, daß die Sūtras — Quellenbereich a) — die ältesten Nachrichten über das Leben, vor allem auch über den ersten Teil des Lebens, des Buddha bringen. Danach wäre die Buddha-Legende allmählich aus einzelnen Stücken zusammengewachsen. Und tatsächlich erhält man bei dieser Annahme ein ziemlich lückenloses Bild der Entwicklung bis zur vollständigen Legende, ja, bis zur vollständigen „Biographie" des Buddha, in die später auch das MP einbezogen wird.

Dennoch vertritt E. Frauwallner (1956a) einen ganz anderen Standpunkt. Nach ihm ist die Buddha-Legende das Werk eines Verfassers, der im 2. Jahrhundert nach dem Tode („Nirvāṇa") des Buddha, auf alle Fälle aber vor Aśoka (ca. 272—231 v. Chr.), den „Skandhaka" genannten Teil des Vinaya-Piṭaka neu gestaltete, indem er ihn u. a. mit seiner Buddha-Legende einleitete und mit dem MP sowie den Konzilsberichten (über die weiter unten, 4.1.1., zu handeln sein wird) abschloß. Damit wäre nicht nur die Buddha-Legende, sondern auch das MP von Haus aus ein Vinaya-Text.

Auf Einzelheiten dieser Argumentation (auf die wir nichtsdestoweniger weiter unten, 4.3.1.2., zurückkommen müssen) kann hier nicht eingegangen werden. Ich glaube aber, daß Frauwallner im ganzen recht behalten wird

— was ja nicht ausschließt, daß echte autobiographische Züge sich in der Sūtra-Literatur, also im Quellenbereich a), erhalten haben, ohne daß der Legendenerzähler sie benutzt hätte; so macht z.B. die im Bhayabherava-Sutta (MN 4 = I 16ff.) tradierte Schilderung des Buddha, wie er am Anfang seiner Asketenlaufbahn Furcht in der Einsamkeit gehabt und bekämpft habe, einen im Grunde durchaus authentischen Eindruck. Andererseits aber müssen wir auch damit rechnen, daß aus der Buddha-Legende (wie Frauwallner sie entstanden sieht) in die Sūtra-Literatur übernommen wurde. Jedenfalls muß man, nach Frauwallner, die ältesten Belege für die Buddha-Legende höchstwahrscheinlich in den jetzt selbständigen Texten des Quellenbereichs c) suchen, vor allem im Mahāvastu und im Lalita-Vistara[18]. Ich habe deshalb im Vorhergehenden die Inhaltsangabe etwa nach diesen Texten gegeben (allerdings stark gekürzt, wobei vor allem die Wundergeschichten ausgelassen wurden).

Wenn wir die Legende einer genaueren Betrachtung unterziehen, dann fällt auf, daß auch hier, wie im MP, diese Wundergeschichten — mit denen der Bodhisattva, bzw. der Buddha, aus der menschlichen Sphäre herausgehoben wird — sehr stark in den Vordergrund treten. Daneben sind auch mythische Züge unverkennbar; so in der gesamten Vorgeburtsgeschichte, in der Schilderung der Geburt, der Versuchung durch Māra u.a.m. Doch ebenso unverkennbar ist, daß man nicht die gesamte Legende von da aus erklären kann, z.B. indem man (wie früher einmal geschehen) einen Solarmythus darin sucht.

Damit ist freilich nicht gesagt, daß man, um sozusagen die reine Historie zu erhalten, nur all die Anleihen aus irgendwelchen Mythen und die Wundergeschichten abzuziehen braucht. Versucht man das nämlich, dann wird, wie mir scheint, erst richtig klar, was das eigentlich Charakteristische an dieser Buddha-Legende ist: Sie ist auffallend stark systematisiert, ja konstruiert. Den Verfasser hat — das ist die Schlußfolgerung, die daraus zu ziehen wäre — offenbar weniger interessiert, wie der Bodhisattva bis zur Erlangung der Buddhaschaft gelebt hat, als vielmehr, wie er seinen, des Verfassers, Vorstellungen von der Lehre entsprechend gelebt haben *sollte*. Nicht Geschichte wird also geboten, sondern ein idealtypischer Ablauf[19].

[18] Mahāvastu-Übersetzung von J.J. Jones (1949); vgl. dazu auch J. W. de Jong (1974), Kap. III, S. 62. Eine brauchbare Inhaltsangabe der Lalita-Vistara-Fassung findet sich bei H. Beckh (1916) I, S. 28ff.

[19] Zur Definition von „idealtypisch" s. M. Weber (1972), S. 10. — Es ist m.E. bemerkenswert, wie der moderne Soziologe hier auf eine Methode verfällt, welche der die Geschichte negierende Inder auch schon hatte — allerdings mit anderer Zielsetzung: Er will belehren, während jener erkennen (und mit seiner Erkenntnis gegebenenfalls das Leben verändern) möchte.

Vielleicht läßt das die Kindheits- und Jugendgeschichte noch nicht so deutlich erkennen: Der Tod seiner Mutter kurz nach der Geburt könnte (wenn er nicht historisch ist) ein mythischer Zug sein; seine Heirat mit sechzehn Jahren wird einfach damaliger Konvention entsprochen haben, und die Geburt seines Sohnes Rāhula ist auch nicht klar einzuordnen (obwohl der Name als „Fessel", scil. an das weltliche Leben, gedeutet wird). Ganz sicher ist aber schon, daß der Glanz, welcher über den ersten Lebensabschnitt gelegt ist, einen wirkungsvollen Kontrast bilden soll zum Entschluß des jungen Mannes, das Hausleben zu verlassen. Und geradezu ein Muster solch idealtypischer Konstruktion ist die (den Entschluß vorbereitende) Schilderung von den vier Ausfahrten, bei denen er nacheinander, in einer Klimax, einem Greis, einem Kranken, einem Toten und schließlich einem Asketen begegnet — eine bildhafte Verdichtung für die wachsende Lebenserfahrung des Bodhisattva und die damit reifende Überzeugung, daß das Leben (d.h. das Immer-wieder-Geborenwerden) sich nicht lohnt und daher überwunden werden muß.

Ähnlich zu beurteilen ist die Schilderung seines Strebens nach der Erlösung. In einer — nebenbei bemerkt: mythenverdächtigen — Anzahl von sieben Jahren durchläuft der Bodhisattva drei Entwicklungsstufen, die — wie die vier Ausfahrten — nach wohldurchdachtem Plan aufeinanderfolgen. Die ersten beiden sind Versenkungsübungen mit wachsendem Schwierigkeitsgrad, was übrigens auch darin zum Ausdruck gebracht wird, daß der erste Lehrer, Ārāḍa Kālāma, nur dreihundert Schüler hat, der zweite, Udraka Rāmaputra, dagegen siebenhundert. (Die stereotype Zahl ist bei solchen Anlässen fünfhundert; ein einfaches Rechenexempel ergibt, daß hier ungleich geteilt wurde: $300 + 700 = 2 \cdot 500$.) Wenn der Bodhisattva sich auch der schwierigeren der beiden Versenkungsübungen gewachsen zeigt, ohne sein Ziel zu erreichen, dann ist damit über die Versenkung in dieser Form als sozusagen technisches[20] Erlösungsmittel überhaupt das Urteil gesprochen: Man kann die empirische Welt nicht transzendieren, ohne in sie zurückgeworfen zu werden.

So ist es nur folgerichtig, wenn die dritte Entwicklungsstufe den Bodhisattva wieder in das Leben hineinführt: mit sechsjähriger schwerster Askese. Damit wird vom Standpunkt der buddhistischen Lehre aus zweifellos ein Fortschritt demonstriert — allerdings einer, der noch immer nicht ins Ziel führt. Um das zu erreichen, muß der Bodhisattva neben dem Engagement für das Leben (das er längst nicht mehr hat) auch das Engagement gegen das Leben aufgeben, um zwischen diesen beiden Extremen den „Mittleren

[20] Das Problem wird unten ausführlicher erörtert werden; s. S. 87ff. (Mit „Versenkung" ist *dhyāna* gemeint, nicht *samādhi* „Konzentration".)

Pfad" zu gewinnen, der uns später noch beschäftigen wird (s. unten, 2.2.2.2.1.).

Man sieht: Die Legende des werdenden Buddha ist weitgehend auf seine Lehre ausgerichtet. Und das sollte nicht überraschen. Wenn nämlich anderweit (und das kommt schon in alten Texten vor) der Buddha als die „fleischgewordene Lehre" *(dharma-kāya*[21]*)* bezeichnet wurde, dann lag es nahe, die Entwicklung des jungen Mannes zum Buddha hin sozusagen als „fleischgewordene Entwicklung zur Lehre" aufzufassen und entsprechend zurechtzustutzen.

Der praktische Nutzen eines solchen (auf die Schaffung von Idealtypen ausgerichteten) Verfahrens liegt übrigens auf der Hand: Man schafft dadurch Vorbilder für den Erlösungssuchenden, ohne daß dieser durch historische Zufälligkeiten, wie sie jedes Menschenleben mit sich bringt, irritiert wird; und was Weltmenschen unter „Historie" verstehen, ist ja ohnehin nicht interessant für einen, der dieser Historie, dem Leben überhaupt, zu entfliehen trachtet.

In diesem Zusammenhange empfiehlt es sich, noch einmal auf die Bezeichnung „Bodhisattva" (vgl. dazu oben, 1.4.1., n.16) einzugehen. Da sie den ältesten Schichten der kanonischen Überlieferung, soweit ich zu sehen vermag, noch fremd ist, darf zumindest der starke Verdacht geäußert werden, daß sie erst mit der Entstehung der Buddha-Legende (die ja mit ebensoviel, vielleicht mit mehr Recht „Bodhisattva-Legende" heißen könnte) entstanden ist. Das wäre jedenfalls folgerichtig: Was nämlich, und zunächst einmal, den Buddha angeht, so hatten wir schon bei der Interpretation des Mahāparinirvāṇa-Sūtra (vgl. oben, 1.3.2.) gesehen, wie er allmählich aus der menschlichen Sphäre herausgehoben und mit einem Kult versehen wurde — eine Entwicklung, die, beiläufig bemerkt, durchaus die Möglichkeit offenläßt, daß selbst die Bezeichnung „Buddha" als Ehrentitel für den erfolgreichen Wanderphilosophen erst später aufkam.

Ganz ähnlich muß man sich nun die Dinge bei dem jungen, den Weg zur Erlösung noch suchenden „Asketen Gautama" denken: Nachdem der Buddha längst berühmt geworden und verstorben war, rückte er auch als noch nicht Vollendeter, aber Vielversprechender in den Blickpunkt eines in weitem Ausmaß die historischen Fakten beiseite schiebenden Interesses; und man tat dies auch dadurch kund, daß man ihm (postum) die Bezeichnung „Bodhisattva" verlieh.

So mag in der Buddha-Legende auch der Grundstein zu einer Bodhisattva-Verehrung, ja, zu einem Bodhisattva-Kult gelegt worden sein, — einem Kult, mit dem wir uns weiter unten, 5.4., zu befassen haben.

[21] Wörtlich: „dessen Körper die Lehre ist". Vgl. dazu unten, S. 71.

Aber warum begnügte man sich nicht mit dem (Kult des) Buddha? Wäre damit nicht das, was hier als „Bodhisattva-Bereich" (mit beträchtlichem Eigengewicht, das im Verlaufe der Zeit noch zunimmt) zu gelten hat, leicht abzudecken gewesen, ohne daß es zu einer Persönlichkeitsspaltung hätte kommen müssen?

Die Antwort auf diese Frage liegt in der Lehre: Der Buddha war nach seinem Tode — und vorher wird man von „Buddhismus" in nennenswertem Ausmaß noch gar nicht sprechen können — sogar seinen eigenen Worten gemäß (vgl. dazu sein „Vermächtnis", oben, 1.3.2.) für nichts mehr zuständig, selbstverständlich auch ohne Kontaktmöglichkeit für seine Anhänger. Das ist beim Bodhisattva ganz anders; er ist noch ins Leben engagiert; seine Gestalt war daher nach der Funktion eines Heilands hin ausbaufähig — sogar fast unbeschränkt ausbaufähig, wenn man bedenkt, daß die Wiedergeburtslehre der Phantasie seiner Anhänger die Möglichkeit gab, vorhergehende Existenzen des Buddha in beliebiger Zahl als „Bodhisattva-Existenzen" zu erfinden.

Aber kehren wir noch einmal zurück zum Buddha, wie er sich in seiner Legende präsentiert. Hier gibt es eine Idealtypisierung noch in einem anderen Betracht, die m. E. bisher viel zuwenig Beachtung gefunden hat: Daß der Bodhisattva zum Buddha (zum „Erwachten") wird, sobald er die *bodhi* (also die „erlösende Erkenntnis" in dem Sinne, daß man nun den Weg zur Erlösung weiß) gefunden hat, kann zwar ohne Beanstandung hingenommen werden. Aber ist er damit schon erlöst, wie die Legende behauptet? Logischerweise nicht, denn wenn er den Weg gefunden hat, dann muß er ihn selber auch erst noch gehen. Es sei denn, man unterstellt den unwahrscheinlichen (und für den Betreffenden noch nicht einmal schmeichelhaften) Fall, daß er mehr oder weniger zufällig den Erlösungsweg zu Ende gegangen ist, bevor er die theoretische Begründung für diesen Gang fand. Dann wäre aber (und zwar auch im Selbstverständnis der Lehre des Buddha, der nichts anderes für wichtig hielt als die Erlangung der Erlösung) diese theoretische Begründung überflüssig.

Lassen wir jedoch diesen unwahrscheinlichen Fall beiseite, dann ist festzustellen: Die Tatsache, daß der Buddha den Erlösungsweg erst finden mußte, bevor er ihn nicht nur anderen zeigen, sondern auch selber gehen konnte, ist in der Buddha-Legende verdeckt. Die Erlangung der Bodhi, jenes „Superwachseins" also, aus dem heraus der Erlösungsweg zu finden ist, wird hier schlankweg mit der Erlangung der Erlösung gleichgesetzt. Und die Erklärung dafür kann auch hier nur sein: Man schuf sich einen (vorbildhaften) Idealtypus; und da wurde es als unerträglich empfunden, daß der Buddha, der als „Erwachter" die Lehre, die Wahrheit, d. h. den Weg zur Erlösung, als einziger gefunden hatte und Entsprechendes zu predigen begann, nicht auch zugleich ein Erlöster sein sollte. Vom historischen Buddha kann, so meine ich, derartiges nicht gegolten haben.

Fragen wir uns, als Außenstehende, dennoch, was sich etwa an historischen Fakten aus der Legende gewinnen lasse, dann wäre die erste Antwort: allenfalls das, was zu ändern, auszulassen oder einzufügen kein Anlaß bestand. So kann füglich nicht bezweifelt werden, daß der Buddha aus dem Geschlecht der Śākyas und aus Kapilavastu stammt (zumal dafür auch ziemlich alte archäologische Zeugnisse sprechen). Auch andere Namen, wie den des Königs Bimbisāra, sowie die gesamte geographische und politische Umwelt kann man unbedenklich als historisch gelten lassen. Sehr viel schwieriger ist die diesbezügliche Beurteilung der zahlreichen Bekehrungsgeschichten, die sich begreiflicherweise an die Buddha-Legende angehängt haben (und die oben in der Inhaltsangabe ausgelassen wurden). Hier die Spreu vom Weizen zu sondern, wäre wohl bis zu einem gewissen Grade möglich, würde aber, da es sich um eine sehr komplizierte Materie handelt, sehr viel mehr textgeschichtliche Untersuchungen voraussetzen, als bis jetzt durchgeführt worden sind.

2. DIE LEHRE DES BUDDHA

2.1. Vorgeschichte

2.1.1. Einleitung

Wie wir gesehen haben, führt das Studium derjenigen Texte, welche sich mit dem äußeren Leben des werdenden und vollendeten Buddha befassen, auch schon zu einem wichtigen Nebenergebnis in Hinsicht auf das, was er gedacht und gelehrt hat. Wir gewinnen das Bild eines Mannes, der, als Wanderasket (ohne festen Wohnsitz) umherziehend, sich anheischig macht, den Weg zur Erlösung aus dem (an sich ewigen) Kreislauf der Geburten aufzuzeigen.

Es fällt einigermaßen schwer, seine Erlösungslehre als „Religion" anzusehen. Man vermißt einen echten Glauben ebenso wie eine Bindung an Gott oder Götter oder an irgendeine „höhere Macht", sei sie auch noch so schwer zu definieren; und es fehlt auch ein Kult. Allerdings ist eine Zielsetzung da, eben die Erlösung, aber eine solche Zielsetzung hat in Indien nicht nur die Religion, sondern auch die Philosophie. Und tatsächlich ist die Lehre des Buddha, vom indischen Standpunkt aus betrachtet, eine philosophische Lehre. Der Buddha steht in einer philosophischen Tradition, ja, er bildet, wie wir sehen werden, mit seiner Lehre den Abschluß einer bestimmten philosophischen Entwicklung.

Man mag das zunächst als eine Behauptung gelten lassen — oder besser: als eine Arbeitshypothese — deren ich mich bediene, um mich sozusagen von hinten, von der Vorgeschichte her, an die Lehre des Buddha heranzutasten. Erst wenn wir herausgestellt haben, was der Buddha vorfand, woran er anknüpfte, was er weiterentwickelte, wollen wir uns mit den ja sehr viel späteren buddhistischen Lehrtexten selber befassen. Gelingt es uns, von ihnen aus rückwärts gehend, an die vorausgehende indische Philosophiegeschichte anzuschließen, dann ist die Überlieferungslücke überbrückt, die zwischen dem Ausgang der Upaniṣaden-Zeit und dem Einsetzen der buddhistischen Literatur klafft. Wir können dann mit einiger Gewißheit annehmen, daß wir die Lehre des Buddha in der Zange haben. Über die Zeit, die Datierung des Buddha selber war ja schon weiter oben, 0.5., gesprochen worden.

Der Beginn der indischen Philosophie fällt in die Zeit der frühen Upaniṣaden (vgl. oben, 0.4.). Wann das war, läßt sich bei dem vollkommenen Fehlen einer altindischen Chronologie natürlich nicht sagen, höchstens unter Annahme eines weiten Spielraumes vermuten. Ich vermute, daß wir ungefähr mit dem 8. Jahrhundert v. Chr. zu rechnen haben und daß wir nicht über das Ende des 7. Jahrhunderts v. Chr. hinabgehen dürfen — es sei denn, die Datierung des Buddha wäre völlig falsch, d. h. zu hoch, angesetzt. In diesem — wohl nicht sehr wahrscheinlichen — Fall, müßte man auch das 6. Jahrhundert noch in Betracht ziehen. Die obere Grenze läßt sich überhaupt nicht bestimmen. Trotz all dieser Unsicherheiten kann es jedenfalls kaum zweifelhaft bleiben, daß die indische Philosophie vor der griechischen, ganz sicher jedoch nicht nach ihr, entstanden ist, also zumindest in hohem Maße unabhängig von ihr steht. Sie ist daher nicht mit griechischen, überhaupt abendländischen, Maßstäben zu messen, sondern, wenigstens zunächst einmal, mit ihren eigenen.

Die Entstehung der indischen Philosophie ist insoweit einigermaßen klar, als sie sich mit ziemlicher Sicherheit in das Bild eines geistesgeschichtlichen Ablaufs einbauen läßt. Man kann von da aus sagen: Sie beruht auf einer Reaktion des rationalen Denkens gegen den magischen Ritualismus und die magischen Praktiken, wie sie in der Brāhmaṇa-Zeit (vgl. dazu oben, 0.4.) unter dem immer selbstbewußter werdenden Opferpriestertum überhandgenommen hatten. Diese Reaktion drückt sich vor allem in einer unterschiedlichen Bewertung des Wissens aus.

Auch die Ritualisten (Brahmanen, hauptsächlich Opferpriester) schätzten ja das Wissen sehr hoch. Allein es war für sie ein Wissen um das Ritual oder, im weiteren Sinne, um magische Praktiken. Das Weltbild, welches dem zugrunde liegt, läßt sich in der hier gebotenen Kürze etwa folgendermaßen umreißen[22]: Es gibt einen Automatismus der Naturkräfte, in den sich gleichwohl der Mensch, sofern er diesen Automatismus kennt, manipulierend einzuschalten vermag. Dabei hat er insbesondere die Möglichkeit, kraft Ritual Ähnliches für identisch oder einen Teil für das Ganze zu nehmen, ferner durch Kontakt Kräfte zu übertragen und schließlich mit dem richtig gesprochenen rituellen Wort bzw. der richtig vollzogenen rituellen Handlung zwangsläufig das Beabsichtigte zu erreichen *(opus operatum)*. Mit der Magie konnte man persönliche Anliegen verfolgen (z. B. Vernichtung eines Feindes), man konnte aber auch in kosmische Dimensionen hineinwirken. Als Beispiel hierfür mag der Sonnenaufgangszauber genannt werden: Auf dem Opferplatz, der als ein Mikrokosmos streng vom Makrokosmos abgegrenzt

[22] Die meiner Ansicht nach grundlegende Darstellung des magischen Weltbilds (das heute noch in hohem Maße die Menschheit beherrscht) findet man bei K. Th. Preuss (1923). — Instruktiv, zumal für die Kenntnis der indischen Verhältnisse, ist auch der Aufsatz von A. Bertholet (1942).

worden ist, entzündet der Priester (meist innerhalb eines größeren Morgenrituals) ein Feuer, welches kraft Ritual als mikrokosmisches Pendant zum „Feuer am Himmel“ (d.h. der Sonne) zu gelten hat, folglich im Selbstverständnis des Rituals mit der Sonne identisch ist. Sobald das Feuer entzündet ist, kommt auch die Sonne hervor. Man geht dabei so weit zu glauben (oder glauben zu machen), daß ohne diese magische Handlung des Priesters die Sonne nicht scheinen könnte.

Ein weiteres, für die Kenntnis der vedischen Religion außerordentlich wichtiges Beispiel ist der Regenzauber: Er erscheint zumeist im Verbund mit einem Soma-Gabenopfer an den Kriegsgott Indra: Indra bekommt Soma (einen Rauschtrank), um für seine Anhänger Heldentaten verrichten zu können. Bevor aber der Soma geopfert wird, muß er (aus Stengeln) gepreßt werden; und diesen Preßvorgang benutzt man zu einem Regenzauber: Wie der Soma herabtropft, so muß der Regen vom Himmel herabtropfen.

Was nun die Philosophen angeht, so haben sie diesen frohen Glauben der Ritualisten nicht mehr. Ihr Versuch, auf dem Wege rationalen Denkens irgendwie mit dem Leben fertig zu werden, läßt sie solche magischen Praktiken als unnütz verwerfen und für ihr Wissen einen anderen Gegenstand suchen. Dabei bewegt sie in erster Linie die Frage nach dem Träger des Lebens: was er ist, woher er kommt (bei der Geburt) und wohin er geht (beim Sterben). Und sie suchen diesen Lebensträger, soviel wir bis jetzt wissen, nacheinander im Wasser, im Wind (bzw. Atem) und im Feuer, also in einem Grundstoff der Natur („Element“). Es ist daher wohl nicht ganz falsch, wenn wir von einer „Naturphilosophie“ sprechen — wohlgemerkt von einer indischen „Naturphilosophie“. Ein Vergleich mit griechischen Verhältnissen — griechische Philosophie beginnt ja ebenfalls mit „Naturphilosophie“ — zeigt nämlich, daß nicht nur unterschiedliche Problemstellungen vorherrschen (das wäre noch verhältnismäßig uninteressant), sondern diametral entgegengesetzte: Für die Griechen geht es in erster Linie um die Außenwelt: woraus sie besteht, wie sie entstanden ist (und sie kommen erst von daher zum Problem der Individuation); die Inder dagegen halten an ihrer Frage nach dem Träger des Lebens (scil. des Individuums, welches da philosophiert) so streng fest, daß ihnen die Außenwelt etwa als davon unabhängiges Thema gar nicht in den Blick kommen konnte.

Von dieser Außenwelt wird angenommen, sie existiere seit Ewigkeiten und werde auch nie aufhören zu existieren, sie sei unabänderlich in einen immerwährenden Kreislauf gebunden, in dem nur der einzelne einen gewissen Spielraum hat. Es kann daher, obwohl, soviel ich sehe, ein strikter Beweis mit dem vorhandenen Quellenmaterial nicht zu führen ist, kaum einem Zweifel unterliegen, daß die indischen Naturphilosophen mit ihrem Wissen um den Träger des Lebens die Hoffnung verbanden, sich in dem ewigen

Kreislauf besser plazieren zu können. Denn diese Zielsetzung, weit mehr aber noch ihre Weiterentwicklung zu einer Erlösungslehre (mit der man sogar glaubte, als einzelner aus dem Kreislauf ausscheiden zu können) ist in der indischen Philosophie immer festgehalten worden.

Dem liegt zweierlei zugrunde:

1. eine (ganz wertfrei gemeint) egozentrische Haltung,
2. ein zyklisches Denken.

Was die egozentrische Haltung angeht, so brauchen wir uns bei ihr nicht lange aufzuhalten. Sie ist ein altes indisches Erbteil, ohne das sich schon die vedische Religion nicht denken läßt. Das Verdienst der ersten Philosophen besteht nur darin, daß sie ihre Problemstellung konsequent darauf ausrichteten: indem sie, wie wir sahen, den Menschen, also zunächst (da es sich ja um „Naturphilosophie" handelte) den menschlichen Körper, zum Ausgangspunkt und Gegenstand der Betrachtung machten und nicht die Außenwelt, welche nur insofern interessierte, als sie auf den (einzelnen) Menschen und seine oben skizzierte Zielsetzung Bezug hat.

Hier liegt, nebenbei bemerkt, auch der Grund, warum die Inder, anders als die Griechen, an der Schwelle zur Philosophie nicht eine auf der Höhe dieser Philosophie stehende Kosmologie entwickelten, obwohl kosmogonische Mythen, aus denen heraus das hätte geschehen können, in genügender Zahl vorhanden waren: Eine so konsequent auf das Ego ausgerichtete Problemstellung bietet keinen Boden für das Erarbeiten von Kenntnissen, die — auch wenn man sich dessen nicht bewußt ist — darauf abzielen, die Außenwelt zu beherrschen. Und sie ist — da die Welt, auch die „Lebewelt", als seit Ewigkeiten und bis in alle Ewigkeit existierend vorausgesetzt wird — auch kein Boden mehr für Kosmogonien. Diese werden allenfalls, soweit vorhanden, dergestalt angepaßt, daß man auch das Entstehen und Vergehen des Kosmos, wie das der einzelnen Lebewesen, nicht als einen einmaligen Vorgang auffaßt, sondern als einen sich immer wiederholenden — womit wir beim zyklischen Denken sind.

Es gehört unveräußerlich zu dieser Art Philosophie. Um so merkwürdiger ist, daß es sich, im Unterschied zur egozentrischen Haltung, aus den älteren indischen Quellen nicht nachweisen läßt; die kosmogonischen Mythen der Brāhmaṇa-Zeit sind alle noch geradlinig, an einmaligem Verlauf orientiert.

Woher aber soll dann dieses zyklische Denken gekommen sein? Ist es genuin indisch, etwa von den Philosophen, in deren Systeme es so gut hineinpaßt, er- oder gefunden worden? Ich würde dagegen folgendes zu bedenken geben: Nach A. J. Toynbee (1952), S. 248, hat es irgendwann zwischen dem 8. und 6. Jahrhundert v. Chr. (also durchaus zu einer Zeit, die für uns in Betracht kommt) im „babylonischen Gesellschaftskörper" die aufsehenerregende astronomische Entdeckung gegeben, daß sich nicht nur Sonne und Mond, sondern auch ein großer Teil der Sternenwelt in einem Kreislauf befinden. Und nach demselben Autor wäre die Erfindung der Zyklentheorie in der Menschheitsgeschichte ein natürliches Seitenstück dazu. Sollte das zutreffen, dann könnte man weiter folgern, zyklisches Denken sei aus dem Vorderen Orient auch nach Indien gelangt und gerade hier auf fruchtbaren Boden gefallen[23], eben weil es sich mit der egozentrischen Haltung in Einklang bringen ließ.

2.1.2. Die naturphilosophischen Systeme (1. Stufe)

Zyklisches Denken tritt in Indien, soweit wir das aus den Quellen schließen können, ziemlich unvermittelt auf, zuerst in der Wasserkreislauf-Lehre[24].

Die Grundzüge dieser Lehre — und viel mehr kennen wir von ihr nicht — sind rasch geschildert: Wasser, in Form von Regen, fällt vom Himmel herab auf die Erde. Durch dieses belebende Naß wachsen die Pflanzen, in deren Saft es wiederzufinden ist. Der Mensch nimmt es mit der Nahrung auf, wächst und erhält sich dadurch. Bei der Zeugung bildet es, in Form von Samen, die Grundlage für ein neues Leben. Stirbt der Mensch und wird sein Körper verbrannt, so steigt es als Rauch wieder zum Himmel empor. Damit hat sich der Kreis geschlossen. Es bleibt nur noch nachzutragen, daß die Stelle am Himmel, an der sich das Wasser sammelt, der Mond ist; daher füllt und leert sich dieser beständig.

In dieser Lehre ist der Mensch zwar schon Dreh- und Angelpunkt — teilt sich doch bei ihm, und nur bei ihm, der Kreislauf des Wassers, indem dies einerseits den Weg immer erneuter Zeugung und Geburt, andererseits den Weg zurück zum Himmel geht —, aber er ist doch noch nicht ganz Ausgangspunkt der Betrachtung, sondern erst im Begriff, es zu werden.

Deutlich sichtbar findet also hier noch eine Hinwendung zum Menschen statt — ein Sachverhalt, aus dem sich mit einiger Wahrscheinlichkeit schließen läßt, daß wir mit dieser Lehre tatsächlich den Beginn der indischen Naturphilosophie greifen können. In den beiden nächsten Lehren jedenfalls, der Wind-Atem- und der Feuer-Lehre, ist diese Hinwendung vollzogen.

[23] Es sei daran erinnert, daß zyklisches Denken in Form von Wiedergeburt (Seelenwanderung) u.a. auch in Griechenland nachweisbar ist; so bei den Pythagoreern, bei Empedokles, bei Platon. — Daß die alten Ägypter bereits eine „Seelenwanderung" kannten, wird zwar gelegentlich heute noch in Handbüchern behauptet, beruht aber auf einem Irrtum Herodots, der längst richtiggestellt ist.

[24] Die Lehre ist entdeckt worden von E. Frauwallner (1953), S. 49f. — Zu der hier recht schwierigen Quellenlage s. U. Schneider (1961). Für die folgenden Ausführungen s. neben Frauwallner (1953) auch U. Schneider (1967).

Das ist sicher ein Fortschritt, den diese beiden Lehren gegen die Wasserkreislauf-Lehre aufzuweisen haben, aber er ist nicht der einzige: Ein zweiter, vielleicht noch bemerkenswerterer, besteht darin, daß sie den gerade erst für die Philosophie entdeckten Kreislauf sozusagen auf zwei Stationen reduzieren und gleichzeitig damit ein Denkschema übernehmen, welches, obwohl uralt und aus dem, von den Philosophen überwundenen, magischen Weltbild stammend, sich in der Folgezeit als bemerkenswert entwicklungsfähig erweisen sollte: das Denkschema von einem Mikrokosmos im Makrokosmos (von dem bereits oben, 2.1.1., die Rede war).

Dieses Mikrokosmos-Makrokosmos-Schema wird von den Philosophen mit einem neuen Inhalt versehen, und zwar in dreifacher Hinsicht:

a) Dem Makrokosmos wird nicht mehr ein vom Menschen geschaffener Mikrokosmos (wie es der Opferplatz darstellt) entgegengesetzt, sondern, entsprechend der egozentrischen Einstellung, der Mensch, d. h. der menschliche Körper, selbst.

b) Es gilt nicht mehr die magische (kraft Ritual wirksame) Gleichsetzung von Ähnlichem, sondern es gibt einen bestimmten, auf beiden Seiten gleichen Grundstoff.

c) Während der Analogiezauber nur in *eine* Richtung ging (von Mikrokosmos zu Makrokosmos), wird nun ein dauerndes Hin und Her unterstellt, eine stoffliche Wechselbeziehung zwischen Makrokosmos und Mikrokosmos, im Sinne des zyklischen Denkens.

Die *Wind-Atem-Lehre* sieht danach folgendermaßen aus: Es gibt, mikrokosmisch, vier Lebenskräfte (Rede, Gesicht, Gehör und Denkvermögen), die übrigens *nicht* stofflich gedacht sind. Diese sind dem *Atem*, der stofflich gedacht ist, untergeordnet; denn sie gehen in ihn ein, wenn der betreffende Mensch schläft, und sie kommen aus ihm heraus, wenn er aufwacht. Entsprechendes vollzieht sich, wenn der Mensch stirbt oder wenn er geboren wird, nur kommt da noch hinzu, daß in ersterem Fall (beim Sterben) der Atem (mikrokosmisch) zu dem mit ihm stofflich identischen Wind (makrokosmisch) wird und in letzterem Fall (bei der Geburt) sich das genau Umgekehrte vollzieht. Eine Tabelle mag das verdeutlichen:

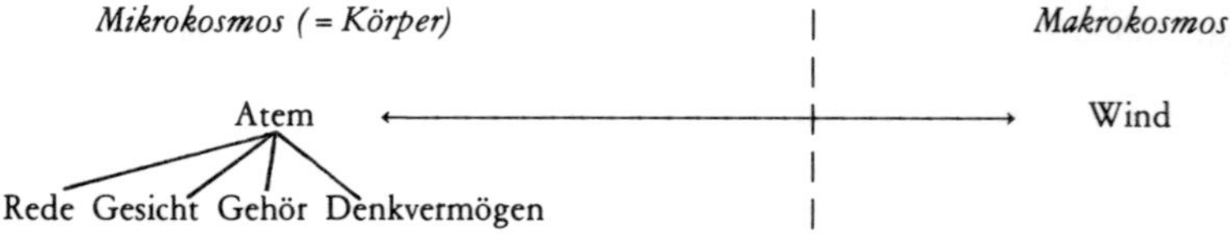

Es besteht also ein ewiges Hin und Her (im Sinne des zyklischen Denkens: ein Kreislauf) derart, daß der als Urstoff und Lebensträger gedachte Wind (makrokosmisch) sich als Atem (mikrokosmisch) jeweils für die Dauer eines individuellen Lebens absondert.

Zugrunde liegt dieser Wind-Atem-Lehre, wie man leicht einsieht, die Beobachtung und der Vergleich der drei Zustände des Wachseins, des Schlafes und des Todes. Und es mag sogleich hinzugesetzt werden, daß weder dieser methodische Ansatz ganz originell ist noch die Idee, den Atem als Lebensträger zu nehmen (wie z.B. die uralte Vorstellung von einer „Hauchseele" beweist; s. G. van der Leeuw [1956], S. 314f.): Die Lehre, das System als Ganzes ist es dennoch; und es hat in der indischen Philosophiegeschichte, und nicht nur in ihr, nachhaltig gewirkt.

Wir können allerdings diese Wirkung (und Weiterentwicklung) hier nicht verfolgen, wenden uns vielmehr der (soweit bisher bekannt) nächsten naturphilosophischen Lehre zu: der Feuer-Lehre. Diese markiert gegenüber der Wind-Atem-Lehre, bei prinzipiell gleichem methodischen Ansatz, insofern einen Fortschritt, als sie von der Beobachtung der Körperwärme ausgeht: Die Körperwärme verläßt beim Sterben den Körper noch später als der Atem. Daraus wird nun gefolgert, daß der Träger des Lebens nicht der Atem, bzw. der Wind, ist, sondern das Feuer. Im übrigen wird nun eine entsprechende Wechselbeziehung, wie man sie zwischen Atem und Wind annahm, zwischen dem mikrokosmischen und dem makrokosmischen Feuer angenommen. Letzteres befindet sich jenseits des Firmaments und gelangt über die Strahlen der Sonne (die man sich nicht als selbständigen Körper, sondern als Tor zu dem Feuerhimmel denkt) in den Menschen, genauer: über die an der Oberfläche des menschlichen Körpers endenden Adern bis in die Herzhöhle, wo es als mikrokosmisches Feuer (sozusagen als „Feuerseele") seinen festen Standort hat; und es geht auf demselben Wege auch wieder zurück in den Feuerhimmel.

Im einzelnen ist hier freilich manches anders als in der Wind-Atem-Lehre. Auch ist diese wenigstens zum Teil in die Feuer-Lehre mitaufgenommen (also nicht völlig beiseite geschoben). Doch das braucht uns hier nicht weiter aufzuhalten. Wichtig ist in unserem Zusammenhange nur noch, daß mit der Feuer-Lehre die Naturphilosophie — jedenfalls sofern sie mit ihrer Problemstellung in der Tradition steht, welche zur Lehre des Buddha hinführt — ihren Abschluß findet. Die späteren indischen Philosophen suchten andere Wege, dem Geheimnis der Entstehung individuellen Lebens und damit der Möglichkeit, es zu manipulieren, auf die Spur zu kommen.

2.1.3. Metaphysik (2. Stufe)

Es muß der Gedanke aufgetaucht sein, daß der Träger des Lebens überhaupt nicht im stofflichen Bereich zu suchen sei. Die Folge davon ist: Man beginnt zu abstrahieren und kommt dabei zwangsläufig zu einem letzten

Unabdingbaren, was trotz aller Ähnlichkeiten, die zwischen einzelnen Lebewesen bestehen mögen (z.B. zwischen Vater und Sohn), doch jedes einzelne Individuum vom anderen radikal trennt; das ist der Ātman, ein Begriff, der vielleicht am ehesten mit „Ichbewußtsein" oder „Selbst" (*ātman* dient schon in alten Texten auch als Reflexivpronomen) wiederzugeben ist.

Die Konzeption des Ātman war eine bewundernswerte Leistung. Sie war aber nur möglich, und hatte nur Sinn, wenn in ihrem Zusammenhang die gesamte Mikrokosmos-Makrokosmos-Vorstellung der Naturphilosophen einer Revision unterzogen wurde, und zwar aus folgendem Grunde: Ein Träger des Lebens, der als makrokosmische Gegebenheit sich sozusagen mikrokosmisch in ein Lebewesen abzusondern und aus diesem wieder zurückzuziehen vermag, vollführt eine Bewegung im Raum; er muß daher stofflich gedacht sein, wie das ja bei Wind = Atem und Feuer der Fall ist. Auf den Ātman trifft das aber nicht mehr zu. Dieser rein durch Abstraktion gewonnene Begriff hat keinen Bezug zu Zeit und Raum, d.h. der Ātman kann weder stofflich sein noch eine Bewegung vollführen, noch, strenggenommen, sich irgendwo befinden.

Hier taucht nun eine Schwierigkeit auf: Wie kann ein so abstrakt gedachter Ātman („Ichbewußtsein") auf die einzelnen Lebewesen verteilt sein? Wie kann, anders gesprochen, jedes Individuum einen eigenen Ātman haben? Setzt das nicht voraus, daß der Ātman eben doch anschaulich vorgestellt wurde, zumindest als eine Art „Seele", die sich irgendwie (und irgendwo) im Körper befindet, irgendwie an den Körper gebunden ist?

Solchen Vermutungen läßt sich ein entschiedenes Nein entgegensetzen. Indem nämlich diese indischen Philosophen bei aller Differenzierung in einzelne Lebewesen an der (unleugbaren) Einheit der „Lebewelt" festhielten, kamen sie folgerichtig zu der Annahme, daß die Scheidung des Ātman in einzelne Individuen nur für die Erscheinungswelt (die empirische Welt) gilt, daß es jedoch in Wahrheit nur e i n e n Ātman gibt, der freilich gerade n i c h t der Erscheinungswelt angehört, sondern sie transzendiert.

Auf diese Weise wird die Vorstellung eines Mikrokosmos in einem Makrokosmos überwunden, das ihr zugrundeliegende Denkschema aber nicht aufgegeben, sondern weiterentwickelt, und zwar dergestalt, daß an die Stelle des Gegensatzes von Mikrokosmos und Makrokosmos der Gegensatz von I m m a n e n z und T r a n s z e n d e n z tritt. Mit anderen Worten: Aus einer — egozentrischen — Naturphilosophie wird eine — ebenfalls egozentrische — Metaphysik, eine Metaphysik, in der das einzig Wahre, Reale ein transzendentes (alle Lebewesen umfassendes) „Ichbewußtsein" oder „Selbst" ist.

Spätestens in diesem Stadium der indischen Philosophiegeschichte ist nun auch das Streben nach Erlösung nachweisbar. Ob die Naturphilosophen es bereits hatten, blieb ja dahingestellt. Es ist möglich, daß sie nur danach trachteten, sich im Geburtenkreislauf besser manipulieren zu können, daß ihnen aber ein Herausmanipulieren aus diesem Kreislauf, d.h. also eine Erlösung, noch fernlag.

Eine solche Erlösung ist nun aber eindeutig das Ziel, wahrscheinlich das einzige, der Ātman-Theoretiker. Allerdings wird sie von ihnen nicht in der Form eines Herausmanipulierens aus dem Geburtenkreislauf gedacht. Dieser ist ja ihrer Ansicht nach eine Angelegenheit der Erscheinungswelt, der keine Realität zukommt; und was nicht real ist, aus dem kann man nicht ausscheiden. Man kann es nur sozusagen geistig abstreifen. Und das geschieht hier dadurch, daß der immanente Ātman sich als transzendenten Ātman erkennt (skt. *vi* + *jñā* oder *pra* + *jñā*): An die Stelle des Wissens um den Träger des Lebens, das den Naturphilosophen genügte, tritt also hier ein Erkenntnisakt als Erlösungsmittel.

Es spricht manches dafür, daß dieser Erkenntnisakt auf meditativem Wege vollzogen oder doch wenigstens gefördert wurde. Jedenfalls führt er expressis verbis zu einem Wonnegefühl (skt. *ānanda*), das logischer- und dennoch bemerkenswerterweise ohne Bewußtsein ist, weil es ja für den, welcher den transzendenten Ātman als das einzige Reale erkannt hat, nur noch ein Subjekt, aber keine Objekte mehr gibt. Um das Wonnegefühl zu beschreiben, wird übrigens das Bild der geschlechtlichen Vereinigung gebraucht.

2.2. *Der Buddha: Ethik und Rationalismus (3. Stufe)*

2.2.1. Der Ausgangspunkt: Erlösung durch (Nicht-)Karman, Nirvāṇa („Verwehen“) statt Ānanda („Wonne“)

Die Ātman-Lehre bildet den Höhepunkt der Upaniṣad-Philosophie und vielleicht von der Problemstellung her den Höhepunkt der indischen Philosophie überhaupt. Dennoch markiert sie nur in ganz bestimmter Hinsicht einen Abschluß, nämlich insofern, als sie die letzte große Lehre der alten Zeit ist, welche in der Esoterik verharrt.

Was nach ihr kommt, ist in anderer Umgebung entstanden und wird offenbar auch von anderen als den beiden oberen Gesellschaftsklassen (den Kṣatriyas und den Brāhmaṇas) mitgetragen. Wie schon oben, 0.5., erwähnt, lassen die dürren Angaben in den Texten immerhin den Schluß zu, daß sich nun — wir befinden uns im 6. Jahrhundert v. Chr. — große Städte entwickelt haben und daß in dem aufblühenden städtischen Leben ein neu emporgekommener Stand, der des Kaufmanns, Einfluß gewinnt, und zwar, u.a., in Richtung auf eine gewisse Weltoffenheit: Man denkt mehr in den Kategorien Gewinn und Verlust, d.h. rationaler, diesseitiger und weniger traditionell.

Es leuchtet ein, daß in einen so tiefgreifenden Wandel auch die Philosophie einbezogen wird. Sie tritt aus der Esoterik heraus, wird exoterisch. Rein äußerlich wirkt sich das dahin aus, daß Wanderlehrer über Land ziehen und Anhänger aus allen Ständen um sich sammeln, wobei sie sich, selbstverständlich, nicht der exklusiven Gelehrtensprache bedienen, sondern volkssprachlicher (nicht mehr altindischer, sondern mittelindischer) Idiome.

Das ist kein Boden mehr, auf dem metaphysische Lehren gedeihen können, am wenigsten eine, die wie die Ātman-Theorie die gesamte Erscheinungswelt als irreal abtut. Und so finden wir denn auch d e n Wanderprediger, mit dem wir uns hier zu beschäftigen haben, den Buddha, von tiefem Mißtrauen erfüllt gegen die Behauptung, man könne einem durch Abstraktion gewonnenen Begriff wie dem des Ātman Realität (sogar einzige Realität!) beimessen. Für ihn ist alles, was sich ausmachen läßt, Nicht-Ātman („Nicht-Ich", „Nicht-Selbst"). Wir werden darauf weiter unten, bei der Erörterung der Skandha-Theorie, S. 97ff., zurückkommen, doch möge schon hier festgehalten werden, daß der Buddha damit eine Kontrastellung gegen die Ātman-Theorie bezieht. Es sieht zwar nicht so aus, als habe er damit geradezu leugnen wollen, daß es etwas hinter oder außerhalb der empirischen Welt geben könnte; wovon er aber zutiefst überzeugt gewesen sein muß, ist, daß man darüber nichts zu erkennen vermag, andererseits aber auch nichts zu erkennen braucht.

So liegt das Schwergewicht der Lehre des Buddha nicht mehr wie das der Ātman-Theorie auf der Transzendenz, sondern eindeutig auf der empirischen Welt, deren mögliche Irrealität offenbar gar nicht mehr zur Erörterung steht: Sie ist, das würde ich daraus schließen, nach der Meinung dieses Denkers real und ohne das (vom Mikrokosmos-Makrokosmos-Denkschema geforderte) Pendant — es sei denn, man nimmt das Nirvāṇa dafür, das aber, wie wir sogleich sehen werden, nur noch negativ bestimmbar erscheint (s. S. 70).

Es ist also eine skeptisch gewordene, ganz diesseitsbezogene Philosophie, die der Buddha zu bieten hat. Sie hat das Ziel der Erlösung dennoch sicher im Griff. Die Erlösungslehre ist sogar frappierend einfach. Ihre Grundzüge sind rasch geschildert: Die Ansicht, daß es, damit man erlöst werden kann, nicht darauf ankommt, möglichst viel, sondern das Richtige (besser: das Nützliche) zu wissen, mußten aus der egozentrischen Haltung der indischen Philosophen heraus auch die Vorgänger des Buddha haben. Der Buddha geht nun insofern noch über sie hinaus, als er, wenigstens zunächst, die Frage nach dem Träger des Lebens gar nicht mehr stellt und sich statt dessen unmittelbar, d.h. ganz dem ihm aus der Erfahrung her bekannten Leben zugewandt, mit dem eigentlichen Stein des Anstoßes befaßt, mit dem Geburtenkreislauf.

Die Frage nach der Ursache für das unterschiedliche Schicksal, welches die Lebewesen im Geburtenkreislauf erleiden müssen, war zu seiner Zeit nicht mehr neu: Sie muß spätestens von den Ātman-Theoretikern aufgeworfen worden sein. Denn wenn auch in dieser Lehre der empirischen Welt keine Realität beigemessen wurde, so war man sich doch darüber im klaren, daß hier ein Problem vorlag, das nicht mit Stillschweigen übergangen werden konnte. Schließlich ist es keine Kleinigkeit zu wissen oder nicht zu wissen, ob man Gefahr läuft, etwa als Hund oder Insekt wiedergeboren zu werden. Schon die Manipulation der Naturphilosophen läuft darauf hinaus, derartiges zu vermeiden.

Tatsächlich wissen wir, daß auf diese bange Frage mehrere Antworten gegeben worden sind. Durchgesetzt hat sich aber am Ende eine. Danach beruht alles, was einem Lebewesen im Geburtenkreislauf an Gutem oder Schlechtem widerfährt, auf dem von ihm in der vorhergehenden Existenz (oder in den vorhergehenden Existenzen) gesammelten Karman, d.h. auf seinen — guten oder schlechten — Taten, wobei natürlich alle Zwischenstufen und Kombinationen zwischen Gut und Schlecht möglich sind. Grob gesprochen führt gutes Karman zu guter und schlechtes Karman zu schlechter Existenz.

Das also war längst vor dem Buddha anerkannt, ohne daß etwa die Ātman-Theoretiker dem Karman entscheidende Bedeutung für die Erlösung zuerkannt hätten[25]. Genau das aber tut der Buddha mit einer Überlegung, die durch ihre Einfachheit ebenso besticht wie durch ihre Folgerichtigkeit. Das Ergebnis dieser Überlegung hat sich in einem Sūtra erhalten, das in vier Parallelversionen auf uns gekommen ist[26].

Eine eingehende Untersuchung dieses Sūtra führt zu einem bemerkenswerten Ergebnis. Es läßt sich nämlich zeigen, daß es sich hier um einen jener (oben, 0.4., charakterisierten) Texte handelt, die eine längere Textgeschichte hinter sich haben. Ausgangspunkt muß ein verhältnismäßig kleines Sūtra

[25] Andere Upaniṣad-Lehrer allerdings scheinen es getan zu haben; eine Lehre zumal mutet in dieser Hinsicht schon fast „buddhistisch" an; s. E. Hanefeld (1976), S. 58f.

[26] Es handelt sich um einen Pāli-Text, Aggañña-Sutta, DN 27 = III 80ff., übersetzt von R.O. Franke (1913), S. 273ff.; ferner um drei chinesische Übersetzungen: T.I. 1 (5) (aus dem Dīrghāgama, übersetzt 412—413 n.Chr.); T. I. 26 (154) (aus dem Madhyamāgama, übersetzt 397—398 n.Chr.); T.I. 10 (Einzeltext, keiner bestimmten Sammlung zugehörig, übersetzt zwischen 980 und 1000 n.Chr.). Die beiden zuerst genannten chinesischen Versionen gehören einer Tradition an, die unabhängig von der Pāli-Überlieferung auf eine ältere Quelle zurückgeht. Die dritte chinesische Version, obwohl nicht nur nach dem Übersetzungsdatum die jüngste der vier, gehört textgeschichtlich mit der Pāli-Version zusammen. — Eine Analyse des Pāli-Textes findet man bei U. Schneider (1953), S. 253ff.

gewesen sein, dessen Inhalt — hier und da auch noch der Wortlaut — mit ziemlich großer Wahrscheinlichkeit rekonstruiert werden kann. Er läßt sich etwa wie folgt zusammenfassen:

Die Rahmengeschichte spielt in Śrāvastī, im „Ostpark". Zwei gebürtige Brahmanen, Vāsiṣṭha und Bhāradvāja, die sich um Aufnahme in den Orden bewerben und als Novizen ihre Probezeit absolvieren, kommen mit dem Buddha ins Gespräch. Ausgangspunkt dieses Gesprächs ist der Umstand, daß die beiden wegen ihres Entschlusses, buddhistische Bettelmönche werden zu wollen, von ihren Verwandten, den standesbewußten Brahmanen überhaupt, getadelt und geschmäht werden. Es sei für sie, die sie dem höchsten Stand (skt. *varṇa*, p. *vaṇṇa*) angehörten, die wahren Söhne des Gottes Brahman und aus seinem Munde geboren seien, unziemlich, sich einem niedrigeren Stand, nämlich dem der Religiosen (skt. *śramaṇa*, p. *samaṇa*), anzuschließen, die nur aus den Füßen des Stammvaters (d.h. des Gottes Brahman) hervorgegangen seien.

Dagegen nimmt nun der Buddha Stellung.

Er tut es zunächst ganz allgemein, indem er klarstellt, daß seine Lehre nicht auf Standesvorurteile baue. Es gebe nur vier Stände, die der Kṣatriyas, der Brāhmaṇas, der Vaiśyas und der Śūdras — woraus (unausgesprochen, aber deutlich) hervorgeht, daß die Religiosen nicht in dieses Ständeschema einbezogen werden dürfen.

Dann argumentiert er weiter, es gebe in allen vier Ständen sowohl schlechte als auch gute Menschen, und in Anbetracht dieses Tatbestandes — daß sich die schlechten und guten Menschen auf alle Stände verteilten — sei der Anspruch der Brahmanen, ihr Stand sei der höchste, ungerechtfertigt. — Er setzt somit den Lebenswandel — und nicht, wie die Brahmanen es tun, die Geburt — als Maßstab für die Bewertung der Menschen und kommt dadurch zur Ablehnung des brahmanischen Superioritätsanpruchs.

Im folgenden begründet er nun, warum der Lebenswandel der geeignete Maßstab ist: Bei Angehörigen aller vier Stände, so hören wir, führt

a) schlechter Lebenswandel in eine schlechte Existenz,

b) guter Lebenswandel in eine gute Existenz,

c) ein Lebenswandel, welcher teils gut, teils schlecht ist, in eine teils gute, teils schlechte Existenz, und

d) der Lebenswandel eines an der Lehre *(dharma)* orientierten Mönches zum vollständigen Verlöschen.

Schließlich kehrt der Buddha zum Ausgangspunkt der Erörterung, der brahmanischen Schmährede, zurück, indem auch er eine Bewertung der Menschen vornimmt. Er folgert aus dem Vorhergehenden, daß (nicht dem Brahmanen, sondern) allenfalls, d.h. wenn schon von Rangfolge gesprochen werden soll, dem buddhistischen Mönch der höchste Rang in der Welt zukomme. Und er kann es sich nicht versagen, noch eine polemische Schlußbemerkung anzuhängen, indem er die Schmährede, mutatis mutandis, gegen ihre Urheber wendet: Während die Brahmanen zu Unrecht behaupten, Söhne Brahmans und aus dessen Munde geboren zu sein, können die buddhistischen Mönche Entsprechendes zu Recht von sich behaupten. Obwohl körperlich ganz unterschiedlicher Herkunft, haben sie den Buddha zum geistigen Vater und sind, wenn man die Verkündung der Lehre als das entscheidende Ereignis ansieht, sozusagen aus dessen Munde geboren. Und da der Buddha als die „fleischgewordene Lehre" *(dharma-kāya)* gilt, die Lehre mit der Wahrheit und die Wahrheit (nach brahmanischer Auffassung) mit Brahman[27] identisch ist, ergibt sich, daß die Mönche als geistige Söhne des Buddha auch geistige Söhne des Brahman genannt werden könnten, nicht aber die Brahmanen, die das von sich behaupten. —

Soweit das Sūtra. Seine Tendenz ist klar: Eingepackt in eine — für die Menschen der damaligen Zeit zweifellos sehr aktuelle — Polemik gegen die Brahmanen und ihren Standesdünkel, wird eine ethische Lehre proklamiert, in der grundsätzlich alle Menschen gleich sind. Wenn diese Gleichheit damit bewiesen wird, daß ohne Rücksicht auf Geburt und Herkommen a) schlechter Lebenswandel in eine schlechte Existenz, b) guter Lebenswandel in eine gute Existenz und c) teils guter, teils schlechter Lebenswandel in eine teils gute, teils schlechte Existenz führt, dann läßt sich darin unschwer die Karman-Theorie erkennen, wie sie schon vor dem Buddha bekannt war. Das ist an und für sich nichts Besonderes.

Bemerkenswert ist nun aber, daß der Buddha hier nicht haltmacht; er argumentiert weiter: ebenfalls ohne Rücksicht auf Geburt und Herkommen führt d) der Lebenswandel eines an der Lehre orientierten Mönches zum vollständigen Verlöschen, also zum Nicht-Wiedergeborenwerden. Schon aus dem Systemzwang heraus, den diese Argumentationsreihe ausübt, ist es klar, daß es bei diesem Lebenswandel nicht mehr um das Sammeln von Karman gehen kann (und sei es auch von gutem), sondern nur noch um das Vermeiden von Karman. Das kann aber nur bedeuten: Dem Karman wird hier nicht nur für das Schicksal im Kreislauf der Geburten eine entscheidende Bedeutung beigemessen, sondern auch für das Ausscheiden aus diesem Kreislauf, m. a. W.: die Karman-Lehre wird für die Erlösung nutzbar gemacht. Die Überlegung, welche dem zugrunde liegt, ist etwa wie folgt wiederzugeben:

[27] Hier ist eine kleine Unsauberkeit in der Argumentation: Neben dem Gott Brahman (Masculinum!) gibt es das Brahman (Neutrum!), aus dem übrigens der Gott Brahman entwickelt wurde. Wenn von „Wahrheit" die Rede ist, kann nur das Brahman gemeint sein.

Wenn die Art, wie man wiedergeboren wird, von der Qualität des gesammelten Karmans abhängt, dann beruht der Umstand, daß man wiedergeboren wird, auf dem Sammeln von Karman überhaupt. Daraus folgt aber umgekehrt: Will man nicht wiedergeboren werden, so hat man sich des Sammelns von Karman — gutem ebenso wie schlechtem — zu enthalten.

Ich sehe hierin den harten Kern der Lehre des Buddha und meine, nur wenn man ihn im Auge behält, besteht überhaupt die Möglichkeit, diese Lehre in ihrer vollen Tragweite und in ihrer Originalität[28] zu erfassen. Das gilt vor allem auch für die Erlösungsvorstellung. Ein Blick auf die Ātman-Theorie (s. oben, 2.1.3.) zeigt, daß hier das Erlösungsziel, der — transzendente — Ātman, noch positiv bestimmt ist: Man weiß, daß er existiert; er ist sogar das einzig Reale (das man erkennen muß, also auch kann, wenn man sich erlösen will), und man weiß auch, was einen im Zustand der Erlösung erwartet, nämlich ewige, wenn auch (doch das ist in den Augen dieser Philosophen kein Manko) bewußtseinslose, Wonne *(ānanda)*.

Mit dem buddhistischen Erlösungsziel, dem „Verwehen" (skt. *nirvāṇa*, p. *nibbāna*) ist das anders geworden. Da, wie wir sahen, hier Erlösung nicht durch Sammeln von Karman erreicht werden kann, sondern eben gerade dadurch, daß man sich dessen enthält, läßt sich von diesem Nirvāṇa auch nicht sagen, was es ist, ja, ob es überhaupt ist oder ob es nicht ist — es läßt sich nur sagen, was es nicht ist: nämlich das Immer-wieder-Geborenwerden, also der Geburtenkreislauf, und alles, was unauflöslich daran hängt. Das Nirvāṇa ist somit im Gegensatz zum Ātman nur noch negativ bestimmbar[29]. Das kommt auch darin zum Ausdruck, daß nach buddhistischer Terminologie die Welt des Werdens (= der Geburtenkreislauf) *saṃskṛta (p. saṃkhata)* genannt wird, d. h. durch vorher (in der vorhergehenden Existenz oder in den vorhergehenden Existenzen) gesammeltes Karman „geprägt", „strukturiert", während für das Nirvāṇa diese Bedingtheit nicht gilt, es ist *asaṃskṛta* (p. *asaṃkhata*). (Vgl. dazu auch die Ausführungen über die Skandha-Theorie, insbesondere über *saṃskāra*, unten, 2.2.2.2.3.).

[28] Ich lasse hier außer acht, daß der Buddha philosophierende Zeitgenossen gehabt hat, von denen wir — mit der einzigen Ausnahme des Jina — nichts oder fast nichts mehr wissen. Was er von solchen Denkern etwa übernommen haben sollte, bleibt natürlich für immer in Dunkel gehüllt. Die Originalität der Lehre des Buddha, wie ich sie herauszustellen versuche, kann somit in dieser Hinsicht immer nur eine relative sein. (Womit übrigens nicht behauptet werden soll, daß es eine absolute Originalität überhaupt gibt.) Vgl. dazu auch oben, n. 25.

[29] Daran ändert auch die Tatsache nichts, daß weniger bedächtige Köpfe (und das werden vielleicht sogar die meisten gewesen sein) dann doch wieder von „Glück" reden. Man vergleiche dazu die Darstellung bei H.W. Schumann (1976), S. 102 ff. — Über die Entwicklung zum Mahāyāna s. unten, 5.4. und 5.4.1.

Übrigens ergibt sich aus dieser Interpretation des Aggañña-Sutta noch ein anderer, höchst interessanter Aspekt der Lehre des Buddha: Wie wir gesehen haben, nennt der Buddha die Mönche, welche ihm wirklich folgen, seine (geistigen) Söhne. Wörtlich heißt es im Pāli-Text (Abschnitt 9; Übersetzung nach R. O. Franke [1913], S. 276[30]):

Vāsiṣṭha, ihr wart von verschiedenem Stande, hattet verschiedene Ruf- und Familiennamen und gehörtet ganz verschiedenen Familien an, als ihr aus dem Heim in die Heimlosigkeit gingt. Wenn man euch aber jetzt fragt: „Wer seid ihr?", so erklärt ihr: „Religiose (skt. *śramaṇa*, p. *samaṇa*) des Śākya-Sohnes". Vāsiṣṭha, in wen Glaube an den Tathāgata Eingang gefunden hat, in wem er Wurzel geschlagen und festen Stand gewonnen hat, in wem er unerschütterlich geworden ist und wem er von keinem Religiosen, Brahmanen, Gott, Māra, Brahman oder irgend jemandem in der Welt mehr geraubt werden kann, der darf sagen: „Ich bin der eigene Sohn des Erhabenen, aus seinem Munde geboren, aus der Lehre *(dharma)* geboren, durch die Lehre geschaffen, Erbe der Lehre." Wieso? Weil man den Tathāgata bezeichnen kann als den, dessen Körper die Lehre ist [*dharma-kāya;* vgl. dazu oben, 1.4.2. mit n. 21], der den Körper Brahmans hat, der mit der Lehre und mit Brahman wesensgleich ist.

Was hier mit „Glaube" wiedergegeben wurde (skt. *śraddhā*, p. *saddhā*), ist ein bekannter Terminus, welcher vielleicht besser mit „Vertrauen" zu übersetzen wäre[31]. Gemeint ist jedenfalls das Vertrauen des Mönches auf die Richtigkeit der Lehre des Buddha dergestalt, daß er den Lebenswandel befolgt, der sich als Konsequenz aus der Lehre ergibt. Ein solches Vertrauen enthebt den Betreffenden der (vom intellektuellen Potential her vielleicht gar nicht aussichtsreichen) Bemühung, die Lehre theoretisch zu begreifen. Um sich erlösen zu können, braucht man das sowenig, wie man z. B., um ein Auto fahren zu können, wissen muß, wie der Motor funktioniert.

Das Bild vom Vater und seinen (geistigen) Söhnen bringt, wie mir scheint, die geistige Abhängigkeit der Mönche vom Buddha (die dennoch nicht religiöser Natur zu sein braucht, eigentlich gar nicht sein darf) vortrefflich zum Ausdruck: *bodhi* (vgl. dazu auch 1.4.1., n. 16, und 1.4.2., S. 55), hat allein der Buddha, aber den Nutzen aus dieser Erkenntnis ziehen auch seine Mönche.

[30] Für die chinesischen Fassungen s. T.I., Bd. I, S. 37b 6ff. (1. chin. Fassung); T.I., Bd. I, S. 674a 17ff. (2. chin. Fassung) und T. I., Bd. I, S. 218a 27ff. (3. chin. Fassung).

[31] Die beiden älteren chinesischen Fassungen (vgl. dazu oben, n. 30) hatten in ihrer indischen Vorlage nicht *śraddhā*, sondern *prasāda* (p. *pasāda*), was eher auf „Glaube" hinausläuft.

2.2.2. Die Grundzüge der Lehre nach der „Predigt von Benares"

2.2.2.1. Der Text

Die Analyse des Aggañña-Sutta hatte ergeben, daß konsequenterweise über das buddhistische Erlösungsziel, das Nirvāṇa, positive Aussagen gar nicht mehr gemacht werden können (vgl. dazu auch E. Frauwallner [1953], S. 225ff.). Fragt man sich nun, warum das Nirvāṇa dennoch erstrebenswert bleibt, dann kann die Antwort nur lauten: Mit dem Nirvāṇa ist der Geburtenkreislauf und mit dem Geburtenkreislauf das Leiden (skt. *duḥkha*, p. *dukkha*) überwunden, da dies unabänderlich an den Geburtenkreislauf gebunden ist.

Der Text, welcher das am deutlichsten zum Ausdruck bringt, darüber hinaus aber auch in die eigentliche Erlösungslehre einen vertieften Einblick gestattet, ist das Dharmacakrapravartana-Sūtra (p. Dhammacakkappavattana-Sutta), der Lehrtext, mit welchem der Buddha in Benares „das Rad der Lehre in Bewegung gesetzt" haben soll (vgl. dazu oben, 1.4.1.). Kanoninterne Kriterien stützen diese Tradition. Doch selbst wenn sie nicht historisch sein sollte, bleibt unbestritten, daß es sich um einen sehr alten Text handelt. Er ist übrigens — ein Zeichen früher Ehrfurcht, die man ihm entgegenbrachte? — erstaunlich gleichförmig überliefert; jedenfalls hat man bei ihm nicht (wie bei so vielen anderen alten Sūtra-Texten) den Eindruck, daß er in nennenswertem Umfang überarbeitet, vor allem erweitert, und dabei in der Tendenz umgebogen wurde. Ich gebe im folgenden die Übersetzung der Pāli-Version (nach K. Seidenstücker [1923], S. 4ff., etwas gekürzt; der Originaltext findet sich Mahāvagga I 6 = Vin I 10ff. und SN 56, 11 (= V 420ff.) — man vergleiche dazu auch die Mahāsāṃghika-Version in Mvu III 331ff.):

[I 1] Folgende zwei Extreme, ihr Mönche, sollten von einem, der der Welt entsagt hat, nicht verfolgt werden. Welche zwei? Da ist einerseits diese auf die Begierden gerichtete Hingabe an die Annehmlichkeit der Begierde, die niedrig, grob, gemein, unedel und zwecklos ist, und andererseits diese Hingabe an Selbstpeinigung, die leidvoll, unedel und zwecklos ist. Diese beiden Extreme, ihr Mönche, hat der Vollendete vermieden, und es ist ihm der Mittlere Pfad vollständig aufgegangen; er macht sehend, verleiht Einsicht und führt zur Ruhe, zum höheren Wissen, zum Erwachen und zum Nirvāṇa.

[I 2] Und welches, ihr Mönche, ist der dem Vollendeten vollständig aufgegangene Mittlere Pfad, der sehend macht, Einsicht verleiht und zur Ruhe, zum höheren Wissen, zum Erwachen und zum Nirvāṇa führt? Es ist ebendieser Edle Achtgliedrige Weg, nämlich: rechte Sicht, rechte Gesinnung, rechte Rede, rechtes Handeln, rechte Lebensführung, rechtes Bemühen, rechte Achtsamkeit und rechte Konzentration. Dies fürwahr, ihr Mönche, ist der dem Vollendeten vollständig aufgegangene Edle Achtgliedrige Weg, der sehen macht, Einsicht verleiht und zur Ruhe, zum höheren Wissen, zum Erwachen und zum Nirvāṇa führt.

[II 1] Dies nun, ihr Mönche, ist die Edle Wahrheit vom Leiden: Geburt ist leidvoll, Alter ist leidvoll, Krankheit ist leidvoll, Sterben ist leidvoll; mit Unlieben vereint zu sein, ist leidvoll; von Lieben getrennt zu sein, ist leidvoll; nicht zu erlangen, was man begehrt, ist leidvoll. Kurz gesagt, die „fünf Gruppen des Ergreifens" (skt. *pañca upādānaskandhāḥ*, p. *p. upādānakkhandhā*) sind leidvoll.

[II 2] Dies nun, ihr Mönche, ist die Edle Wahrheit von der Entstehung des Leidens: Es ist dieser Wiedergeburt erzeugende, von Wohlgefallen und Lust begleitete Durst (skt. *tṛṣṇā*, p. *taṇhā*), der bald hier, bald dort sich ergötzt, das will sagen: der Durst nach Sinnenlust, der Durst nach Werden, der Durst nach Vernichtung.

[II 3] Dies nun, ihr Mönche, ist die Edle Wahrheit von der Aufhebung des Leidens: Es ist ebendieses Durstes restlose, durch Gleichmut (erreichte) Aufhebung, seine Aufgabe, Preisgabe, die Erlösung und das Freisein von ihm.

[II 4] Dies nun, ihr Mönche, ist die Edle Wahrheit von dem zur Aufhebung des Leidens führenden Pfad: Es ist eben dieser Edle Achtgliedrige Weg, nämlich: rechte Sicht, rechte Gesinnung, rechte Rede, rechtes Handeln, rechte Lebensführung, rechtes Bemühen, rechte Achtsamkeit und rechte Konzentration.

Im folgenden legt dann der Buddha sehr breit und ausführlich dar, daß er diese Vier Edlen Wahrheiten als erster gefunden und sich ihrer bedient habe, um die Erlösung zu erlangen, so daß er jetzt von sich sagen könne: „Unerschütterlich ist meine Erlösung; dies ist die letzte Geburt, nicht gibt es nunmehr ein ferneres Werden." Und seine Hörer erkennen: „Was immer dem Entstehen unterworfen ist, das ist auch der Aufhebung unterworfen."

Soweit das Sūtra. Wir dürfen auch hier nicht vergessen, daß es sich um einen Predigttext handelt und nicht etwa um einen philosophischen Traktat. Es werden also nicht komplizierte, auf Beweisführung abzielende Untersuchungen vorgeführt, es wird auch kein System gegen andere verteidigt, sondern es werden einfache, leicht faßliche Gedanken eingehämmert, wobei eine gewisse Weitschweifigkeit zur Methode gehört. Wir müssen also von der äußeren Form, soweit sie auf (nicht über den Verstand laufende) Beeinflussung von Zuhörern berechnet ist, absehen und uns auf den wirklichen Inhalt konzentrieren. Dieser ist gar nicht so dürftig, wie er auf den ersten Blick erscheinen mag. Man kann sagen, er ist mehr noch als beim Aggañña-Sutta das Ergebnis tiefen Nachdenkens — eines Nachdenkens, an dem uns allerdings der Autor nicht teilhaben läßt, so daß wir gezwungen sind, es mühsam und mit dem nicht unerheblichen Risiko, auch einmal in die Irre zu gehen, nachzuvollziehen.

2.2.2.2. *Interpretation*

2.2.2.2.1. Der Mittlere Pfad

Wir finden unschwer, und zwar als eine Art Leitmotiv oder Leitfaden für den gesamten Text, den Edlen Achtgliedrigen Weg. Damit man aber von vornherein weiß, wo dieser Weg entlanggeht (und wo nicht), ist ihm der Mittlere Pfad (skt. *madhyamā pratipad,* p. *majjhimā paṭipadā*) als Thema des ersten Teiles der Predigt vor-, ja sogar übergeordnet. In ihm erweist sich der Buddha als konsequenter Vertreter eines Weder-Noch, einer die Extreme, und damit auch Festlegungen positiver Art, vermeidenden Rationalität.

Das steht durchaus in Einklang mit seiner Handhabung der Karman-Theorie, wie wir sie schon kennengelernt hatten. Zielt diese doch darauf ab, nicht nur das Sammeln von schlechtem Karman zu vermeiden, sondern auch das von gutem. Und die Radikalität, die man vielleicht darin sehen könnte, daß sie das Sammeln jeglichen Karmans verwirft, ist zumindest dadurch gemildert, daß es sich dabei um eine passive Haltung handelt: um ein Sich-Enthalten jeglichen Handelns oder vielmehr, da das ja gar nicht möglich ist, um ein Sich-Enthalten jeglichen Engagements beim (auf das Notwendige beschränkten) Handeln. Das Ideal ist daher ein Gleichmut, eine Emotionslosigkeit oder, um es technischer auszudrücken, ein Freisein von „Durst" (auf das wir unten, S. 102f., noch zu sprechen kommen), welches sich nicht nur gegen das Leben richtet, sondern auch gegen jede Art von (aktiver) Lebensfeindlichkeit. In einem Vers aus der buddhistischen Asketenlyrik heißt es daher:

„Nicht freue ich mich auf das Sterben, nicht freue ich mich auf das Leben.
Ich erwarte vielmehr die Zeit [= mein Schicksal], vollbewußt [und] achtsam[32]."

Selbst wer Sehnsucht nach dem Tode hat, hat noch Emotionen („Durst"), sammelt somit noch Karman und ist noch nicht erlöst.

Ausdrücklich genannt wird in diesem Zusammenhang die, verglichen mit der Todessehnsucht noch weit schlimmere, „Selbstpeinigung". Sie ist nicht umsonst der letzte Irrtum des erlösungssuchenden Bodhisattva der Legende, des sich sechs Jahre hindurch kasteienden „Asketen Gautama", von dem oben, 1.4.1. und 1.4.2., schon die Rede war.

Der Fall ist übrigens noch aus einem anderen Grunde für uns hier interessant. Als der „Asket Gautama" seine Kasteiungen als nutzlos abbricht, muß er erleben, daß „die fünf Sympathisanten", seine ersten Anhänger, wieder von ihm abfallen; sie sind enttäuscht darüber, daß er die körperliche (fast

[32] *nâbhinandāmi maraṇaṃ nâbhinandāmi jīvitaṃ /*
kālaṃ ca paṭikaṅkhāmi sampajāno patissato / / ThG 196 u. a.

könnte man sagen: sportliche) Hochleistung nicht durchhält und daß er durch sie sogar seiner magischen Kräfte (die er der Legende nach offenbar hatte und die man noch gesteigert sehen wollte) verlustig geht.

Was die Legende damit zum Ausdruck bringen will, ist nicht nur die Sinnlosigkeit der Selbstpeinigung, sondern auch die Tatsache, daß eine solche sinnlose Selbstpeinigung dennoch imponiert. Hierin liegt auch eine Tendenz gegen die zu allen Zeiten sattsam bekannte, trotzdem immer wieder (und nicht nur in Indien) erfolgreich geübte Asketen-Scharlatanerie. Wie sehr man schon bald fürchtete, durch diesbezügliche Eskapaden einzelner Ordensmitglieder in Mißkredit zu geraten, geht aus der Tatsache hervor, daß neben Geschlechtsverkehr, Diebstahl und Tötung (bzw. Beihilfe dazu) auch solches Imponierenwollen mit übermenschlichen Fähigkeiten (skt. *ṛddhi*, p. *iddhi*) unweigerlich die Exkommunikation (*pārājika*, unten 3.2.), die härteste Strafe, welche der Orden verhängen konnte, zur Folge hatte (s. D. Schlingloff [1962] I, S. 42f.).

Wir können, um diese Tendenz zu beurteilen, völlig außer acht lassen, ob es tatsächlich möglich ist, durch gewisse asketische Übungen Wunderkräfte zu erlangen; das zu entscheiden ist Sache der Parapsychologie, für die ich nicht zuständig bin[33]. Wir können auch außer acht lassen, ob etwa der (historische) Buddha an eine solche Möglichkeit geglaubt hat. Wie die Analyse des Mahāparinirvāṇa-Sūtra ergab, hat er jedenfalls eine Beschäftigung (oder gar ein Prahlen) damit abgelehnt — wenn er so auch nicht verhindern konnte, daß Spätere ihm und anderen dennoch solche Kräfte zuschrieben (und damit prahlten).

Die Tendenz ist schon in der Buddha-Legende da. Doch geht gerade aus ihr mit aller wünschenswerten Deutlichkeit hervor, daß der so publikumswirksamen Selbstpeinigung auch in der Folgezeit eine entsprechende Aufwertung (wie sie die Wunderkräfte des Buddha, bzw. Bodhisattva, erfuhren) versagt blieb. Insoweit wurde der Mittlere Pfad (der eines der wesentlichen Unterscheidungsmerkmale gegen den Jinismus bildet) auch später nie in Frage gestellt.

2.2.2.2.2. Der Edle Achtgliedrige Weg

Der Edle Achtgliedrige Weg (skt. *ārya-aṣṭāṅgika-mārga*, p. *ariya-aṭṭhaṅgika-magga*) hinterläßt, zumindest beim ersten Betrachten, einen wenig nachhaltigen, dabei sogar zwiespältigen Eindruck[34] — schon dadurch, daß er streng-

[33] Vgl. dazu die Bemerkung J.W. Hauers (1958), S. 327.

[34] Daraus allerdings abzuleiten, daß der Edle Achtgliedrige Weg nichts Besonderes zu bieten habe — eine Ansicht, die ich selber vertrat: s. U. Schneider (1967), S. 255; vgl. dazu auch E. Frauwallner (1956), S. 13 — halte ich heute, wie aus der Darstellung hervorgehen wird, für falsch.

genommen kein (durch einzelne Etappen gekennzeichneter) „Weg" ist. Zwar enthält er eine Anleitung, die denjenigen, welcher sie befolgt, zur Erlösung führt. Doch sind nicht alle seine Glieder als zeitlich aufeinanderfolgend gedacht, allerdings auch nicht alle als gleichzeitig.

Glücklicherweise besitzen wir einen Text, der uns hilft, die Schwierigkeiten im Verständnis des Edlen Achtgliedrigen Weges zu überwinden. Es ist das Mahācattārīsaka-Sutta der „Mittleren Sammlung" (MN 117 = III 71ff.), vielmehr der erste Teil des Sūtra; dieses wurde nämlich um einen zweiten Teil verlängert, dabei umgebogen (indem man, unter Hinzufügung von „rechtem Erkennen", p. *sammāñāna*, und „rechter Erlösung", p. *sammāvimutti*[35], aus acht Gliedern zehn machte) und zu scholastischer Zahlenspielerei mißbraucht. (Auf letzteres weist übrigens auch der Titel hin; er heißt ins Deutsche übersetzt: „Großes Vierziger Sūtra[36]".)

Eine Übersetzung dieses Sūtra findet man bei K. Seidenstücker (1923), S. 138ff. Ich gebe im folgenden eine Inhaltsangabe des ersten, hier interessierenden Teils:

In der Rahmenerzählung, die in Śrāvastī spielt, nennt der Buddha ausdrücklich das Thema seiner Predigt, nämlich die „edle rechte Konzentration" *(ariyo sammāsamādhi)* „samt ihren Bedingungen und Erfordernissen" *(saupanisa* und *saparikkhāra)*, also Nr. 8 im Edlen Achtgliedrigen Weg[37].

Diese „edle rechte Konzentration" definiert er als „Ausrichtung des Geistes (der Gedanken) auf e i n e n Punkt; sie ist ausgestattet mit den [ersten] sieben Gliedern [des Achtgliedrigen Weges]": *sattah' aṅgehi cittassa ekaggatā parikkhatā*. Und er gibt dazu eine Erklärung, die sich, in bekannter Predigtstil-Manier, der fünffachen Wiederholung eines stereotypen Wortlautrahmens bedient:

I. (Zu Nr. 1: „rechte Sicht"):

1. „Rechte Sicht" ist Voraussetzung (eigentlich „vorausgehend": *pubbaṅgama*). Durch sie erkennt man, daß die „falsche Sicht" falsch und die „rechte Sicht" recht (richtig) ist.

2.a. Definition von „falscher Sicht" ist: die Leugnung (des Wertes von) Gegebenem, Geopfertem, Gespendetem, (überhaupt) der Frucht guter

[35] Sic! Man sollte meinen, daß Erlösung immer „recht" ist. Doch für den Redaktor dieses Textstückes gibt es auch eine „falsche Erlösung" *(micchā-vimutti)*, sogar Religiose und Brahmanen, die im Besitze falscher Erlösung sind.

[36] Die chinesische Parallele (Madhyamāgama 189) trägt einen Titel, der ins Sanskrit übersetzt *ārya-mārga-sūtra* lauten würde, d. h. „Lehrtext über den Edlen [Achtgliedrigen] Weg".

[37] Für einen Überblick über den Achtgliedrigen Weg siehe Tabelle auf S. 84, linke Kolumne.

bzw. schlechter Werke (d. h. der Karman-Theorie), ferner (der Existenz) dieser Welt, der jenseitigen Welt, der Mutter, des Vaters, der Götter sowie der Möglichkeit fundierter Kenntnisse und Fähigkeiten bei Religiosen und Brahmanen.

2.b.α. Definition von „rechter Sicht" ist zunächst genau das Gegenteil von „falscher Sicht" (s. 2.a.). Diese „rechte Sicht" bringt gutes Karman.

2.b.β. Es gibt aber darüber hinaus eine höhere Form von „rechter Sicht", die überhaupt kein Karman mehr bringt. Sie ist *ariya:* edel, *anāsava:* ohne (Karman-) Einflüsse, *lokuttara:* überweltlich, *maggaṅga:* in Übereinstimmung mit dem (Acht-)gliedrigen Weg. Definiert wird diese höhere Form von „rechter Sicht" als, von einem edlen Geist gepflegte, „Einsicht *(paññā,* skt. *prajñā),* Fähigkeit und Kraft zur Einsicht *(paññindriya* und *paññābala),* als die mit *(sam)bodhi* gegebene Fähigkeit zur Erforschung der Lehre und als Übereinstimmung mit der „rechten Sicht" des (Acht-)gliedrigen Weges.

3. Indem man sich bemüht, die „falsche Sicht" aufzugeben und die „rechte Sicht" zu erlangen, hat man „rechtes Bemühen" (Nr. 6). Und indem man die „falsche Sicht" seinläßt und in der „rechten Sicht", nachdem man sie erlangt hat, verweilt, hat man „rechte Achtsamkeit" (Nr. 7).

4. Somit wird „rechte Sicht" von drei Gegebenheiten begleitet: von „rechter Sicht" (Nr. 1), „rechtem Bemühen" (Nr. 6) und von „rechter Achtsamkeit" (Nr. 7).

II. (zu Nr. 2: „rechte Gesinnung"):

1. „Rechte Sicht" ist Voraussetzung. Durch sie erkennt man, daß die „falsche Gesinnung" falsch und die „rechte Gesinnung" recht (richtig) ist.

2.a. Definition von „falscher Gesinnung" ist: Gesinnung voll sinnlicher Begierde, voll Übelwollen und voll Gewalttätigkeit *(vihiṃsā).*

2.b.α. Definition von „rechter Gesinnung" ist zunächst genau das Gegenteil von „falscher Gesinnung" (s. 2.a.). Diese „rechte Gesinnung" bringt gutes Karman.

2.b.β. Es gibt aber darüber hinaus eine höhere Form von „rechter Gesinnung", die überhaupt kein Karman mehr bringt. Sie ist *ariya:* edel, *anāsava:* ohne (Karman-)Einflüsse, *lokuttara:* überweltlich, *maggaṅga:* in Übereinstimmung mit dem (Acht-)gliedrigen Weg. Definiert wird diese höhere Form von „rechter Gesinnung" als, von einem edlen Geist gepflegtes, Denken, Nachdenken, Sich-Entschließen (? *saṃkappo*), Erkunden, Auskunden, das Auf-einen-Gegenstand-Richten des Denkens (?) und das Zurüsten der Rede[38].

[38] *vacīsaṃkhāro;* gemeint ist wahrscheinlich, daß der Betreffende, für den das gilt, erst vernünftig eine Sache überdenkt, bevor er spricht.

3. Indem man sich bemüht, die „falsche Gesinnung“ aufzugeben und die „rechte Gesinnung“ zu erlangen, hat man „rechtes Bemühen“ (Nr. 6). Und indem man die „falsche Gesinnung“ seinläßt und in der „rechten Gesinnung“, nachdem man sie erlangt hat, verweilt, hat man „rechte Achtsamkeit“ (Nr. 7).

4. Somit wird „rechte Gesinnung“ von drei Gegebenheiten begleitet: von „rechter Sicht“ (Nr. 1), „rechtem Bemühen“ (Nr. 6) und von „rechter Achtsamkeit“ (Nr. 7).

III. (Zu Nr. 3: „rechte Rede“):

1. „Rechte Sicht“ ist Voraussetzung. Durch sie erkennt man, daß die „falsche Rede“ falsch und die „rechte Rede“ recht (richtig) ist.

2.a. Definition von „falscher Rede“ ist: Lüge, Verleumdung, rohe Rede, eitles Geschwätz.

2.b.α. Definition von „rechter Rede“ ist zunächst das Abstehen von „falscher Rede“ (s. 2.a.). Diese „rechte Rede“ bringt gutes Karman.

2.b.β. Es gibt aber darüber hinaus eine höhere Form von „rechter Rede“, die überhaupt kein Karman mehr bringt. Sie ist *ariya:* edel, *anāsava:* ohne (Karman-)Einflüsse, *lokuttara:* überweltlich, *maggaṅga:* in Übereinstimmung mit dem (Acht-)gliedrigen Weg. Definiert wird diese höhere Form von „rechter Rede“ als, von einem edlen Geist gepflegte, Abkehr, Abwendung, Enthaltung und Abstehen vom vierfachen schlechten Wandel in der Rede.

3. Indem man sich bemüht, die „falsche Rede“ aufzugeben und die „rechte Rede“ zu erlangen, hat man „rechtes Bemühen“ (Nr. 6). Und indem man die „falsche Rede“ seinläßt und in der „rechten Rede“, nachdem man sie erlangt hat, verweilt, hat man „rechte Achtsamkeit“ (Nr. 7).

4. Somit wird „rechte Rede“ von drei Gegebenheiten begleitet: von „rechter Sicht“ (Nr. 1), „rechtem Bemühen“ (Nr. 6) und von „rechter Achtsamkeit“ (Nr. 7).

IV. (zu Nr. 4: „rechtes Handeln“):

1. „Rechte Sicht“ ist Voraussetzung. Durch sie erkennt man, daß „falsches Handeln“ falsch und „rechtes Handeln“ recht (richtig) ist.

2.a. Definition von „falschem Handeln“ ist: Töten von Lebewesen, Diebstahl und ausschweifender Lebenswandel.

2.b.α. Definition von „rechtem Handeln“ ist zunächst das Abstehen von „falschem Handeln“ (s. 2.a.). Dieses „rechte Handeln“ bringt gutes Karman.

2.b.β. Es gibt aber darüber hinaus eine höhere Form von „rechtem Handeln“, das überhaupt kein Karman mehr bringt. Es ist *ariya:* edel, *anāsava:* ohne (Karman-)Einflüsse, *lokuttara:* überweltlich, *maggaṅga:* in Übereinstimmung mit dem (Acht-)gliedrigen Weg. Definiert wird diese höhere Form von „rechtem Handeln" als, von einem edlen Geist gepflegte, Abkehr, Abwendung, Enthaltung und Abstehen vom dreifachen schlechten Wandel hinsichtlich des Körpers.

3. Indem man sich bemüht, das „falsche Handeln" aufzugeben und das „rechte Handeln" zu erlangen, hat man „rechtes Bemühen" (Nr. 6). Und indem man das „falsche Handeln" seinläßt und im „rechten Handeln", nachdem man es erlangt hat, verweilt, hat man „rechte Achtsamkeit" (Nr. 7).

4. Somit wird „rechtes Handeln" von drei Gegebenheiten begleitet: von „rechter Sicht" (Nr. 1), „rechtem Bemühen" (Nr. 6) und von „rechter Achtsamkeit" (Nr. 7).

V: (zu Nr. 5: „rechte Lebensführung"):

1. „Rechte Sicht" ist Voraussetzung. Durch sie erkennt man, daß „falsche Lebensführung" falsch und „rechte Lebensführung" recht (richtig) ist.

2.a. Definition von „falscher Lebensführung" ist: Betrügerei, Verführung, Wahrsagerei, Gaukelei, Wucher.

2.b.α „Rechte Lebensführung" ist gegeben, wenn ein edler Schüler (des Buddha) die „falsche Lebensführung" aufgegeben hat und mit der „rechten Lebensführung" seinen Lebensunterhalt bestreitet.

2.b.β. Es gibt aber darüber hinaus eine höhere Form von „rechter Lebensführung", die überhaupt kein Karman mehr bringt. Sie ist *ariya:* edel, *anāsava:* ohne (Karman-)Einflüsse, *lokuttara:* überweltlich, *maggaṅga:* in Übereinstimmung mit dem (Acht-)gliedrigen Weg. Definiert wird diese höhere Form von „rechter Lebensführung" als, von einem edlen Geist gepflegte, Abkehr, Abwendung, Enthaltung und Abstehen von der „falschen Lebensführung".

3. Indem man sich bemüht, die „falsche Lebensführung" aufzugeben und die „rechte Lebensführung" zu erlangen, hat man „rechtes Bemühen" (Nr. 6). Und indem man die „falsche Lebensführung" seinläßt und in der „rechten Lebensführung", nachdem man sie erlangt hat, verweilt, hat man „rechte Achtsamkeit" (Nr. 7).

4. Somit wird „rechte Lebensführung" von drei Gegebenheiten begleitet: von „rechter Sicht" (Nr. 1), „rechtem Bemühen" (Nr. 6) und von „rechter Achtsamkeit" (Nr. 7).

Soweit die Inhaltsangabe. Der folgende Text ist für uns nicht mehr interessant. Er bringt zunächst noch einmal eine Aufzählung der acht Glieder, jedoch, wie es den Anschein hat, nur, um zwei weitere, gar nicht zum (in der

Rahmenerzählung genannten) Thema gehörige Glieder, nämlich „rechtes Erkennen" und „rechte Erlösung", anhängen zu können und damit, wie bereits oben, vor der Inhaltsangabe, erwähnt, die alte Predigt in der Tendenz umzubiegen.

Unter I. (zu Nr. 1: „rechte Sicht") erscheint der Gedankengang nicht ganz in Ordnung: Daß „rechte Sicht" nach I.4 u.a. von „rechter Sicht" begleitet wird, ist zumindest auffällig, wenn auch, aus einem Systemzwang heraus, verständlich. Sieht man jedoch davon ab, dann ist die Aussage des hier vorgeführten Textes klar:

Der Edle Achtgliedrige Weg, so muß man daraus schließen, zerfällt in vier ziemlich ungleiche Teile:

Nr. 1.: „rechte Sicht",

Nr. 2—5: „rechte Gesinnung", „rechte Rede", „rechtes Handeln" und „rechte Lebensführung",

Nr. 6—7: „rechtes Bemühen" und „rechte Achtsamkeit",

Nr. 8: „rechte Konzentration".

Wobei, das ist hier nachzutragen, Nr. 2—5 noch einmal unterteilt werden könnte: in Nr. 2—4 einerseits und Nr. 5 andererseits. Doch darüber später (s. unten, S. 86f.).

Von alldem ist die „rechte Sicht" insofern Voraussetzung für alles weitere, als durch sie (vgl. dazu den jeweiligen Punkt 1 der Inhaltsangabe) überhaupt erst die Richtung festgelegt wird: „Rechte Sicht" zielt, daran ist kein Zweifel, auf „rechte Gesinnung", „rechte Rede", „rechtes Handeln" und „rechte Lebensführung"; „rechte Sicht" geht also zunächst einmal auf das Vermeiden schlechten und auf das Sammeln guten Karmans.

Es ist nun aber von größter Bedeutung für das Verständnis des Edlen Achtgliedrigen Weges, wie überhaupt für die Lehre des Buddha, daß es (nach Ausweis des jeweiligen Punktes 2.b.β der Inhaltsangabe) beim Sammeln von gutem Karman nicht bleiben kann. Das Ziel ist, überhaupt kein Karman mehr zu sammeln. Und während für ersteres (für das Sammeln guten Karmans) das „rechte Bemühen" (Nr. 6) zuständig ist, bedarf letzteres (das Vermeiden auch guten Karmans) der „rechten Achtsamkeit" (Nr. 7). Und so sind in gewisser Hinsicht „rechte Sicht" auf der einen sowie „rechtes Bemühen" und „rechte Achtsamkeit" auf der anderen Seite Methoden („die drei Gegebenheiten", vgl. den jeweiligen Punkt 4 der Inhaltsangabe), mit denen man den Stein des Anstoßes, nämlich Karman, (schlechtes wie letztlich auch gutes) beseitigt. Kurzum: „Rechte Sicht" (Nr. 1) führt auf den (Achtgliedrigen) Weg; „rechtes Bemühen" (Nr. 6) führt (weg von schlechtem) hin zu gutem Karman und „rechte Achtsamkeit" (Nr. 7) führt noch darüber hinaus — letztlich zur Erlösung, die mit „rechter Konzentration" (Nr. 8) erreicht wird.

Bevor wir uns jedoch damit weiter befassen, müssen noch zu Nr. 7 ein paar Worte gesagt werden: zu *sammāsati* (skt. *samyaksmṛti*). Was mit dieser „rechten Achtsamkeit" gemeint ist, wird im Kanon mehrfach und ziemlich ausführlich geschildert[39]. Danach gibt es vier „Erweckungen der Achtsamkeit" *(satipaṭṭhāna,* skt. *smṛtyupasthāna)*:

a) „Da verweilt, ihr Mönche, ein Mönch, soweit der Körper in Betracht kommt, indem er dem Körper nachsinnt, ernst strebend, bewußt und achtsam, nachdem er in der Welt das Begehren und die Kümmernis abgetan hat;"

b) „...soweit die Gefühle in Betracht kommen, indem er den Gefühlen nachsinnt,..."

c) „...soweit das Denken *(citta)* in Betracht kommt, indem er dem Denken [d.h. wohl: den Gedanken] nachsinnt,..."

d) „...soweit die Gegebenheiten *(dharma,* Plural) in Betracht kommen, indem er den Gegebenheiten nachsinnt,...[40]".

Im folgenden, DN 22, 2ff., finden wir dann Ausführungsbestimmungen zu dieser „rechten Achtsamkeit", zunächst hinsichtlich des Nachsinnens über den Körper (s. oben, Punkt a). Der Mönch soll sich in die Einsamkeit begeben, Lotussitz einnehmen und achtsam atmen:

Atmet er lang ein, so ist er sich wohl bewußt: „Ich atme lang ein"; oder atmet er lang aus, so ist er sich wohl bewußt: „Ich atme lang aus"; oder atmet er kurz ein, so ist er sich wohl bewußt: „Ich atme kurz ein"; oder atmet er kurz aus, so ist er sich wohl bewußt: „Ich atme kurz aus". „Den ganzen Körper voll empfindend, will ich einatmen", so übt er sich; „den ganzen Körper voll empfindend, will ich ausatmen", so übt er sich. „Die Einprägung des Körpers beruhigend, will ich einatmen", so übt er sich; „die Einprägung des Körpers beruhigend, will ich ausatmen", so übt er sich.

Dann geht es weiter — wobei übrigens auch der „Körper außerhalb" (d.h. der fremde Körper) eingeschlossen wird — zu den Stellungen und Bewegungen des Körpers, seiner (materiellen) Zusammensetzung, seiner Vergänglichkeit (also Nichtigkeit), bis schließlich der Mönch, welcher diese Übungen gewissenhaft durchführt, das Problem „Körper" im Griff hat.

[39] Am wichtigsten sind DN 22 (in extenso übersetzt von K. Seidenstücker [1923], S. 286ff.) und MN 10. Vgl. dazu auch E. Frauwallner (1953), S. 174.

[40] DN 22,1 und 21 = II 290 und 313; dazu eine größere Anzahl von Parallelstellen, die aufzuzählen hier nicht lohnt. Nur sei bemerkt, daß dieselbe Formel, ohne daß ausdrücklich von *sati* (skt. *smṛti*) die Rede ist, auch im „Vermächtnis" des Mahāparinirvāṇa-Sūtra vorkommt (was ihre Bedeutung unterstreicht). Vgl. dazu oben, 1.3.2., n. 12. — Die Übersetzung von K. Seidenstücker (1923), S. 287 und 307f., übrigens auch die anderer, ist hier nicht exakt: *vineyya* ist Absolutiv nach Ausweis des *vinīya* der Sanskrit-Fassung des MP; s. den Text bei E. Waldschmidt (1950), S. 176 (10, 14) u.a.

Gleiches wird dann, mutatis mutandis, zum Problem „Gefühle" (oben, Punkt b), „Denken" oder „Gedanken" (Punkt c) sowie „Gegebenheiten" (Punkt d) vorgeschrieben. Dabei bleibt die Erwähnung der „Gegebenheiten" (oder, wie Seidenstücker übersetzt, „Erscheinungen": *dhamma,* skt. *dharma*) so, wie sie überliefert ist, auffällig. Es werden nämlich folgende „Gegebenheiten" aufgezählt:

— die fünf „Hemmnisse" *(nīvaraṇa*[41]),
— die fünf „Gruppen des Ergreifens" *(upādānaskandha,* s. unten, S. 97ff.),
— die Bereiche der sechs Sinne und ihrer Objekte (vgl. unten, S. 106),
— die sieben „Glieder der Bodhi" *(sambodhyaṅga*[42]),
— die Vier Edlen Wahrheiten (vgl. 2.2.2.2.3.).

Wie man sieht, handelt es sich um vier Begriffsreihen sehr unterschiedlichen Wertes, geordnet nach der aufsteigenden Zahl ihrer Glieder, und um die Vier Edlen Wahrheiten, die ihrer überragenden Bedeutung wegen eine Ausnahme machen; sie stehen nicht am Anfang (wo sie der Vierzahl wegen hingehörten), sondern am Schluß.

Der Verdacht ist nicht von der Hand zu weisen, daß aus dieser Aufzählung nur die Vier Edlen Wahrheiten ursprünglich sind. Spätere, bereits scholastischer Tradition verpflichtete Redaktoren werden auch hier, wie so oft im Kanon, an Zahlen aufgehängte (weil zum Auswendiglernen bestimmte) Begriffsreihen interpoliert haben[43]. Und im Zusammenhang damit hätte man dann d i e Dharmas[44] (Plural: „Gegebenheiten") entwickelt, und zwar aus d e m Dharma (Singular), d.h. aus der Lehre des Buddha, wie sie die Vier Edlen Wahrheiten repräsentieren.

[41] Es sind „Gier" (skt. *abhidhyā,* p. *abhijjhā*), „Bosheit" (skt. *vyāpāda,* p. *byāpāda*) und „Zorn" (skt. *pradoṣa,* p. *padosa*), „Starrheit" (skt. *styāna,* p. *thīna*) und „Schlaffheit" *(middha)*, „Erregung" (skt. *auddhatya,* p. *uddhaca*) und „Reue" (skt. *kaukṛtya,* p. *kukkucca*) sowie „Zweifel" (skt. *vicikitsā,* p. *vicikicchā*); s. E. Frauwallner (1953), S. 166f.

[42] „Achtsamkeit" (skt. *smṛti,* p. *sati*), „Untersuchung der Lehre" (skt. *dharmapravicaya,* p. *dhammavicaya*), „Energie" (skt. *vīrya,* p. *viriya*), „Zufriedenheit" (skt. *prīti,* p. *pīti*), „Beruhigung" (skt. *praśrabdhi,* p. *passaddhi*), „Konzentration" *(samādhi)* und „Gleichmut" (skt. *upekṣā,* p. *upekkhā*); s. E. Frauwallner (1953), S. 175.

[43] Von ihnen passen die „sieben Glieder der Bodhi" (vgl. n. 42) besonders schlecht. Hier steht „Achtsamkeit" an erster, „Konzentration" an sechster Stelle; das stimmt in keinem Falle mit dem Achtgliedrigen Weg überein — ganz abgesehen davon, kann man „Achtsamkeit" nicht mit (u.a.) „Nachsinnen über Achtsamkeit" erklären.

[44] Eine Dharma-Theorie dieser Art spielt, soweit wir bis jetzt sehen können, erst in der Lehre der Sarvāstivādins eine Rolle. Vgl. dazu unten, 4.4.1.

Stimmt das, dann läßt sich, was oben, S. 81, über „rechte Achtsamkeit" gesagt wurde, folgendermaßen ergänzen: „Rechte Achtsamkeit" ist die immer wieder, d.h. bis zum Erfolg wiederholte Übung, nacheinander den Körper, die Gefühle und die Gedanken in den Griff zu bekommen — mit dem Ziel, letztere (die Gedanken) auf die Vier Edlen Wahrheiten, also auf die Lehre *(dharma)*, auszurichten. „Rechte Achtsamkeit" ist daher unter dem — nicht zu eng gefaßten — Begriff „Meditation" zu subsumieren.

Damit sind wir fast bei „rechter Konzentration" angelangt. Daß sie mit den übrigen Gliedern des Edlen Achtgliedrigen Weges ausgestattet ist und in der Ausrichtung des Denkens auf einen Punkt besteht, war schon oben (s. S. 76) erwähnt worden. Nun fügen wir hinzu: Dieser eine Punkt kann nur der Endpunkt sein, das Ziel des Edlen Achtgliedrigen Weges — also die Erlösung, welche dadurch charakterisiert ist, daß kein Karman mehr einströmt[45].

Zweifelhaft bleibt mir, ob über diese Aussage hinaus zur „rechten Konzentration" positiv etwas gesagt werden kann. Die kanonischen Texte tun das zwar (so DN 22,21 = II 313, wo, wie weiter unten zu zeigen ist, „rechte Konzentration" schlankweg mit den „vier Versenkungen" gleichgesetzt wird), aber grundsätzliches Mißtrauen dagegen ist m.E. schon deshalb angebracht, weil es sich um eine Loslösung handeln muß, die letztlich weniger durch Vorstellungen irgendwelcher Art erreichbar erscheint als vielmehr durch die Unterdrückung (oder einfach durch das Verschwinden) eventuell noch vorhandener Vorstellungen. Denn Samādhi hat etwas mit Nirvāṇa zu tun, ist vielleicht sogar schon Nirvāṇa.

Eine andere Überlegung muß in diesem Zusammenhang noch angestellt werden. Es ist von vornherein wahrscheinlich, daß der Buddha (wie der Bodhisattva der Legende, s. oben, 1.4.1.) Yogalehrern (und -lehren) seiner Zeit verpflichtet war. Fragt sich nun, wie der Yoga, der ja nicht eigentlich eine Philosophie, sondern eine Methode ist, damals ausgesehen hat[46]. Die Quellenlage ist hier keineswegs besser als im Falle der buddhistischen Schriften.

Immerhin, was den Edlen Achtgliedrigen Weg, und damit auch die „rechte Konzentration", angeht, so läßt sich ein aufschlußreicher Einblick

[45] Nicht-mehr-Sammeln von Karman = Nicht-mehr-Wiedergeborenwerden (also Erlösung) war auch ein wichtiges Ergebnis der Analyse des Aggañña-Sutta; s. oben, 2.2.1.

[46] Man vgl. dazu E. Frauwallner (1953), S. 133ff.; ferner J.W. Hauer (1958), besonders S. 165ff., sowie F. Heiler (1922) und zur hier auch angesprochenen Beziehung zwischen Buddhismus und Yoga besonders L. de La Vallée-Poussin (1937).

sogar an handfestem Material gewinnen. Im berühmten Yoga-Sūtra des Patañjali, dem klassischen Yoga-Text[47], findet sich nämlich ebenfalls eine bei „Konzentration" *(samādhi)* endende Reihe, deren Teile übrigens auch (vielleicht sogar mit mehr Recht) *aṅga* („Glied") genannt werden. Sie ist zwar im einzelnen ganz anders, doch sind die Unterschiede zwischen beiden Reihen höchst interessant, nämlich für die jeweilige Position charakteristisch und daher vergleichbar.

Als Ausgangsbasis für einen solchen Vergleich diene die folgende synoptische Tabelle, zu der noch bemerkt werden mag, daß die Aufgliederung in drei (durch römische Ziffern bezeichnete) Abschnitte von mir stammt und keinen anderen Zweck verfolgt als den, dem Leser meine Interpretation durchsichtiger zu machen.

	Edler Achtgliedriger Weg[48]	Yoga-Weg (YS II 29ff.)
I	1 s.dṛṣṭi (p. diṭṭhi) „r. Sicht"	
II	2 s.saṃkalpa (saṃkappa) „r. Gesinnung" 3 s.vāc (vācā) „r. Rede" 4 s.karmānta (kammanta) „r. Handeln"	1 yama „Sittlichkeit"
	5 s.ājīva „r. Lebensführung"	2 niyama „Selbstzucht"
III	6 s.vyāyāma (vāyāma) „r. Bemühen"	3 āsana „Sitzhaltung" 4 prāṇāyāma „Atemzügelung" 5 pratyāhāra „Einholen (der Sinne)"
	7 s.smṛti (sati) „r. Achtsamkeit"	6 dhāraṇā „Festhalten" 7 dhyāna „Versenkung"
	8 s.samādhi „r. Konzentration"	8 samādhi „Konzentration"

Wie aus der Tabelle ersichtlich, gibt es wörtliche Übereinstimmungen nur im letzten Glied, Nr. 8: *samādhi*. Doch besteht selbst hier ein (allerdings nicht auf dieses Glied beschränkter, sondern durch die Fassungen gehender) feiner Unterschied. Im YS heißt es nur „Konzentration". Im buddhistischen

[47] Ein Grammatiker namens Patañjali hat wahrscheinlich im 2. Jahrhundert v. Chr. in Mathurā gelebt. Ihm wird von der Tradition auch die Verfasserschaft des Yoga-Sūtra (im folgenden abgekürzt mit YS) zugeschrieben, doch, zumindest was den Text in seiner heutigen Gestalt angeht, sicher zu Unrecht. Das YS ist wahrscheinlich einer jener Schultexte, die in der Gupta-Zeit abgeschlossen wurden, aber um viele Jahrhunderte älteres Material enthalten (s. oben, 0.4.). Zu dem oben Ausgeführten vgl. besonders E. Frauwallner (1953), S. 427ff., und, mehr noch, J. W. Hauer (1958), wo der Versuch einer Textgeschichte (S. 222ff.) und eine Übersetzung (S. 239ff.) dieses ebenso inhaltsschweren wie schwierigen Textes geboten werden.

[48] Zu den Abkürzungen in dieser Tabelle: *s.:* skt. *samyak-* (p. *sammā-*) = r.: rechte (r,s).

Weg ist von „rechter Konzentration" die Rede, aber auch von „rechter Sicht", „rechter Gesinnung" usw. Es wird also hier noch einmal eigens betont, daß der Betreffende nichts falsch machen darf und, bei Befolgung des Weges, nichts falsch machen wird. Warum? Und warum wird dasselbe nicht auch im YS betont?

Die Antwort darauf ist einfach: Der buddhistische Weg ist Bestandteil eines Predigttextes (der „Predigt von Benares"); er wendet sich an Hörer, die überzeugt — wenn man so will: zum Rechten (Richtigen) noch bekehrt — werden sollen; er ist exoterisch. Das YS aber ist esoterisch: Es geht nur den Eingeweihten etwas an, den Yogin bzw. den, der es werden will und sich zu diesem Zwecke einem Guru anvertraut hat. Da wäre ein werbendes Herausstellen derart, daß das alles „recht" ist, nicht nur überflüssig, sondern fast eine Beleidigung.

Zu Abschnitt I der Tabelle:

Das zuletzt Gesagte ist auch der Grund dafür, warum Nr. 1 des buddhistischen Weges („rechte Sicht") im YS keine Entsprechung zu haben braucht und auch keine hat.

Zu Abschnitt II der Tabelle:

Es war schon weiter oben, 2.2.1., hervorgehoben worden, daß die Lehre des Buddha eine ethische Lehre ist, in der alles von Karman abhängt, letztlich vom Vermeiden jeglichen Karmans. Dem trägt der buddhistische Weg insofern Rechnung, als, wie wir sahen, sowohl „rechte Sicht" (Nr. 1) als auch „rechtes Bemühen" (Nr. 6) und „rechte Achtsamkeit" (Nr. 7) die Glieder Nr. 2—5, die ich als Abschnitt II zusammengefaßt habe, zum Gegenstand haben. (Vgl. oben S. 80).

Was nun die Glieder 2—4 angeht (auf Nr. 5 werden wir später kommen), so ist hier nachzutragen, daß mit ihnen der Begriff des Karman aufgefächert erscheint. Karman kann nämlich, von der Struktur des Menschen aus gesehen, auf dreierlei Weise bewirkt werden: durch das Denken *(manas* oder *citta)*, durch die Rede (skt. *vāc*, p. *vācā*) und durch den Körper *(kāya)*. So in den zehn „unheilvollen Karman-Wegen[49]" (skt. *akuśalakarmapatha*, p. *akusalakammapatha*):

(den Körper betreffend)

1. Töten von Lebewesen (sk. *prāṇātipāta*, p. *pāṇātipāta*),
2. Diebstahl *(adattādāna, adinnādāna)*,
3. ausschweifender Lebenswandel *(kāmamithyācāra, kāmesu micchācāra)*,

[49] Vgl. z.B. MN 41 (= I 286ff.; übersetzt von K. Seidenstücker [1923], S. 250ff.). Vgl. ferner: É. Lamotte (1958), S. 37.

(die Rede betreffend)

4. Lüge *(mṛṣāvāda, musāvāda)*,
5. Verleumdung *(pāiśunyavāda, pisunā vācā)*,
6. rohe Rede *(pāruṣyavāda, pharusā vācā)*,
7. eitles Geschwätz *(sambhinnapralāpa, samphapalāpa)*,

(das Denken betreffend)

8. Begehrlichkeit *(abhidhyā, abhijjhā)*,
9. Übelwollen *(vyāpāda, byāpāda)*,
10. falsche Sicht *(mithyādṛṣṭi, micchādiṭṭhi)*.

Die Aufteilung auf Körper (1.—3.), Rede (4.—7.) und Denken (8.—10.) ist unmittelbar einleuchtend. Es ist deshalb von Bedeutung, daß wir fast die gleiche Reihe, nur in umgekehrter Abfolge der drei Gruppen, in dem eingangs dieses Abschnitts, 2.2.2.2.2., gegebenen, den Edlen Achtgliedrigen Weg erläuternden Text, MN 117, wiederfinden:

1.—3., „Töten von Lebewesen" usw., ist identisch mit der Aufzählung auf S. 78, unter IV. Vgl. dazu besonders die Inhaltsangabe unter IV.2.a.

4.—7., „Lüge" usw., ist identisch mit der Aufzählung auf S. 78, unter III. Vgl. dazu die Inhaltsangabe unter III.2.a.

8.—10., „Begehrlichkeit", „Übelwollen" und „falsche Sicht" ist zwar nicht identisch mit der Aufzählung auf S. 77 unter II., hat aber eine klare Entsprechung zu ihr; vgl. dazu II.2.a. der Inhaltsangabe: „sinnliche Begierde", „Übelwollen" und „Gewalttätigkeit". Hier ist die Differenz zwischen „Begehrlichkeit" und „sinnlicher Begierde" unerheblich, die zwischen „falscher Sicht" und „Gewalttätigkeit" erklärbar: „Falsche Sicht" war als Gegensatz zur „rechten Sicht" als Nr. 1 des Achtgliedrigen Weges schon vergeben. Es sieht danach fast so aus, als sei der Achtgliedrige Weg hier von der Liste der „zehn unheilvollen Karman-Wege" abhängig.

Mit Sicherheit geht jedenfalls aus dem oben Ausgeführten hervor, daß mit Nr. 2, 3, und 4 des Achtgliedrigen Weges die drei Arten des Karman erfaßt sind, wobei „rechte Gesinnung" (Nr. 2) das Karman des Denkens[50], „rechte Rede" (Nr. 3) das der Rede und „rechtes Handeln" (Nr. 4) das des Körpers meint. Es handelt sich in allen diesen Fällen um Verbote („Du sollst nicht töten, nicht stehlen" usw.) — und damit genau um das, was im YS als Nr. 1, „Sittlichkeit" *(yama)*, rangiert.

[50] „Rechte Gesinnung" (statt, wie vielleicht zu erwarten wäre, „rechtes Denken") paßt besser als Fortsetzung von „rechter Sicht" (Nr. 1), zumal in dem indischen Ausdruck *saṃkalpa* auch das Sich-Entscheiden, Sich-Entschließen mitschwingt. Daß in Nr. 4 nicht „rechter Körper", sondern „rechtes (körperliches) Handeln" steht, bedarf keiner Erklärung.

Bleibt noch Nr. 5 des Edlen Achtgliedrigen Weges zu bestimmen: „rechte Lebensführung" *(samyag-ājīva)*. Man könnte meinen, dieses Glied sei überflüssig, da mit „rechter Gesinnung", „rechter Rede" und „rechtem Handeln" (Nr. 2—4) der Begriff des Karman ausgeschöpft sei. Allein schaut man sich nach möglichen Entsprechungen im Yoga-Weg um, dann wird man doch noch auf eine andere Spur geführt. Umfaßt hier Nr. 1, „Sittlichkeit" *(yama)*, alles, was ein mit gutem Wandel ausgestatteter Mensch nicht tut, so geht Nr. 2, „Selbstzucht" *(niyama)*, darüber hinaus und beinhaltet Gebote, die man sich selber, sozusagen zusätzlich zu den Verboten von Nr. 1, auferlegt bzw. auferlegen läßt.

Es liegt nahe, eine Parallele dazu in der „rechten Lebensführung" zu vermuten; und diese Vermutung läßt sich erhärten. Einmal vom Sprachgebrauch her: *ājīva*, obwohl an sich bedeutungsneutral, bezeichnet nicht selten die Art und Weise, wie ein (bettelnder) Asket (nicht nur der buddhistische Mönch[51]) seinen Lebensunterhalt bestreitet. Wenn daher in unserem Text (vgl. S.79, V.2.b.α.) „rechte Lebensführung" als das von einem (Buddha-)Schüler, d.h. also von einem Mönch, Praktizierte gepriesen wird, dann kommt das nicht von ungefähr. Der Mönch hat ja in der Tat zusätzlich Gebote zu erfüllen; und wahrscheinlich soll das hier zum Ausdruck gebracht werden.

Die Entsprechung zu „Selbstzucht" *(niyama)* des YS wäre dann offensichtlich; aber auch der Unterschied zwischen den beiden wäre deutlich: *niyama* ist mehr technischer Art, härter, schließt aktive Askese ein, welche ja die Lehre des Buddha mit ihrem Mittleren Pfad als unnütz, ja schädlich ausschließt. „Rechte Lebensführung" wäre danach „Selbstzucht" in abgemilderter Form.

Zu Abschnitt III der Tabelle:

Dieser Unterschied — den man vereinfacht „Ethik gegen Technik" nennen könnte — erhellt jedenfalls sicher aus Abschnitt III. Hier wird auf buddhistischer Seite mit Nr. 6 („rechtem Bemühen") sittliches Grundverhalten gefordert, und zwar mit offenkundigem Rückbezug auf das in Abschnitt II Ausgeführte, Karman Betreffende. („Rechtes Bemühen" hat sich auf die Pflege „rechter Gesinnung" usw. zu richten.) Das YS hingegen (das sich in II, wo es um Karman, also um Ethik, ging, bezeichnenderweise kürzer gefaßt hatte) kennt diesen Rückbezug nicht; hier geht es nur vorwärts, in (atem-)technische Details: Der Yogin hat entsprechende Sitzhaltung einzunehmen (Nr. 3: *āsana*), dann seinen Atem zu beherrschen (Nr. 4: *prāṇāyāma*) und damit seine Sinne von der Außenwelt abzuziehen (Nr. 5: *pratyāhāra*).

[51] *ājīvika* (und *ājīvaka*) wurden die Bettelmönche einer Gemeinschaft genannt, die noch Jahrhunderte neben Buddhismus und Jinismus existiert hat.

Dieser Trend setzt sich fort: Auf buddhistischer Seite wird mit Nr. 7 („rechte Achtsamkeit") empfohlen, die sittliche Verhaltensweise nach der Seite des Nicht-mehr-Karmansammelns hin zu steigern. Dabei umfaßt „rechte Achtsamkeit" auch meditative Praktiken, zuallererst solche, die sich mit dem Atem befassen. Liest man die entsprechende Stelle der Ausführungsbestimmungen, DN 22,2ff. (s. oben, S. 81), dann wird man leicht geneigt sein, sie mit Nr. 3 („Sitzhaltung") und Nr. 4 („Atemzügelung") des YS zu assoziieren. Und doch ist auch in diesem Punkte die Gemeinsamkeit weniger tief, als der für beide Fassungen charakteristische Unterschied.

Man braucht, um das zu sehen, nur zu verfolgen, wie es im YS weitergeht: Nr. 6—8 („Festhalten" *dhāraṇā,* „Versenkung" *dhyāna* und „Konzentration" *samādhi*) bilden hier eine Klimax meditativer Zustände mit offensichtlich fließenden Übergängen:

dhāraṇā ist das „Festhalten"; d.h. das „Festbinden des Denkens an (eine) Stelle", scil. an den Meditationsgegenstand (vgl. YS III, 1);
dhyāna ist das meditative Fortspinnen *(ekatānatā)* der Vorstellung *(pratyaya)* des Gegenstandes bis zu dem Ende, daß mit
samādhi der Meditierende sich gleichsam entleert hat, d.h. im Gegenstand aufgegangen ist.

Dies ist eine (in sich geschlossene) Abfolge, deren technischer Charakter vielleicht am klarsten daraus erhellt, daß der Meditationsgegenstand nicht vorgeschrieben (fast möchte man sagen: beliebig) ist. (Er kann z.B. die Nasen- oder Zungenspitze sein.) „Rechte Achtsamkeit", die im Edlen Achtgliedrigen Weg zu „rechter Konzentration" *(-samādhi)* führt, hat diesen Spielraum nicht; hier ist das Betätigungsfeld genau, auch in der Reihenfolge, abgesteckt (Körper, Gefühle, Denken, Dharma), und es gehört schon zur Substanz — über die in rationaler, und daher ethischer, Manier nachzusinnen ist, ohne daß in irgendeiner Weise Zwang ausgeübt werden darf. So hat auch in den oben erwähnten, den Atem betreffenden Achtsamkeitsübungen der Mönch nur zu beobachten, wie er atmet, aber er darf nicht — wie das bei YS 4 („Atemzügelung") ausdrücklich gefordert wird — in den Rhythmus des Atmens eingreifen. Das Ganze ist nicht unähnlich bestimmten Methoden der Psychotherapie, die darauf hinauslaufen, daß der Patient sich der innersten Beweggründe seiner Handlungen, seines Verhaltens überhaupt (und zwar in weitestem Sinne) bewußt wird. Die Heilung besteht dann (nach dieser Theorie) in einer sich von selber einstellenden rationalen Reaktion.

Im Sinne der Lehre des Buddha würde eine solche rationale Reaktion, sofern sie umfassend ist, die Lösung aller (emotionalen) Bindungen an das Leben bedeuten. Und „rechte Konzentration" wäre dann dieser Zustand vollkommener Rationalität (= vollkommener Gleichmütigkeit), ein Zustand, der allmählich durch „rechte Achtsamkeit" erreicht wird.

Man sieht: *samādhi* des Edlen Achtgliedrigen Weges ist nicht identisch mit *samādhi* des Yoga-Weges. Aber die beiden sind auch nicht so verschieden, daß man sie nicht doch zusammenbringen könnte. Offenkundig besteht zwischen ihnen eine strukturelle Verwandtschaft: Sie haben beide den Charakter eines Zieles, dem man sich allmählich nähert — auf dem buddhistischen Weg durch „rechte Achtsamkeit", auf dem Yoga-Weg (technischer) durch „Versenkung" *(dhyāna)*. Eine Einzelheit mag noch angeführt werden: Laut YS I 51 wird der Samādhi nach Auflösung aller Saṃskāras — vgl. dazu die Ausführungen über die Skandha-Theorie, unten, S. 100f. — „keimlos" *(nirbīja)*, d.h. bringt kein Karman mehr hervor — was ja genau das Ziel des buddhistischen Erlösungsweges ist.

Soweit der Vergleich des Edlen Achtgliedrigen Weges mit dem Yoga-Weg. Er dürfte gezeigt haben, daß hier trotz großer Differenzen Beziehungen bestehen — Beziehungen, die, auch wenn im einzelnen keineswegs alles geklärt werden konnte, den Schluß zulassen, daß eine alte (wie die Ātman-Lehre esoterische) Yoga-Tradition bereits in die Lehre des Buddha eingeflossen ist, hier allerdings in recht eigenständiger (exoterisch-ethisch-rationalistischer) Weise weiterentwickelt erscheint.

Die Eigenständigkeit drückt sich auch in einer wichtigen Fehlanzeige aus: *dhyāna* (p. *jhāna*) „Versenkung", Nr. 7 des Yoga-Weges, gehört nicht zum Edlen Achtgliedrigen Weg, somit nicht zur „Predigt von Benares" und, nach allem, was sich ausmachen läßt, auch nicht zum ältesten Bestand der buddhistischen Lehre. Und das, obwohl es bereits in den kanonischen Texten eine große, schwer zu überschätzende Bedeutung hat und nach der Buddha-Legende (s. oben, 1.4.1.) vor und zur Erlangung der erlösenden Erkenntnis vom Bodhisattva eingesetzt wurde. Was hat es mit *dhyāna* auf sich?

Um darüber Aufschluß zu erlangen, wenden wir uns wieder dem DN-Text zu, von dem wir oben ausgegangen waren; DN 22,21 (= II 313)[52] lesen wir (Übersetzung nach K. Seidenstücker [1923], S. 308):

Und was, ihr Mönche, ist rechte Konzentration?

Abgeschieden von den sinnlichen Begierden, abgeschieden von unheilsamen Zuständen gewinnt ein Mönch die mit Denken und Sinnen verbundene, aus der Abgeschiedenheit entstandene, von Freude und Glück erfüllte erste Versenkung und verweilt darin.

Nach Beruhigung des Denkens und Sinnens gewinnt er die innere Sammlung, die Einheit des Geistes, die von Denken und Sinnen freie, aus der Konzentration entstandene, von Freude und Glück erfüllte zweite Versenkung und verweilt darin.

[52] Für die Sanskrit-Version sei auf LalVist, S. 343, 14ff., verwiesen. Vgl. auch Mvu II 283, 5ff.

Und nach dem Verschwinden der Freude lebt er gleichmütig, achtsam und besonnen, und er empfindet leibhaftig jenes Glück, von dem die Edlen sagen: „Der Gleichmütige und Achtsame lebt glücklich." So gewinnt er die dritte Versenkung und verweilt darin.

Und nach dem Schwinden von Freude und Leid und nach dem Untergang des früheren Frohsinns und Trübsinns gewinnt er die jenseits von Freude und Leid liegende vierte Versenkung, wo Gleichmut und Achtsamkeit in voller Reinheit bestehen, und verweilt darin. —

Das, ihr Mönche, nennt man rechte Konzentration.

Hier wird also „rechte Konzentration" kurzerhand mit vier Versenkungsstufen gleichgesetzt. Dagegen ist sachlich, auch vom Standpunkt der alten Lehre aus, noch nicht einmal viel einzuwenden: Jedenfalls passen „Gleichmut" (skt. *upekṣā,* p. *upekkhā*) und auch „Achtsamkeit", wie sie in der vierten Versenkungsstufe geboten werden, durchaus in das alte Erlösungskonzept. „Versenkung" wird daher in der oben geschilderten (vierfachen) Form schon bald in Mönchskreisen praktiziert worden sein. Und dies mit um so besserem Gewissen, als „rechte Konzentration" wegen der Leere, dem Fehlen einer positiven Aussage schlichteren Gemütern ohnehin einen Freiraum bot, den auszufüllen sie schwer widerstehen konnten.

Der Freiraum, den man bei „rechter Konzentration" empfand, wurde übrigens nicht nur für „Versenkung" genutzt. Nahezu ungehindert sind hier offenbar auch viele andere meditative Praktiken und Psychotechniken (die es im damaligen Indien in großer Zahl gegeben haben muß) eingeflossen: Schon die kanonischen Texte haben in dieser Hinsicht ein erhebliches Überangebot — ein verwirrendes, in sich auch unstimmiges Bild[53], von dessen Entstehung man vielleicht am ehesten eine Vorstellung bekommen kann, wenn man, statt sich in (philologisch nicht aufgearbeitete) Details zu verlieren, bei „Versenkung" als exemplarischem Fall verharrt.

Da finden wir (z.B. DN 33, 1, 11 = III 224) eine zweite Reihe von vier Versenkungsstufen, die ganz anders, nämlich folgendermaßen lautet:

1. Der Bereich der Raum-Unendlichkeit (skt. *ākāśānantyāyatana,* p. *ākāsānañcāyatana*);
2. der Bereich der Bewußtseins-Unendlichkeit *(vijñānānantyāyatana, viññāṇañcāyatana)*;
3. der Bereich des Nichts *(ākiñcanyāyatana, ākiñcaññāyatana)*;
4. der Bereich jenseits von Bewußt und Unbewußt *(naivasaṃjñānāsaṃjñāyatana, nevasaññā-nāsaññāyatana)*.

[53] Eine gute Übersicht über das im Pāli-Kanon Relevante findet man bei K. Seidenstücker (1923), S. 275ff. — Wer sich eingehender mit dem Problem befassen möchte, sollte aber vor allem zu F. Heiler (1922) greifen. Die folgende Darstellung stimmt damit weitgehend überein.

Davon hatten wir die Stufen 3 und 4 bereits in der Buddha-Legende kennengelernt, wo sie das Repertoire der Yogalehrer Ārāḍa Kālāma bzw. Udraka Rāmaputra bilden, vom Bodhisattva nacheinander rasch gelernt, aber als ungenügend wieder verworfen werden. (Vgl. dazu oben, 1.4.1 und 1.4.2.)

In Anbetracht dieses Zeugnisses darf man sich wundern, alle die vier Stufen über den vorher behandelten und (zumindest im Buddhismus) zweifellos älteren Versenkungsstufen wiederzufinden[54]. Das ist der Fall im Mahāparinirvāṇa-Sūtra, in der Schilderung vom Sterben („vollständigen Verlöschen") des Buddha (s. 1.3.1., Inhaltsangabe VI 8f.), wobei hinzuzufügen ist, daß hier dem Ganzen noch eine neunte Versenkungsstufe, „Aufhören von Wahrnehmung und Gefühl" (? p. *saññāvedayitanirodha*), aufgesetzt wurde.

Nun endet zwar die Versenkung des Buddha nicht in der obersten Stufe der Neunerreihe, sondern, nach einem Rückwärts- und einem nochmaligen, aber nur teilweisen Vorwärts-Durchlaufen, doch in der vierten Stufe — ein Tatbestand, der sich etwa folgendermaßen verdeutlichen läßt:

(9) Aufhören von Wahrnehmung und Gefühl
(8) Bereich jenseits von Bewußt und Unbewußt
(7) Bereich des Nichts
(6) Bereich der Bewußtseins-Unendlichkeit
(5) Bereich der Raum-Unendlichkeit
(4) 4. Dhyāna-Stufe
(3) 3. Dhyāna-Stufe
(2) 2. Dhyāna-Stufe
(1) 1. Dhyāna-Stufe

Parinirvāṇa

Allein gerade daran zeigt sich die Klitterung der anderweit als „neun aufeinanderfolgende Verweilungen" (*nava anupubbavihārā*; z.B. DN 33,3,2 = III 265,19) bezeichneten Neunerreihe, wie übrigens auch noch einmal das größere Alter der ersten vier Dhyāna-Stufen in der buddhistischen Lehre.

Endlich mag im Zusammenhang mit Dhyāna auf eine sehr lange Reihe hingewiesen werden, die sich ebenfalls am besten in Tabellenform nahebringen läßt[55]:

[54] Sie werden anderweit auch als *arūpa-dhyāna* von den älteren Versenkungsstufen abgesetzt; diese heißen dann *rūpa-dhyāna*. Vgl. dazu die gleich folgenden Ausführungen.

[55] Ich gebe im folgenden nur das in unserem Zusammenhang Wesentliche. Wer sich eingehender informieren will, sei auf die große Tabelle bei K. Seidenstücker (1923) zwischen S. 112 und 113, sowie auf É. Lamotte (1958), S. 35, verwiesen. Vgl. ferner W. Kirfel (1920), S. 207.

III	Region der Formlosigkeit (skt. *ārūpyadhātu*, p. *arūpadhātu*)	Bereich jenseits von Bewußt und Unbewußt (4) Bereich des Nichts (3) Bereich der Bewußtseins-Unendlichkeit (2) Bereich der Raum-Unendlichkeit (1)
II	Region der Form *(rūpadhātu)* = Brahman-Welt *(brahmaloka)*	4. Dhyāna-Stufe, mit 8 (oder 7) Götterklassen 3. Dhyāna-Stufe, mit 6 Götterklassen 2. Dhyāna-Stufe, mit 3 Götterklassen 1. Dhyāna-Stufe, mit 3 Götterklassen
I	Region der sinnlichen Begierde *(kāmadhātu)*	Götterwelt *(devaloka)*, mit 6 Götterklassen Menschenwelt Gespensterwelt Tierwelt Höllen

Hier hat die jüngere der beiden Viererreihen, die *arūpa*-Reihe (III), endgültig gesiegt; sie wird nicht wieder zurückgenommen wie beim Parinirvāṇa des Buddha, welches dann doch mit der 4. Dhyāna-Stufe, also mit der *rūpa*-Reihe, endet (s. die Tabelle oben, S. 91.).

Aber noch etwas anderes zeichnet diese Kompilation aus. Sie hat einen erstaunlichen Unterbau: Es sind die fünf verschiedenen Existenzformen[56], die normalerweise im Buddhismus angenommen werden. Für ihre Reihenfolge in dieser „Region der sinnlichen Begierde" (I), von unten nach oben, gelten zwei Kriterien: einmal die Qualität und zum anderen die Wohnlage im Kosmos.

Zur „Qualität" ist zu sagen, daß die entscheidende Zäsur zwischen Gespenster- und Menschen-Existenz liegt; erstere ist noch negativ, letztere schon positiv zu beurteilen. (Man beachte: Als Mensch kann man sich erlösen.) Was die „Wohnlage" angeht, so ist zwischen Tieren, Gespenstern und Menschen kein Unterschied; alle drei Gruppen wohnen auf der Erde. Setzt man daher statt der Bewohner ihre Wohnräume, dann erhält man mit Unterwelt — Erde — Himmel die zu damaliger Zeit allgemein anerkannte Dreiteilung des Kosmos[57]. Dieser ist also hier in e i n e Region, die „Region der sinnlichen Begierde" *(kāmadhātu)* zusammengedrückt.

[56] *gati*, eigentlich „Gang". Gelegentlich werden auch deren sechs unterschieden, indem man neben die „Gespenster" (skt. *preta*, p. *peta*) noch die „Dämonen" *(asura)* setzt. *preta* ist übrigens ursprünglich das Totengespenst; die Wiedergeburtslehre machte daraus eine eigene Existenzform. — „Höllen" ist natürlich eine Abkürzung für „die Welt der Höllenbewohner".

[57] *triloka*, wörtlich: „Dreiwelt"; nach älterer Anschauung gehören dazu Himmel, Luftraum und Erde.

Die Dreiteilung aber bleibt — indem der „Region der sinnlichen Begierde“ (I) die beiden Viererreihen als „Region der Form“ (II) und „Region der Formlosigkeit“ (III) aufgesetzt sind.

Diese Komposition, in der sinnliche Begierde durch Form und Form durch Formlosigkeit überhöht erscheint, ist nur erklärbar, wenn man eine Meditationspraxis unterstellt.

Um sie verstehen zu lernen, sollte man sich dreierlei vorhalten:

a) Ihr Ziel ist, wie billig, letztlich (wenn auch vielleicht unausgesprochen) die Erlösung.

b) Ihr Ausgangspunkt, der gleichzeitig das Motiv dafür abgibt, warum dieses Ziel verfolgt wird, ist das (mehr oder weniger immer vorhandene oder wenigstens zu erwartende) Leid des Geburtenkreislaufs.

c) Ihre Methode (mit der man vom Ausgangspunkt zum Ziel zu kommen hofft) ist ein allmählicher, stufenweiser Aufstieg.

Zu I (Region der sinnlichen Begierde):

Daß eine Vorstellung des Geburtenkreislaufes, insbesondere seiner Schrecknisse, den Drang zur Erlösung fördern, sogar erst anregen könne, ist von vornherein plausibel. Als buddhistische Praxis (selbst geübt oder anderen empfohlen) ist dies belegbar, auch (und nicht zuletzt) mit Beispielen aus der bildenden Kunst. Denn Bilder wurden (und werden) häufig als Meditationshilfen verwandt. Insoweit kann man sogar von einer „Betrachtung“ (nicht nur „Vorstellung“) des Geburtenkreislaufes sprechen[58].

Sie beginnt bei den (Leiden der) Höllen(-Bewohner) und kommt, dem Erlösungstrend gemäß, über die Tier-, Gespenster- und Menschenwelt zur Götterwelt *(devaloka)* und deren sechster und oberster Götterklasse, den Paranirmitavaśavartin-(p. Paranimmitavasavatti-)Göttern, die (um ein kleines Beispiel indischer kosmologischer Spekulation zum besten zu geben) 9216 Millionen Jahre hindurch ungehindert sinnliche Begierden ausleben dürfen, um dann schließlich doch wieder in den Geburtenkreislauf zurückzufallen.

Zu II (Region der Form):

Damit ist es aber mit den Göttern noch nicht zu Ende; nur mit der „Götterwelt“ *(devaloka)*. Es folgt die „Brahmanwelt“ *(brahmaloka)*, eine Art

[58] Vgl. dazu D. Schlingloff (1962) II, S. 32ff. — Besonders beliebt als Anschauungsmaterial (nicht nur für Meditationsübungen) war die Darstellung des Geburtenkreislaufs in Form eines Rades *(saṃsāracakra)*. Eines mit sechs Gatis (s. oben, n. 56) bei D. Schlingloff (1962) II, Abb. 6; eines mit fünf bei A. Foucher (1949), S. 354. — Das Rad symbolisiert hier natürlich das dauernde Auf und Ab, die „Unbeständigkeit“.

„Superhimmel" mit weiteren zwanzig Götterklassen. Die sachliche Verklammerung mit der „Region der sinnlichen Begierde" (I) ist evident, aber auch die Zäsur — indem nämlich die „Region der Form" (II), in der wir uns nun befinden, sozusagen eine „Region der bloßen Form" ist: Die darin stationierten Götter haben keine sinnliche Begierde mehr. Und das gleiche gilt für einen, der in die erste Versenkungsstufe eintritt: Er ist „abgeschieden von den sinnlichen Begierden..." (DN 22,21, dessen Übersetzung oben gegeben wurde).

Zu III (Region der Formlosigkeit):
In der „Region der Formlosigkeit" hört es auch mit den Göttern auf. Hier ist nur noch Spekulation, Abstraktion, Transzendenz, oder jedenfalls der Versuch, auf meditativem Wege die empirische Welt zu übersteigen.

Mit der Lehre des Buddha läßt sich da keine große Gemeinsamkeit mehr finden, um so weniger, als sich unwillkürlich die Vermutung einschleicht, mit dem „Bereich jenseits von Bewußt und Unbewußt", der vierten und letzten Stufe dieser Reihe, sei das Nirvāṇa ganz nahe. Und diese Vermutung läßt sich fast zur Gewißheit erhärten, wenn man anderweit (DN 23,10 = III 215) liest, daß es neben den drei Regionen *(dhātu)* (I) der sinnlichen Begierde, (II) der Form und (III) der Formlosigkeit, wie wir sie hier haben, auch die (I) der Form, (II) der Formlosigkeit und (III) der Vernichtung *(nirodha)* gibt, wobei mit letzterer nur das Nirvāṇa gemeint sein kann.

Stellt man die beiden Reihen etwa so zueinander (wobei wie in der vorhergehenden Tabelle von unten nach oben zu lesen ist):

	Region der Vernichtung (= Nirvāṇa)
Region der Formlosigkeit	Region der Formlosigkeit
Region der Form	Region der Form
Region der sinnlichen Begierde	

dann ergibt sich, daß hier wahrscheinlich schon einer aus der Meditationspraxis herausgewachsenen Kosmologie das Wort geredet wird, in welcher das Nirvāṇa die oberste Region bildet. Doch selbst wenn man nicht so weit gehen will, ein „Zustand" — das könnte *dhātu* hier auch heißen — ist es allemal.

Man sieht an dem Beispiel von Dhyāna, das hier vorgeführt wurde, wie weit (und daß) die Lehre des Buddha Strömungen ausgesetzt war, die auf Veränderung drängten: in unserem Falle in Richtung auf ein Transzendieren der empirischen Welt (was mit dem Erreichen von *arūpa-dhyāna* geschieht), andererseits aber auch in Richtung auf eine Kosmologie. Diese ist sicherlich zunächst subjektiv gefaßt worden, d.h. als Vorstellung in der Meditation.

Später jedoch hat man sie, naheliegenderweise, auch nach außen projiziert, also objektiviert. (Auf den grundsätzlichen philosophischen Unwert dieser „Kosmologie" für die ursprüngliche Problemstellung der buddhistischen Lehre wurde bereits weiter oben, 2.1.1., hingewiesen.)

Der Edle Achtgliedrige Weg hat von alledem noch nichts. Ein Zeichen seines hohen Alters, gegen das m. E. auch nicht geltend gemacht werden kann, daß in den kanonischen Texten ein anderer Erlösungsweg, auf den hier nicht eingegangen werden soll, viel mehr im Vordergrund steht. Er wird von E. Frauwallner (1953) S. 161ff., und von D. Schlingloff (1962) I, S. 47ff., ausführlich referiert, aber nicht analysiert. Daß er zumindest in der vorliegenden Form jünger ist als der Edle Achtgliedrige Weg, kann wohl nicht bezweifelt werden, denn: „In dieser Darstellung ist der Buddha bereits nicht mehr die einmalige historische Gestalt, sondern der Träger eines messianischen Amtes, der in jeder Weltperiode neu auftritt, um die buddhistische Heilslehre zu verkünden." (Schlingloff, a. a. O., S. 48).

2.2.2.2.3. Die Vier Edlen Wahrheiten[59]

Die äußere Form

Wir kommen nun zu den Vier Edlen Wahrheiten (skt. *catvāri ārya-satyāni*, p. *cattāri ariya-saccāni*), die im zweiten Teil der Predigt behandelt werden, und betrachten zunächst die äußere Form, dieIerergliederung. Der Buddha geht im Stile eines Arztes vor:

1. An Hand der Symptome (Geburt, Alter, Krankheit, Tod usw.) weist er die Krankheit (Leiden) nach.
2. Als deren Ursache erkennt er den „Durst" (wir würden sagen: die „Gier", scil. nach Leben oder Tod).
3. Er stellt fest, daß mit der Aufhebung dieser Ursache, eben des „Durstes", auch die Krankheit (das Leiden) aufgehoben wird.
4. Schließlich macht er den Therapie-Vorschlag. Er zeigt den Weg, auf dem es möglich wird, diesen „Durst" aufzuheben. Es ist, wie nicht anders zu erwarten, wieder der Edle Achtgliedrige Weg, der natürlich — obwohl das nicht noch einmal ausgeführt wird — ein Mittlerer Pfad ist.

[59] Man vergleiche dazu den Text, welcher oben, 2.2.2.1. gegeben wurde.

Zu Leiden: „Vergänglichkeit" *(anityatā)*, an Upādāna-Skandhas hängend

An erster Stelle steht also die Wahrheit vom Leiden (1). Liest man sich den betreffenden Wortlauf aufmerksam durch, dann wird man sich schwerlich des Eindrucks erwehren können, daß hier der Begriff des Leidens recht flach bestimmt ist. Wir erfahren z.B. nichts von einer verändernden, prägenden Kraft, welche ein Leidenserlebnis haben kann. Ein Lebensgefühl, wie es z.B. in der abendländischen Tragödie zum Ausdruck kommt, liegt dem Buddha offenbar völlig fern. Eher wird Leiden als ein das gesamte Leben durchziehendes Ärgernis aufgefaßt, welches dem Genießen, wie es der Durchschnittsmensch erstrebt, im Wege steht. Jedenfalls wird die Möglichkeit eines solchen Genießens nicht etwa geleugnet, sondern muß sogar vorausgesetzt werden. Denn wenn ausdrücklich gesagt wird, mit Unlieben vereint zu sein, sei leidvoll, und von Lieben getrennt zu sein, sei ebenfalls leidvoll, dann folgt doch daraus, daß das Umgekehrte — mit Lieben vereint zu sein und von Unlieben getrennt zu sein — durchaus Vergnügen bereitet oder doch zumindest bereiten kann.

Es ist daher meiner Ansicht nach falsch zu meinen, der Buddha habe in allem, was das Leben zu bieten hat, dieses Leiden gesehen. Man wird vielmehr ihm und seiner Lehre eher gerecht, wenn man den psychologischen Ausgangspunkt in folgendem sieht: Die Annehmlichkeiten des Lebens sind an sich kein Grund, ein Ende des Geburtenkreislaufs anzustreben. Im Gegenteil, es bestünde keine Veranlassung zu einem Erlösungsstreben, hätte das Leben nur solche Annehmlichkeiten zu bieten. Aber einerseits gibt es Ereignisse wie Geburt, Alter, Tod, die unausweichlich Leiden mit sich bringen, andererseits sind selbst die Annehmlichkeiten eines in dieser und jeder anderen Hinsicht denkbar günstigen Lebens deshalb — aber auch nur deshalb — nicht erstrebenswert, weil sie von begrenzter Dauer sind. Neben dem mit Sicherheit zu erwartenden Leiden ist es also das Nicht-Festhaltenkönnen des Glücks, die Vergänglichkeit *(anityatā)*, woraus der Schluß gezogen wird, daß sich das Leben nicht lohnt: Aus einem auf unbegrenztes Glück oder Genießen des Lebens ausgerichteten Streben reift der Entschluß zur Entsagung.

Ein solcher Entschluß erfordert nun allerdings Charaktergröße. Sie läßt sich bis zu einem gewissen Grade ermessen, wenn man bedenkt, daß noch die Ātman-Theoretiker sich in ihrem Erlösungsstreben an die „metaphysische Wonne" (die sie *ānanda* nennen) als ein mit Gewißheit zu erreichendes Ziel klammern konnten. Demgegenüber wagt der Buddha nur noch die Überwindung der Vergänglichkeit und damit des Leidens zu proklamieren. Skeptischer läßt sich eine Erlösungslehre wohl kaum mehr vorstellen. Hier ist, von der Problemstellung her, das Ende einer Entwicklung erreicht — einer Entwicklung, welche mit der Mikrokosmos-Makrokosmos-Vorstellung der Naturphilosophen ihren Anfang nahm.

Die Skandha-Theorie.

Der Begriff des Leidens, wie ihn der Buddha verstand, erfährt also eine wesentliche Vertiefung, wenn man das Leben unter dem Gesichtspunkt der Vergänglichkeit oder Unbeständigkeit sieht. Von da aus ist nun auch der lapidare, das vorher Gesagte zusammenfassende Satz zu interpretieren: „Kurz gesagt, die ‚fünf Gruppen des Ergreifens' *(pañca upādānaskandhāḥ)* sind leidvoll." (Vgl. dazu oben, 2.2.2.1.)

Was mit der Leidhaftigkeit der Upādāna-Skandhas gemeint ist, wird in einem eigenen Sūtra behandelt, das der Buddha der Überlieferung nach im Anschluß an die Predigt von Benares Vin I 13f., vorgetragen haben soll. Der Text lautet (Übersetzung nach K. Seidenstücker [1923], S. 22f.):

Der Körper *(rūpa)*, ihr Mönche, ist nicht das Ich (p. *anattā,* skt. *anātmā*); wäre nämlich, ihr Mönche, der Körper das Ich, so würde er nicht der Krankheit unterworfen sein; und man könnte vom Körper sagen: „Mein Körper soll so und so sein; mein Körper soll nicht so und so sein." Da nun aber, ihr Mönche, der Körper nicht das Ich ist, so ist er der Krankheit unterworfen, und man kann vom Körper nicht sagen: „Mein Körper soll so und so sein; mein Körper soll nicht so und so sein."

Mutatis mutandis wird im folgenden dasselbe gesagt von der Empfindung *(vedanā)*, der Wahrnehmung *(saṃjñā*, p. *saññā)*, den (unbewußten) Einprägungen *(saṃskāra*, p. *saṃkhāra)*[60] und dem Erkennen *(vijñāna*, p. *viññāna)*. Dann geht es weiter in einem zweiten Teil des Sūtra:

„Was meint ihr, ihr Mönche: ist der Körper veränderlich oder beharrend?" — „Veränderlich, Herr!"

„Und was veränderlich ist, bringt das Leid oder Glück?" — „Leid, Herr!"

„Und was veränderlich, leidvoll, vergänglich ist, kann man das etwa in diesem Sinne betrachten: ‚Das gehört mir, das bin ich, das ist mein Ich'?" — „Das ist unmöglich, Herr!"

„Ist die Empfindung, ist die Wahrnehmung, sind die Einprägungen, ist das Erkennen veränderlich oder beharrend?" — „Veränderlich, Herr!"

„Und was veränderlich ist, bringt das Leid oder Glück?" — „Leid, Herr!"

„Und was veränderlich, leidvoll, vergänglich ist, kann man das etwa in dem Sinne betrachten: ‚Das gehört mir, das bin ich, das ist mein Ich'?" — „Das ist unmöglich, Herr!"

„Darum also, ihr Mönche: Was es auch an Körperlichkeit, was auch an Empfindung, an Wahrnehmung, an Einprägungen, an Erkennen gibt, vergangen, zukünftig oder gegenwärtig, eigen oder fremd, grob oder fein, häßlich oder schön, fern oder nahe — alle diese Gestalten, Empfindungen, Wahrnehmungen, Einprägungen und alles Erkennen sollte man in rechter Einsicht der Wirklichkeit gemäß so ansehen: ‚Das gehört mir nicht, das bin ich nicht, das ist nicht mein Ich.'

[60] Zu *saṃskāra* vgl. die Ausführungen weiter unten.

Wenn, ihr Mönche, ein kenntnisreicher, edler Jünger solches durchschaut, wird er des Körpers, der Empfindung, der Wahrnehmung, der Einprägungen, des Erkennens satt. Indem er ihrer satt wird, wird er der Leidenschaft ledig, durch das Fernbleiben der Leidenschaft wird er erlöst, und in dem Erlösten steigt die Erkenntnis auf: ‚Erlöst bin ich; erschöpft hat sich die Wiedergeburt; gelebt ist der heilige Wandel; was zu tun war, ist getan; nicht mehr ist diese Welt für mich', so erkennt er."

Hier werden also die fünf Upādāna-Skandhas aufgezählt, nämlich Körper oder Körperlichkeit *(rūpa)*, Empfindung oder Gefühl *(vedanā)*, Wahrnehmung *(saṃjñā)*, Einprägungen *(saṃskāra)* und Erkennen oder Bewußtsein *(vijñāna)*. Um zu klären, was es mit ihnen auf sich hat, ja, wie es überhaupt zu dieser Konzeption kommen konnte, erscheint es zweckmäßig, sich in einem kleinen historischen Exkurs einmal vor Augen zu halten, wie sich in Indien die Vorstellung von der Erlösung entwickelt und geändert hat:

1. In der Natur-Philosophie (vgl. dazu oben, 2.1.1.) haben wir vielleicht noch gar keine feste Erlösungsvorstellung, sondern erst eine Vorstufe dazu, nämlich die Vorstellung, daß man sich durch das Wissen um den Träger des Lebens im Geburtenkreislauf beliebig — und das bedeutet für den einzelnen: so günstig wie möglich — manipulieren kann. Auf alle Fälle wird hier aber mit einem Träger des Lebens (aus dem stofflichen Bereich) operiert, durch dessen Kenntnis sich bestimmte, über die gegenwärtige Existenz hinausreichende Wünsche erreichen lassen.

2. Auf der nächsten Stufe, der Ātman-Theorie, läßt sich dann eine fest umrissene Erlösungsvorstellung nachweisen. Über die Erlösung werden hier ganz bestimmte, und zwar positive, Aussagen gemacht. Und das gleiche gilt vom Träger des Lebens. Es besteht also hier ein innerer Zusammenhang zwischen der Vorstellung vom Träger des Lebens und der Vorstellung von der Erlösung.

3. Entsprechendes gilt umgekehrt für die Lehre des Buddha. Seine Erlösungsvorstellung ist, wie wir gesehen haben, von einer bis zum äußersten getriebenen Skepsis bestimmt: Er macht keine positiven Aussagen über das Nirvāṇa, weil er, von der Erfahrung des Geburtenkreislaufes ausgehend, nur noch die Möglichkeit seiner Überwindung, und damit der Überwindung des Leidens, sieht. Und so ist es auch kein Wunder, daß er noch nicht einmal mehr einen Träger des Lebens auszumachen vermag, vielmehr die Frage nach ihm nur noch indirekt beantwortet.

Für ihn steht lediglich fest, daß es so etwas wie eine „empirische Person" (skt. *pudgala,* p. *puggala*) gibt, die sich, genauer betrachtet, als aus verschiedenen Komponenten zusammengesetzt erweist — einem Wagen vergleichbar, der ja auch aus verschiedenen Teilen zusammengesetzt ist und doch als Wagen benutzt werden kann. Und diese Komponenten sind eben die Upādāna-Skandhas.

Möglicherweise läßt sich ihre Fünfzahl (und vielleicht sogar ihre Aufteilung in 1 + 4, von der weiter unten sogleich die Rede sein wird) bis in naturphilosophische Vorstellungen zurückverfolgen; jedenfalls kommt sie da auch vor, wenn man zu dem lebentragenden Atem, bzw. Feuer, die vier aus ihnen hervorgehenden Lebenskräfte (Rede, Gesicht, Gehör, Denkvermögen) hinzuzählt. (Vgl. dazu oben, 2.1.2.) Ein Bindeglied in der Ātman-Theorie scheint allerdings zu fehlen. Aber das ist leicht damit zu erklären, daß hier das Schwergewicht auf dem transzendenten Ātman liegt, der natürlich, da ihm als einzigem Realität zukommt, nicht noch irgendwie aufgegliedert werden konnte.

Bei der Konzeption der Upādāna-Skandhas hat aber sicher noch etwas anderes Pate gestanden: Es gibt, in den Upaniṣaden belegt (vgl. dazu E. Frauwallner [1953], S. 89), eine alte Elementenlehre, die zu einem anderen, hier nicht zu betrachtenden Zweig der indischen Philosophiegeschichte gehört. (Es handelt sich um einen Vorläufer der Sāṃkhya-Theorie.) Hier taucht, in der Bedeutung „Person" oder „Persönlichkeit" („Individualität") der Ausdruck *nāma-rūpa* auf, was wörtlich „Name und Form" (oder „Gestalt", „Körper") heißt. Das weist auf uralte magische Vorstellungen hin, nach denen in der Tat der Name unlösbar zur Person gehört. Doch die alten Philosophen hatten damit natürlich schon etwas anderes im Sinn, nämlich die Einteilung der Person in physische *(rūpa)* und psychische *(nāma)* Gegebenheiten. Und ebendiese Einteilung liegt auch der buddhistischen Skandha-Theorie zugrunde. Allerdings ist hier bemerkenswerterweise die psychische Seite *(nāma)* dadurch weiterentwickelt worden, daß man sie in eine Klimax von vier Gegebenheiten auffächerte.

1. Zunächst aber noch einige Bemerkungen zu *rūpa:* Es ist alles, was an einem (menschlichen) Lebewesen materiell ist. Die Materie selbst besteht letztlich aus den vier „großen Elementen" *(mahābhūtāni):* Erde, Wasser, Feuer und Wind. Die daraus „abgeleitete Materie" heißt *upādāya-rūpa.*

2. Die übrigen vier Skandhas, die in *nāma* zusammengefaßt werden (und denen, nebenbei bemerkt, genauso Realität zukommt wie *rūpa*!), bilden Stationen des Erkenntnisvorganges, nämlich:

a) *vedanā:* Gefühl oder unspezifische Empfindung, die durch jeden der sechs Sinne (welche unten, 2.3., zusammen mit ihren Entsprechungen im „objektiven Bereich", aufgeführt sind) ausgelöst wird. Sie kann leidvoll (skt. *duḥkha,* p. *dukkha*), freudvoll *(sukha)* oder neutral (p. *adukkhamasukha*) sein;

b) *saṃjñā:* Wahrnehmung von Farbe[61], Ton, Geruch usw.;

[61] *rūpa,* was eigentlich „Form" oder „Gestalt" heißt. Vgl. dazu unten, 2.3., n. 67, ferner DN 22,19 (= II 308ff.).

c) *saṃskāra:* (in der Regel unbewußte) Einprägungen oder Strukturen, die sich aus der Erfahrung in dieser oder einer früheren Existenz ergeben und das jeweilige Handeln steuern;

d) *vijñāna:* Erkennen oder Bewußtsein. Erst mit dem Erkennen erfolgt die Bewußtwerdung der Außenwelt und damit auch der eigenen Existenz.

Die beiden wichtigsten Glieder in dieser als Nāma bezeichneten Viererreihe sind zweifellos *saṃskāra* und *vijñāna*. Es erscheint notwendig, auf sie noch etwas näher einzugehen.

Zunächst auf *saṃskāra,* das ganz besonders schwierig ist. Wir hatten den Ausdruck schon oben, im Mahāparinirvāṇa-Sūtra. Da hieß es (vgl. oben, S. 29): Nachdem Ānanda es versäumt habe, den Buddha zu bitten, er möge bis ans Ende des Weltzeitalters leben bleiben, habe er, der Buddha, seinen Āyuḥsaṃskāra (den seine Lebensdauer bemessenden Saṃskāra, etwa: „die Anlage zu längerem Leben") aufgegeben und sich nur noch drei Monate Frist gesetzt.

Um diese Schilderung beurteilen zu können, muß man zunächst einmal folgendes beachten: Sie enthält, wie anderweit zu erörtern ist (s. unten, S. 130f. mit n. 83) eine Spitze gegen Ānanda (dem damit vorgeworfen wird, er habe es versäumt, der Menschheit den Buddha zu erhalten), und sie befreit gleichzeitig den Buddha vom Makel, „nur" ein Mensch zu sein, macht ihn also zum „Wundermann".

Es kommt aber noch dies hinzu: Mindestens als „Wundermann" ist der Buddha hier dem Yogin vergleichbar; und von dem weiß man sicher, daß er sich der — normalerweise unbewußten, automatisch wirkenden — Saṃskāras bewußt werden kann, um sie durch das Feuer der (meditativen) Erkenntnis zu verbrennen.

Ob die Vorstellung, welche dem Buddha hinsichtlich seines Āyuḥsaṃskāra im MP untergeschoben wurde, genau die gleiche ist, darf ruhig dahingestellt bleiben. Ähnlich war sie bestimmt. Und wie eng sie an das anschließt, was man auch sonst buddhistischerseits von den Saṃskāras hielt, zeigt besonders deutlich ein Text (SN 12,51,12 = II 82[62]), den H. W. Schumann (1976), S. 84, ausgehoben hat:

Wenn, ihr Mönche, ein mit Nicht-Wissen (p. *avijjā,* skt. *avidyā*) ausgestatteter Mensch hier einen guten (günstigen: p. *puñña*) Saṃskāra bildet, wird sein Bewußtsein dem Guten zugeneigt. Wenn er einen schlechten (p. *apuñña*) Saṃskāra bildet, wird

[62] Vgl. die Übersetzung von H. W. Schumann (1976), a. a. O. — Schumann differenziert die Bedeutung von *saṃskāra* ein wenig, je nachdem, ob es zur Skandha-Theorie gehört („Geistesregungen", a. a. O., S. 63) oder zum — unten, 2.3., noch zu behandelnden — Pratītyasamutpāda („Tatabsichten", a. a. O., S. 75 u. a.). Wer sich eingehender mit dem Problem befassen möchte, sei vor allem auf seine Ausführungen verwiesen.

sein Bewußtsein dem Schlechten zugeneigt. Wenn er einen neutralen (p. *āneñca*) Saṃskāra bildet, wird sein Bewußtsein dem Neutralen zugeneigt.

Sofern (aber) fürwahr, ihr Mönche, einem Mönch das Nicht-Wissen geschwunden ist (und) Wissen (p. *vijjā*) entstanden ist, da bildet er, weil ihm das Nicht-Wissen vollständig verblaßt (und) das Wissen entstanden ist, weder einen guten noch einen schlechten, noch einen neutralen Saṃskāra. Ohne zu bilden, ohne auszuformen, ergreift er nichts (mehr) in der Welt; ohne zu ergreifen, giert er nicht (mehr); ohne zu gieren, verlischt er ganz für sich allein. ‚Erschöpft ist die (Möglichkeit zu erneuter) Geburt, gelebt ist der heilige Wandel, getan ist das zu Tuende, nichts führt mehr über diese Existenz hinaus', so erkennt er.

Dieser Text ist, nebenbei bemerkt, bereits auf den — meiner Ansicht nach späteren — Pratītyasamutpāda ausgerichtet. Nach der — älteren — Lehre des Buddha, wie sie sich im Edlen Achtgliedrigen Weg darstellt, wäre das Verschwinden der Saṃskāras nicht durch Aufhebung der Unwissenheit, also durch Wissen, zu erreichen, sondern nur durch konsequent geübte, zur „rechten Konzentration" führende „rechte Achtsamkeit". (Vgl. dazu oben, S. 88.) Was jedoch die Saṃskāras angeht, so kann unser Text auch für ältere Straten der Überlieferung als repräsentativ gelten; es bleibt daher festzuhalten: In ihnen (den „Einprägungen") hat sich vorher gesammeltes Karman niedergeschlagen — weshalb ja auch der Geburtenkreislauf *saṃskṛta*[63] („geprägt" oder „strukturiert") genannt wird, das Nirvāṇa dagegen *asaṃskṛta* (ungeprägt", „unstrukturiert").

Der Text führt uns aber auch gleich zu *vijñāna:* „Erkennen" oder „Bewußtsein" wird, wie aus ihm klar hervorgeht, in seiner Qualität (gut, schlecht oder neutral) von den Saṃskāras bestimmt. An Vijñāna hängt denn auch das Problem der — durch Karman bedingten — Wiedergeburt. Es geht nämlich, mitsamt dem Karman, welches an ihm haftet, und durch dieses Karman bedingt, über den Tod hinaus und wird damit verantwortlich für die Wiedergeburt, letztlich auch für die Erlösung, denn nur durch Vijñāna können die Saṃskāras ins Bewußtsein gehoben und aufgelöst werden.

Vijñāna entspricht daher am ehesten noch dem, was die Naturphilosophen als Träger des Lebens suchten und was in der Metaphysik dann zum Ātman wurde. Es ist deshalb sicher kein Zufall, daß das (mit der Erlösung identische) Erkennen des Ātman, welches die Metaphysiker übten, mit demselben Verbum bezeichnet wird *(vijñā)*, das auch Vijñāna zugrunde liegt. Und es ist ferner ebensowenig ein Zufall, daß Vijñāna immer Gefahr lief, in populärer Auffassung als „Seele" mißverstanden oder in späterer gelehrter Interpretation als Ātman mißbraucht zu werden; vgl. dazu unten, S. 185.

[63] Partizip Perfekt Passiv des Verbums *saṃskṛ*, welches auch dem Hauptwort *saṃskāra* zugrunde liegt. — Vgl. auch oben, 2.2.1.

Vijñāna ist dennoch keine „Seele" (von „Ātman" ganz zu schweigen); erst recht keine unzerstörbare, denn es geht zwar in den neuen Mutterschoß ein, aber es wirkt dort, wie H. W. Schumann (1976), S. 85, zutreffend bemerkt „... lediglich wie ein Katalysator, der einen chemischen Prozeß auslöst, im Endprodukt dieses Prozesses aber nicht mehr enthalten ist".

Alle diese Skandhas sind also nach unserem Text, s. 2.2.2.1., unbeständig, d.h. einer dauernden Veränderung unterworfen und dabei nicht steuerbar, allenfalls — das gilt für die Saṃskāras — wohl auflösbar (s.o.). Man kann jedenfalls nicht mit ihnen machen, was man möchte. Daraus folgt zweierlei, einmal, daß sie leidvoll sind, und zum anderen, daß sie „Nicht-Ātman" („Nicht-Selbst", „Nicht-Ich") sind, denn Ātman ist, wie wir gesehen haben, ewige (also nicht der Veränderung unterworfene) Wonne. Und ferner: Weil die Skandhas leidvoll sind, sollte man danach trachten, von ihnen unberührt zu bleiben; und weil sie Nicht-Ātman sind, kann man das auch.

Man sieht: hier wird gegen die Ātman-Theorie argumentiert, ja, polemisiert, indem man deren Definition des Ātman gegen sie benutzt — übrigens mit einer auf Massenwirksamkeit ausgerichteten (Prediger-)Methode, wie wir sie ähnlich im Aggañña-Suttanta bereits kennengelernt hatten (vgl. oben, 2.2.1.).

„Ergreifen" *(upādāna)* findet statt, solange „Durst" *(tṛṣṇā)* vorhanden ist.

Betrachten wir die Dinge so, dann wird wohl auch klar, warum der Buddha in der ersten Wahrheit (vom Leiden) nicht schlichtweg von den Skandhas spricht, sondern von den „Skandhas des Ergreifens" *(upādāna-skandha)*. Er geht bei der Feststellung des Leidens vom Normalfall, dem Verstricktsein in den Geburtenkreislauf, aus. Und da liegt eben ein Engagement in die Skandhas, ein „Ergreifen", vor.

In der Wahrheit von der Entstehung des Leidens (2) wird dann festgestellt, daß dieses Leiden immer wieder entsteht, daß es folglich eine Ursache hat. Diese Ursache ist der „Durst" (skt. *tṛṣṇā,* p. *taṇhā*); wir würden dazu vielleicht eher sagen „Gier" oder „Begierde". Im allgemeinen werden, was aber vielleicht schon spätere Scholastik ist, drei Arten von „Durst" unterschieden: der „Durst nach Sinnenlust" *(kāma-tṛṣṇā),* sowie der „Durst nach Werden" *(bhava-tṛṣṇā)* und der „Durst nach (Selbst-)Vernichtung" *(vibhava-tṛṣṇā)*. Von ihnen ist der „Durst nach Sinnenlust" der elementarste, was übrigens auch daraus hervorgeht, daß *kāma,* auch außerhalb der buddhistischen Literatur, recht häufig praktisch gleichbedeutend mit *tṛṣṇā* verwandt wird. Die beiden anderen, der „Durst nach Werden" und der „Durst nach

Vernichtung", zeigen wieder, daß der Buddha den Mittleren Pfad verkündet hat: Ein vollkommener Gleichmut bedeutet, daß man sich weder auf das Leben freuen soll noch auf das Sterben, noch nicht einmal auf die Erlösung[64].

Für denjenigen jedoch, welcher diesen Gleichmut noch nicht hat, können wir festhalten: Der „Durst" ist die Ursache für sein (Immer-wieder-)Werden, und als Folge dieses „Durstes" sind die Skandhas Upādāna-Skandhas, „Skandhas des Ergreifens". Oder um es anders auszudrücken: Noch vorhandene „Gier" (nach Leben) führt in dem anfangslosen Geburtenkreislauf immer wieder zum „Engagement" („Ergreifen"), wodurch immer von neuem eine empirische Person in Erscheinung tritt, welche in gewisser Weise eine vorher verstorbene über das von dieser gesammelte Karman fortsetzt. Es leuchtet ein, daß man diesen Vorgang nur dann als „Wiedergeburt" (und keinesfalls als „Seelenwanderung") bezeichnen kann, wenn man im Auge behält, daß nichts, jedenfalls nichts Beständiges, wiedergeboren wird[65].

Damit ist in den Grundzügen die Lehre des Buddha — genauer: das, was ich aus der Masse der späteren Überlieferung für auf den Buddha zurückgehend halte — dargestellt. In der Wahrheit von der Aufhebung des Leidens (3) und in der Wahrheit von dem zur Aufhebung des Leidens führenden Pfad (4) werden daraus, wie wir gesehen haben (s. oben, S. 95), die therapeutischen Konsequenzen gezogen: Der „Durst" kann überwunden werden, indem man ihm die Grundlage, nämlich die (emotionale) Bindung der empirischen Person an die Skandhas (und damit an die Außenwelt) durch entsprechenden, das Sammeln von Karman vermeidenden Lebenswandel entzieht. Wie das im einzelnen vor sich zu gehen hat, schildert der Edle Achtgliedrige Weg, über den oben, 2.2.2.2.2., ausführlich gehandelt wurde.

2.3. *Die Weiterentwicklung (= Rückentwicklung) im „Lehrsatz vom abhängigen Entstehen" (pratītyasamutpāda)*

Vor dem, wie mir scheint, klar sich abzeichnenden Hintergrund der „Predigt von Benares" (und ihrer theoretischen Untermauerung durch die Skandha-Theorie) können wir nun auch den „Lehrsatz vom abhängigen Entstehen" (skt. *pratītyasamutpāda*, p. *paticcasamuppāda*) betrachten. Dieser

[64] Vgl. dazu den oben, n. 32, zitierten Vers aus der buddhistischen Asketenlyrik.

[65] Wer geneigt ist, Wilhelm Busch ernst zu nehmen, möge sich an einen Vers von ihm erinnern lassen, der in einer erstaunlichen Weise als hier einschlägig bezeichnet werden kann:
„Die Lehre von der Wiederkehr ist zweifelhaften Sinns.
Es fragt sich sehr, ob man nachher noch sagen kann: Ich bin's."

Lehrsatz ist in der gesamten buddhistischen Welt berühmt und die unbestreitbaren Schwierigkeiten, die seinem Verständnis im Wege stehen, haben zu zahllosen Erklärungsversuchen und Spekulationen Anlaß gegeben.

Die Berühmtheit des Pratītyasamutpāda hat, wie wir oben, 1.4.1., gesehen haben, auch in der Buddha-Legende ihren Niederschlag gefunden: Als der Bodhisattva, so wird hier berichtet, nach langem, vergeblichem Bemühen sich unter dem Bodhibaum niedergelassen hat mit dem festen Entschluß, nicht wieder aufzustehen, ohne die erlösende Erkenntnis *(bodhi)* gewonnen zu haben, da durchläuft er zunächst die vier Stufen der Versenkung *(dhyāna)*, sieht dann, mit einem durch die Versenkung freier gewordenen Blick, die anderen Lebewesen und sich selber im Geburtenkreislauf herumgeworfen werden, und findet schließlich, als er der Ursache dieses Herumgeworfenwerdens nachgeht, eben den Pratītyasamutpāda, wodurch er Buddha („der Erwachte"), und somit erlöst, wird.

Nimmt man diese Erzählung für bare Münze, dann muß man unterstellen, daß der Pratītyasamutpāda Dreh- und Angelpunkt der Lehre des Buddha ist. Und das ist auch so ungefähr die Meinung der meisten Forscher. É. Lamotte (1958), S. 39, spricht vom Hauptstück der Lehre des Buddha («la pièce maîtresse de sa doctrine»). Und für E. Frauwallner (1953), S. 197, bringt dieser Lehrsatz „das Bedeutendste, was der alte Buddhismus zur theoretischen Begründung seiner Erlösungslehre zu sagen hat, und enthält überhaupt das Wertvollste, was er an philosophischen Gedanken hervorgebracht hat." Ist das richtig gesehen?

Meiner Ansicht nach nicht. Eher wäre ich geneigt, die Skandha-Theorie für das Meisterwerk einer theoretischen Begründung der Erlösungslehre zu halten. Wenn aber die Skandha-Theorie auf den Buddha zurückgeht, dann kann, wie sogleich zu erörtern sein wird, der Pratītyasamutpāda nicht auch ein Werk des Buddha sein.

Gegen die Ursprünglichkeit dieses Lehrsatzes sprechen schon gewisse formale Bedenken der Überlieferung. Besonders wichtig ist der Umstand, daß nicht alle alten Texte, die sich mit dem Leben des Buddha (der Buddha-Legende) befassen, ihn in diesen Zusammenhang mit der Erringung der erlösenden Erkenntnis *(bodhi)* bringen, obwohl er seinem Inhalt nach zweifellos dorthin gehört[66]. Insoweit ist auch die oben gebotene Inhaltsangabe aus der Buddha-Legende (die mangels einschlägiger Untersuchungen ohnehin nur eklektisch sein konnte) cum grano salis zu nehmen. Es ist andererseits aber natürlich auch zu berücksichtigen, daß die Buddha-Legende mit ihrem idealtypischen Ablauf (vgl. dazu oben, 1.4.2. mit n. 19) zwar die Lehre wider-

[66] Man vergleiche dazu E. Waldschmidt (1960), S. 214; vor allem aber A. Bareau (1963), S. 95ff.

spiegelt, aber eben die Lehre, wie sie zur Zeit des Verfassers (bzw. jeweiligen Redaktors) galt, und das war nicht mehr in jedem Betracht die Lehre des Buddha.

Schon nach diesem Befund (scil. dem Fehlen des Pratītyasamutpāda in alten Texten zur Buddha-Legende) wird man zweifellos damit rechnen dürfen, daß dieser „Lehrsatz vom abhängigen Entstehen" erst nach der Abfassung der Buddha-Legende konzipiert wurde oder jedenfalls sich allgemein durchgesetzt hat. Denn daß er nachträglich aus gewissen Versionen der Buddha-Legende beseitigt worden wäre, ist angesichts seiner späteren Berühmtheit kaum glaubhaft. Ist er aber später als die Konzeption der Buddha-Legende, dann ist er erst recht später als die Lehre des Buddha.

Eine weitere Auffälligkeit in der Überlieferung des Pratītyasamutpāda ist die Tatsache, daß die Zahl seiner Glieder nicht ganz fest ist. So findet sich z. B. im Mahāpadāna-Sutta (DN 14,2,18 = II 30ff.) eine zehngliedrige Reihe, die nicht von vorn nach hinten, sondern von hinten nach vorn läuft. Diese wird gewöhnlich — und möglicherweise mit Recht — als die älteste angesehen. Da aber der sachliche Unterschied zu der zwölfgliedrigen Reihe, die sich allgemein durchgesetzt hat, unbedeutend ist, kann es mit dieser — wie wir sahen: lediglich aus textgeschichtlichen Gründen wichtigen — Bemerkung sein Bewenden haben.

Der Pratītyasamutpāda besteht also im allgemeinen aus zwölf Gliedern, besser: Gegebenheiten, von denen immer die nachfolgende durch die vorhergehende bedingt zu denken ist. Im einzelnen handelt es sich um: 1. *avidyā:* Nicht-Wissen, 2. *saṃskāra:* Einprägungen (vgl. dazu oben S. 100f.), 3. *vijñāna:* Erkennen oder Bewußtsein, 4. *nāma-rūpa:* (Name und Gestalt =) Persönlichkeit oder Person, 5. *ṣaḍāyatana:* Bereich der sechs Sinne, 6. *sparśa:* Berührung, 7. *vedanā:* Gefühl oder Empfindung, 8. *tṛṣṇā:* Durst, 9. *upādāna:* Ergreifen, 10. *bhava:* Werden, 11. *jāti:* Geburt, 12. *jarā-maraṇa:* Alter und Tod.

Unschwer sieht man eine gewisse formale Ähnlichkeit mit dem Edlen Achtgliedrigen Weg: Beides sind Reihen mit einer strengen Aufeinanderfolge von Gliedern, wie sie z. B. die Skandha-Theorie nicht aufweist. (Hier könnte *rūpa* auch am Ende stehen, ohne daß sich in der Sache etwas ändern würde.)

Dieser formalen Ähnlichkeit entspricht indessen keine inhaltliche. Während nämlich mit dem Edlen Achtgliedrigen Weg (so durchdacht er ist und soviel an Theorie dahintersteht) ein ausschließlich praktisches Ziel verfolgt wird (er dient der Anleitung des Mönches zur Erlösung), ist der Pratītyasamutpāda wesentlich theoretischer Natur: Er erklärt lediglich, wie es zu dem Immer-wieder-Geborenwerden kommt, hat also mit Erlösung unmittelbar nichts zu tun.

Insoweit — und das festzuhalten scheint mir besonders wichtig — besteht jedoch eine inhaltliche Ähnlichkeit des Pratītyasamutpāda mit der Skandha-Theorie: auch diese ist nicht praxisorientiert; sie muß nicht befolgt, ja, sie muß noch nicht einmal gewußt werden. Sie enthält auf der Grundlage der Analyse der „empirischen Person" eine theoretische Begründung dafür, daß (a) normalerweise Wiedergeburt stattfindet, (b) aber auch Erlösung möglich ist.

Somit können wir vorerst einmal festhalten: Der Pratītyasamutpāda bringt in der Zielsetzung nichts wesentlich Neues zur Skandha-Theorie.

Schaut man sich die Glieder des Pratītyasamutpāda im einzelnen an, dann läßt sich leicht feststellen, daß wir in der Mehrzahl alte Bekannte vor uns haben. Sie sind mutmaßlich zweifacher Herkunft:

a) Aus der „Predigt von Benares" (den „Vier Wahrheiten"; vgl. dazu oben, 2.2.2.1.) finden wir:

Nr. 8: ‚den ‚Durst": er wird dort, in der zweiten Wahrheit, als (letzte und eigentliche) Ursache des Leidens genannt;

Nr. 9: das „Ergreifen": es wird, in der ersten Wahrheit (durch den Ausdruck *upādāna-skandha*), als die unmittelbare Folge des „Durstes" herausgestellt;

Nr. 10—12: „Werden", „Geburt" sowie „Alter und Sterben". Diese finden sich — „Werden" nicht expressis verbis, aber sinngemäß — ebenfalls in der ersten Wahrheit; und es ist hier wie dort auch die gleiche Reihenfolge zu unterstellen.

b) Aus der Skandha-Theorie (die ja in der „Predigt von Benares" vorausgesetzt ist; vgl. 2.2.2.2.3.) erscheinen:

Nr. 2 und 3: „Einprägungen" und „Erkennen", die in der Reihe der Skandhas Nr. 4 und 5 bilden;

Nr. 7: „Empfindung" oder „Gefühl", Nr. 2 in der Reihe der Skandhas.

Außerdem ist anzumerken, daß mit Nr. 4: „Persönlichkeit", alle fünf Skandhas als, relative, Einheit zusammengefaßt werden.

Neu sind also lediglich Nr. 1 sowie Nr. 5 und 6. Was mit ihnen gemeint ist, kann nicht zweifelhaft bleiben:

Nr. 5: Der „Bereich der sechs Sinne" umfaßt sechs dem Subjekt zuzuordnende (skt. *ādhyātmika*) Fähigkeiten der Wahrnehmung, die objektiv (skt. *bāhya*) genaue Entsprechungen haben. Es handelt sich dabei um:

subjektiver Bereich	objektiver Bereich
1. Gesicht *(cakṣus)*	Form oder Gestalt *(rūpa*[67]*)*
2. Gehör *(śrotra)*	Ton *(śabda)*
3. Geruchsvermögen *(ghrāṇa)*	Geruch *(gandha)*
4. Geschmacksvermögen *(jihva)*	Geschmack *(rasa)*
5. Tastvermögen *(kāya)*	Berührbares *(spraṣṭavya)*
6. Denkvermögen *(manas)*	Objekte *(? dharma)*

[67] Mit „Form" oder „Gestalt" ist *rūpa* nur sehr unvollkommen wiedergegeben. Vielleicht sollte man eher „Farbe" übersetzen. Jedenfalls ist diese mindestens mitgemeint. Man beachte, daß „Objekte" erst durch *manas* (Nr. 6) ausgemacht werden.

Diese Tabelle macht nun auch klar, was mit Nr. 6: „Berührung“ gemeint ist: Es ist die Berührung des subjektiven Bereichs mit dem objektiven. Daß letzterer im Pratītyasamutpāda nicht ausdrücklich erwähnt wird, könnte vielleicht überraschen, läßt sich aber ohne Schwierigkeiten begreifen, wenn man bedenkt, daß es hier nur um das Subjekt und das Problem seiner Verstrickung in den Geburtenkreislauf geht. Die „Berührung“ ist also vom Subjekt her gesehen — wie ja auch die folgende Gegebenheit, Nr. 7: „Empfindung“, zeigt.

Nr. 1: „Nicht-Wissen“ bedarf einer Präzisierung, besser noch: einer Einengung, und diese wird in der Tat auch, und zwar bereits in der älteren Tradition (z. B. MN 9 = I 54), gegeben. Danach besteht kein Anlaß zu zweifeln, daß damit in erster Linie die Unwissenheit über das Leiden, die Entstehung des Leidens und die Möglichkeit, es zu überwinden, gemeint ist. „Nicht-Wissen“ ist somit die Unkenntnis der Vier Edlen Wahrheiten, was gleichbedeutend ist mit der Unkenntnis des Erlösungsweges, des Edlen Achtgliedrigen Weges, der Erlösungslehre des Buddha überhaupt.

Fazit: Neben der Zwitterstellung des Pratītyasamutpāda zwischen Edlem Achtgliedrigen Weg und Skandha-Theorie (von der oben die Rede war) ist auch diese unterschiedliche Provenienz seiner Glieder auffällig.

Daß die Reihe geklittert ist, wird vollends deutlich, wenn man sich die folgende Tabelle vor Augen führt:

	1. Nicht-Wissen *(avidyā)*	
	2. Einprägungen *(saṃskāra)*	= Skandha Nr. 4
	3. Erkennen *(vijñāna)*	= Skandha Nr. 5
Wiedergeburt	— — — — — — — — — — — —	
	4. Person *(nāma-rūpa)*	= alle 5 Skandhas
	5. Bereich der sechs Sinne *(ṣaḍāyatana)*	vgl. Skandha Nr. 3
	6. Berührung *(sparśa)*	(„Wahrnehmung“)
	7. Empfindung *(vedanā)*	= Skandha Nr. 2
	8. Durst *(tṛṣṇā)*	
	9. Ergreifen *(upādāna)*	aus den Vier
Wiedergeburt	— — — — — — — — — — — —	
	10. Werden *(bhava)*	Edlen Wahrheiten
	11. Geburt *(jāti)*	zu erschließen
	12. Alter und Sterben *(jarā-maraṇa)*	

Man sieht: Im „Lehrsatz vom abhängigen Entstehen“, der die Wiedergeburt einleuchtenderweise an Hand einer Wiedergeburt erklären sollte, wird zweimal wiedergeboren: zwischen Nr. 3 und Nr. 4 (über *vijñāna*) sowie zwischen Nr. 9 und Nr. 10 (über *upādāna*). Das ist einmal zuviel und legt daher den Verdacht nahe, daß zwei Reihen kompiliert wurden.

Nun kann man freilich leicht feststellen, daß zwischen den beiden Wiedergeburten, die in dem Lehrsatz zu unterstellen sind, sachlich kein Unterschied besteht; es werden nur zwei verschiedene Aspekte behandelt: Wenn es über das „Erkennen" (Nr. 3) zu einer neuen „Person" (Nr. 4) kommt, dann hat man sozusagen den technischen Ablauf, und zwar nach der Skandha-Theorie, im Auge (vgl. dazu oben, S. 101); wenn andererseits die Wiedergeburt (Nr. 10: „Werden", was soviel heißt wie „Immer-wieder-Werden") nach „Durst" (Nr. 8) und „Ergreifen" (Nr. 9) geschieht, so wird damit die im Verhalten der empirischen Person liegende (also psychische) Ursache, wie sie in der „Predigt von Benares" (in der zweiten Wahrheit, vgl. dazu S. 102f.) angesprochen wird, herausgestellt.

Allein auch dieser Tatbestand ändert nichts am Verdacht der Kompilation, ja, erhärtet ihn noch, denn: Zwei verschiedene Aspekte derselben Sache lassen sich, wenn man folgerichtig bleiben will, nicht hintereinanderstellen, sondern nur nebeneinander.

Der zweite Anfang liegt bei Nr. 8: „Durst" — muß dort liegen, da mit „Durst" die nach den Vier Edlen Wahrheiten gestaltete Reihe beginnt. Es ist daher zu fragen: Was hat das vorhergehende Glied, Nr. 7: „Empfindung", mit „Durst" zu tun?

Antwort: Die Verbindung ist von der Sache her nicht anfechtbar. Denn Gefühle (unspezifische Empfindungen), seien sie lustvoll oder leidvoll, bringen „Durst" hervor (und somit auch das, was auf „Durst" folgt).

Nun gibt es allerdings auch neutrale Gefühle, von denen man sich nicht vorstellen kann, daß sie zu „Durst" führen. Doch ergibt sich auch daraus kein sachlicher Einwand gegen den Pratītyasamutpāda. Denn solche Gefühle gelten für den Erlösten, der keine „Einprägungen" (Nr. 2) mehr bildet, und der Lehrsatz behandelt gerade diesen Fall nicht: Er geht von „Nicht-Wissen" (Nr. 1) aus, setzt also die Verstrickung in den Geburtenkreislauf voraus.

Dennoch ist „Empfindung" (oder „Gefühl") als Nr. 7 auffällig, und zwar aus formalen Gründen. Sie, die in der Skandha-Reihe als Nr. 2 gezählt wird, erscheint hier, wie ein Blick auf die Tabelle lehrt, weit abgesprengt von den „Einprägungen" (Nr. 2 = Skandha Nr. 4), vom „Erkennen" (Nr. 3 = Skandha Nr. 5) und von der „Person" (Nr. 4, alle fünf Skandhas zusammenfassend).

Und auch dies ist auffällig: Daß einerseits Skandha Nr. 3: „Wahrnehmung" *(saṃjñā)*, fehlt, die eigentlich hinter „Empfindung" stehen müßte, andererseits vor „Empfindung" zwei Glieder aufgeführt sind — „Bereich der sechs Sinne" (Nr. 5) und „Berührung" (Nr. 6) —, die weder aus der Skandha-Theorie stammen noch aus der „Predigt von Benares", die aber einen Vorgang beschreiben, welcher in der Skandha-Theorie sehr wohl mit „Wahrnehmung" (vgl. S. 99 und S. 106) abgedeckt erscheint.

Somit drängt sich folgende Hypothese auf: „Empfindung" wurde nach hinten verschoben, vor „Durst" (Nr. 8), um diesen, der den Anfang der zweiten Reihe bildete, mit dem Ende der ersten zu verknüpfen. Dadurch konnte „Wahrnehmung" hinter „Empfindung" nicht stehenbleiben; sie wurde aber deshalb nicht ersatzlos gestrichen, sondern in die beiden Gegebenheiten „Bereich der sechs Sinne" und „Berührung" aufgefächert und vor „Empfindung" gesetzt — eine Maßnahme, die zwischen „Person" (Nr. 4) und „Empfindung" (Nr. 7) einen guten Zusammenhang herstellt.

Stimmt das — und ich wüßte nichts, was die Auffälligkeiten besser erklären könnte —, dann wäre die erste der beiden im Pratītyasamutpāda kompiliert zu denkenden Reihen von Haus aus eine Reihe der als Nāma bezeichneten Skandhas Nr. 2—5.

Dazu paßt freilich ein Glied, das erste, „Nicht-Wissen", allem Anschein nach überhaupt nicht. Oder paßt es doch? Man könnte nämlich folgendermaßen argumentieren: Der sozusagen technische Ablauf des Immer-wieder-Geborenwerdens nach der Skandha-Theorie sei seit ewigen Zeiten nicht aufzuhalten gewesen, weil „Nichtwissen" herrschte, d.h. weil die Lehre des Buddha (insbesondere die „Predigt von Benares" mit dem Edlen Achtgliedrigen Weg und die dahinterstehende Skandha-Theorie) noch nicht bekannt war. Oder allgemeiner (und präziser) ausgedrückt (da ja die Lehre des Buddha prinzipiell nicht ausschließt, daß sie unabhängig auch von irgend jemand anderem gefunden wird): Dieser Ablauf des Immer-wieder-Geborenwerdens sei nicht aufzuhalten, solange „Nicht-Wissen" (in dem oben angegebenen Sinne) herrscht.

„Nicht-Wissen" als eigentliches Übel für den Fortbestand der „Einprägungen", und damit des Geburtenkreislaufes — das ist ja auch der Tenor des oben, S. 100f., mitgeteilten Textstücks SN 12, 51, 12 (das im Kanon nicht das einzige dieser Art ist). Hier wird sogar der umgekehrte Schluß gezogen, daß nämlich „Wissen" *(vidyā)* zur Unterdrückung der Saṃskāras führt, also zur Erlösung. Allein selbst wenn diese Lehre noch so prononciert in der kanonischen Literatur vorgetragen wird, bleibt festzuhalten: Sie stimmt nicht zum Inhalt des Edlen Achtgliedrigen Weges. Hiernach vermag nur die allmählich zur „rechten Konzentration" führende „rechte Achtsamkeit" das Verschwinden der „Einprägungen" und damit die Erlösung zu erreichen. „Wissen" kann dazu lediglich der Anfang, der Einstieg sein (der aber den Erfolg noch keineswegs gewährleistet). Es ist mit „rechter Sicht", dem ersten Glied des Edlen Achtgliedrigen Weges, nicht nur verwandt, sondern inhaltlich vollkommen identisch.

Hieraus folgt, daß „Nicht-Wissen" des Pratītyasamutpāda „falsche Sicht" (skt. *mithyā-dṛṣṭi*, p. *micchādiṭṭhi*) ist, somit Edler Achtgliedriger Weg (mit „rechter Sicht") und Pratītyasamutpāda (eben mit „Nicht-Wissen") diametral entgegengesetzte Anfangsglieder haben. Da sie, wie oben herausgestellt, auch sonst inhaltlich ganz auseinandergehen, formal aber eine gewisse Ähnlichkeit aufweisen, halte ich es für möglich, daß bei der Konzeption des Pratītyasamutpāda der Edle Achtgliedrige Weg Pate gestanden hat.

Das würde auch erklären, warum dieser als Übungsanleitung für den Mönch bestimmt (also nach innen gerichtet) ist, jener aber — als Ergänzung dazu? — der Verteidigung der Lehre nach außen dienen kann.

Wie dem aber auch sei, zusammenfassend darf man folgendes festhalten:

1. Der Pratītyasamutpāda setzt sowohl die „Predigt von Benares" (vor allem die Vier Edlen Wahrheiten) voraus als auch die Skandha-Theorie.

2. Was die Vier Edlen Wahrheiten betrifft, so findet sich die daraus zu eruierende Entwicklungsreihe als Nr. 8—12 aufgeführt. Doch ist ihr eine andere, den technischen Ablauf der Wiedergeburt darstellende Reihe vorangestellt, eine Reihe, deren Tendenz darin besteht, „Nicht-Wissen" (= die Unkenntnis der vom Buddha gepredigten Erlösungslehre, insbesondere die Unkenntnis der Vier Edlen Wahrheiten) als letzte Ursache für das Elend des dauernden Wiedergeborenwerdens zu propagieren.

3. Bei der Konzeption der vorgeschuhten Reihe, Nr. 1—7, hat offenkundig die Skandha-Theorie Pate gestanden. Dieser wird aber am Anfang, bei Nr. 1, um der Tendenz willen, und höchstwahrscheinlich auch am Ende, bei Nr. 5—7, um des besseren Verleimens willen, Gewalt angetan. —

Soweit die Analyse des „Lehrsatzes vom abhängigen Entstehen". Bleibt noch die Synthese, d. h. der Versuch, die heterogenen Teile dennoch auch als Ganzes zu begreifen — der Versuch also, zu erklären, wie es zu der Kompilation kommen konnte. Es ist wie bei einem Strafprozeß, der mit Indizien geführt werden muß: solange ein einigermaßen einleuchtendes Motiv fehlt, bleiben die Einzelzeugnisse schwach.

Hier ist das „Motiv": Die „Predigt von Benares" ist sicher als Predigt sehr eindrucksvoll. Versetzen wir uns aber in die Lage von Anhängern der Lehre des Buddha, die lange nach dem Tode des Meisters mit Andersgläubigen zu diskutieren hatten — und in Indien wurde zu allen Zeiten sehr viel diskutiert —, dann wird begreiflich, daß man aus dem Wortlaut der Predigt auch eine handliche Formel, wie sie in Nr. 8—12 des Pratītyasamutpāda vorliegt, exzerpierte. Es wird aber auch begreiflich, daß eine solche Formel, wie sie die Nr. 8—12 bieten — sagen wir: ein „Ur-Pratītyasamutpāda", obwohl gar nicht sicher ist, ob ein Gebilde dieser Art je selbständig existiert hat —, von vornherein keine Aussichten haben konnte, den praktischen Anforderungen in einem Existenzkampf auf Dauer zu genügen. Die schlichte Behauptung, die sie enthält — „Durst" führe zum „Ergreifen" und dieses dann zum (Immer-wieder-) „Werden" mit den Zäsuren „Geburt" auf der einen, „Alter" und „Sterben" auf der anderen Seite —, ist zu einfach, läßt zuviel offen und ist daher nicht werbewirksam. Ihr fehlt eine Begründung.

Dieses Manko, so kann man nun leicht weiterargumentieren, wurde beseitigt, indem man, im wesentlichen aus der Skandha-Theorie, eine zweite, mehr erkenntnistheoretisch orientierte Reihe entwickelte, die dann allmählich mit der ersten in die Form verschmolz, welche wir heute vorliegen haben. So entstand ein anspruchsvolles Gebilde, dessen Mangel an Klarheit (wie wir sahen: sogar noch von den modernen Interpreten) für Tiefsinn und somit als Stoff und Grundlage für endlose Diskussionen genommen werden konnte — und das auch geeignet war, die Lehre ins rechte Licht zu rücken; wird doch suggeriert, man müsse zuallerst diese Lehre kennenlernen, wenn man Alter und Tod überwinden wolle.

3. DIE GEMEINDE

3.1. Allgemeines

Der Buddha und seine Lehre *(dharma)* wurden in den vorhergehenden Kapiteln abgehandelt. Es bleibt noch die Gemeinde *(saṃgha)*, das dritte der „drei Juwele" (skt. *triratna*), zu denen traditionell der Buddhist, oder vielmehr derjenige, der es werden will, seine „Zuflucht" (skt. *śaraṇa,* p. *saraṇa*) nimmt. In Pāli heißt die aus diesem Anlaß gesprochene Formel (vgl. z.B. Khuddaka, Pāṭha I):

Buddhaṃ saraṇaṃ gacchāmi	Ich nehme meine Zuflucht zum Buddha!
dhammaṃ saraṇaṃ gacchāmi	Ich nehme meine Zuflucht zur Lehre!
saṃghaṃ saraṇaṃ gacchāmi	Ich nehme meine Zuflucht zur Gemeinde!

Man sieht: Das ist eine ganz andere Art von „Zuflucht", als sie im „Vermächtnis" des Mahāparinirvāṇa-Sūtra empfohlen wird. Ich zitiere noch einmal die einschlägige Stelle daraus, jedoch mit einer mehr dem Originalwortlaut angenäherten Übersetzung, als sie oben S. 38, gegeben wurde (DN XVI 2,26).

> ...So verweilt denn, Ānanda, hienieden als solche, die sich selbst zur Insel (skt. *dvīpa*, p. *dīpa*) haben, sich selbst zur Zuflucht (*śaraṇa*, s. o.) haben, nichts anderes zur Zuflucht haben, die die Lehre *(dharma)* zur Insel haben, die Lehre zur Zuflucht haben, nichts anderes zur Zuflucht haben!...

Setzte man diese Aussage in eine Zufluchtsformel um, so ergäbe das:

> Ich nehme meine Zuflucht zu mir selbst!
> Ich nehme meine Zuflucht zur Lehre!

Vom Buddha als Zuflucht ist hier jedenfalls nicht die Rede; man könnte vielleicht sagen: nicht mehr, da dessen Parinirvāṇa kurz bevorstehe. Sicher kann man aber sagen: noch nicht oder noch nicht wieder, denn die oben erwähnte Zufluchtsformel (mit Buddha, Dharma, Saṃgha) ist jüngeren Ursprungs[68].

[68] Aller Wahrscheinlichkeit nach geht ihr sogar noch eine zweiteilige Formel, mit Buddha und Dharma (also immer noch ohne die Gemeinde), voraus; s. H. Härtel (1956), S. 50. Die dreiteilige Formel findet sich bereits bei Aśoka; vgl. das Edikt von Bairāt, unten, 4.3.1.

Das „Vermächtnis" hebt einzig die Lehre heraus, die in ihrem Selbstverständnis ein Naturgesetz — den allein wichtigen, weil für das Erlangen der Erlösung relevanten, Teil der Weltwahrheit — darstellt. Und die Gemeinde spielt in irgendeiner die Erlösung mittragenden Funktion überhaupt noch keine Rolle. Das Wort „Insel[69]" bringt diese Isoliertheit des einzelnen, der nichts als die Lehre hat, deutlicher noch zum Ausdruck als „Zuflucht" (*śaraṇa*, das übrigens auch „Schutz", „Schirm" heißen kann).

Dennoch: Auch der Buddha hatte ja schon Anhänger um sich gesammelt. Und daß diese nach seinem Tode sich mehr organisierten, als das im Interesse der Lehre (und der Erlösung) gut gewesen sein mag, war wohl unvermeidlich. Schon die Tendenz des Mahāparinirvāṇa-Sūtra, in dem ja das „Vermächtnis" lediglich als alte Reminiszenz mitgeschleppt ist, geht gleich eingangs auf den Zusammenhalt der Mönche (im Vergleich mit den Vṛjis, über die der König von Magadha vom Buddha Auskunft erhält), der also in späterer Zeit ein Problem, eine Sorge gewesen sein muß.

Jedenfalls machen erst alle „drei Juwele" zusammen das aus, was wir heute „Buddhismus" nennen. Ohne die Gemeinde und ihren Einfluß hätte sich zwar vielleicht eine buddhistische Philosophie entwickeln können, niemals aber die religiöse Massenbewegung, die das Gesicht Asiens so entscheidend mitgeprägt hat, dabei aber natürlich auch im Strom geschichtlichen Lebens mitzuschwimmen hatte.

Eine Geschichte der Gemeinde ist noch zu schreiben. Sie wäre ebenso wertvoll wie eine solche der Lehre. Aber was für diese gilt, das gilt, wahrscheinlich in noch viel höherem Maße, von jener: Die Quellen setzen erst verhältnismäßig spät ein; und sie sind auch für die spätere Zeit nur teilweise (z. B. in Ceylon) einigermaßen ergiebig — und zu weit gestreut, als daß eine Zusammenschau jetzt möglich wäre[70].

Die im ganzen älteste und wichtigste Quelle für die Gemeinde ist der Teil des buddhistischen Kanons, der sich mit dem äußeren Leben der Ordinierten beschäftigt, der Vinaya und dessen ältestes Zeugnis, das Prātimokṣa[71]. Dazu

[69] R. O. Franke (1913), S. 203 (vgl. dazu seine n. 6), übersetzt „Leuchte", was freilich p. *dīpa* auch heißen kann. Die Parallelstellen in Sanskrit und Chinesisch, die Franke nicht kannte, lassen indessen keinen Zweifel, daß „Insel" gemeint ist.

[70] Zwei wichtige Bücher, die sich allerdings auf Indien beschränken: S. Dutt (1924) und (1962). Dazu N. Dutt (1941). — Zu berücksichtigen ist bei alledem, daß der bei weitem größere Teil der archäologischen Zeugnisse noch unter der Erde liegt. Selbst ein so wichtiger Ruinenplatz wie Nālandā (jahrhundertelang, bis etwa 1200 n. Chr., wahrscheinlich das bedeutendste geistige Zentrum Asiens) ist nur zum kleinsten Teil ausgegraben.

[71] Eine auf die Herausbildung des Vinaya hindrängende Entwicklung hatten wir schon bei der Interpretation des Mahāparinirvāṇa-Sūtra zu fassen bekommen; s. oben,

kommen zahlreiche verstreute Bemerkungen oder auch zusammenhängende Geschichten in der übrigen kanonischen wie in der nachkanonischen Literatur[72].

Ausdrücklich erwähnt sei in diesem Zusammenhang die Buddha-Legende, ein (loser) Teil des Vinaya. Auch sie ist zwar, wie wir gesehen haben, kein historischer Bericht, sondern die Darstellung des idealen Ablaufs eines Buddha-Lebens. Aber gerade deshalb ist es von Interesse, aus ihr zu erfahren, daß der Buddha noch vor der eigentlichen Verkündung der Lehre mit Trapuṣa und Bhallika, zwei zufällig vorüberziehenden Kaufleuten, die ihm Almosenspeise reichen, die ersten Laienanhänger gewinnt (s. oben, 1.4.1.) und daß die ersten (fünf) Mönche, die sich zu ihm schlagen, aus der Anhängerschaft eines anderen Asketenlehrers stammen und nicht ohne Schwierigkeiten gehalten werden. Diesen Angaben ist wenigstens soviel zu entnehmen: (1) Es gab damals Gruppen umherwandernder Asketen (bestehend aus dem Lehrer und einer dazugehörigen Schülerschar), die untereinander in Konkurrenz standen; (2) in der Unterstützung dieser Asketen taten sich Kaufleute besonders hervor.

Über die Notwendigkeit solcher Unterstützung gibt es keinen Zweifel. Die Asketen waren Bettler ex professo und daher, trotz ihrer (zumindest theoretisch) außerordentlich geringen Bedürfnisse, nicht in der Lage, sich selber zu unterhalten. Sie brauchten die Zuwendung von Leuten, welche im weltlichen Leben verblieben. Und es ist klar, daß sie diese auf Dauer im erforderlichen Umfang nur fanden, wenn sie mit einer entsprechenden Gegenleistung aufwarten konnten.

Diese Gegenleistung der Asketen war zweifacher Art.

Einmal wurde den im weltlichen Leben verbliebenen Unterstützern Anteil an der Erlösungslehre zugestanden. Zwar nicht derart, daß sie — wie der sich entsprechend bemühende Vollordinierte — bereits in dieser Existenz aus dem Kreislauf der Wiedergeburten ausscheiden konnten. Doch war, was auf

S. 42 ff. Das Prātimokṣa (p. *pāṭimokkha*), so etwas wie „Ordenssatzung“, gilt vielfach als „die älteste Urkunde des Mönchtums überhaupt“ (D. Schlingloff [1962] I, S. 16). Das kann durchaus sein. Doch ist zu beachten, daß wir über die vier uns erhaltenen Fassungen zurück auf ein „Ur-Prātimokṣa“ schließen müssen, welches seinerseits schon eine komplizierte Geschichte hinter sich hat. Ob auffällige terminologische Parallelen zur Jaina-Überlieferung ebenfalls auf eine ältere Quelle hindeuten, vermag ich nicht zu sagen. Zum Problem s. S. Dutt (1962), S. 68 ff.

[72] Von der Fülle, aber auch von der Naivität der diesbezüglichen Tradition kann man zumindest eine Ahnung bekommen, wenn man einmal einen Blick in G. P. Malalasekera (1937) wirft. Nur ganz wenig davon wird sich kritisch verwerten lassen, so z. B. die Episode von Cunda, dem Schmied, über die oben, 1.3.2., gehandelt wurde.

sie fiel, noch attraktiv genug, für manche, vielleicht für die meisten, sogar noch attraktiver: Sie bekamen nämlich versprochen und erhielten somit die frohe Hoffnung, bis zur (nicht mehr zweifelhaften, wenn auch aufgeschobenen) Erlösung nur noch in günstigen Existenzen wiedergeboren zu werden.

Wichtiger noch, jedenfalls stärker in die allgemeine historisch-soziale Entwicklung eingebunden, war eine zweite Attraktion, welche die Asketen zu bieten hatten: ihre ethische Lehre (zu der man den oben, 2.2.1. und n.26, mitgeteilten Inhalt des Aggañña-Sutta vergleichen möge). Darin werden Vorrechte der Geburt, der Abstammung, des Standes (wie sie in besonders hohem Maße Brahmanen für sich in Anspruch nahmen, vgl. oben, 0.1.) nicht anerkannt, ja, geradezu bekämpft; es galt prinzipiell die Gleichheit aller Menschen. Und daß diese Lehre sich durchsetzte, lag vor allem im Interesse all derer, welche am Aufblühen städtischen Lebens beteiligt waren, somit vor allem im Interesse von Kaufleuten des Typs, wie sie die Buddha-Legende (s. oben) mit Trapuṣa und Bhallika herausstellt. Zweifellos bildeten sie, wenn nicht den größten, so doch den einflußreichsten Teil der Laienanhängerschaft, zu der übrigens nach MP II 11—19 (s. oben, 1.3.1.) bezeichnenderweise auch eine vornehme Hetäre, Āmrapālī, zählt.

Später, aber vielleicht sehr bald, traten offenbar die politisch Mächtigen auf den Plan, während die unteren Gesellschaftsschichten von der neuen Lehre wahrscheinlich mehr theoretisch als praktisch angesprochen waren; klingt doch in den Texten immer wieder durch, daß man einen jungen Mann aus gutem Hause *(kulaputra)* als Ordinierten besonders schätzte.

Jedenfalls bestand die buddhistische Gemeinde ganz wesentlich aus zwei Gruppen: aus Ordinierten (Mönchen, skt. *bhikṣu,* p. *bhikkhu*, wörtlich: „Bettler") und aus Laienanhängern *(upāsaka)*. Nur beiläufig sei bemerkt, daß es daneben auch die Einteilung in vier „Versammlungen" (skt. *pariṣad,* p. *parisā*) gab, die dadurch zustande kam, daß Männer und Frauen gesondert aufgeführt wurden: die Nonne (skt. *bhikṣuṇī*, p. *bhikkhunī*) neben dem Mönch und die Laienanhängerin *(upāsikā)* neben dem Laienanhänger. Da die Frauen weniger Rechte haben als die Männer, kommt dieser Einteilung eine gewisse praktische Bedeutung zu.

Die wirklich tiefgehende Zweiteilung bleibt davon unberührt. Sie ist so augenfällig, daß É. Lamotte (1958), S. 59, fast geneigt ist, von zwei Buddhismen zu reden. Das stimmt auf alle Fälle nicht für die Theorie, in der es noch immer keine Schwierigkeiten gibt, diese beiden Gruppen als Einheit zu sehen. Es stimmt jedoch weitgehend für die Praxis (die Lamotte auch meint), weil sich hier die ganz unterschiedlichen Lebensverhältnisse von Ordinierten und Nichtordinierten menschlicher Natur gemäß stärker auswirkten, als das in der Theorie vorgesehen war. Und dieser Trend nahm zu, so daß Jahrhunderte später vorwiegend aus der Laienbewegung heraus das Mahāyāna entstand, mit dem wir uns hier noch nicht zu befassen haben. (Vgl. dazu unten, 5.) Nur soviel sei festgestellt: Über das Laienelement blieb die Verbindung des Buddhismus mit den volksreligiösen Kulten immer erhalten und verstärkte sich mit der Zeit so, daß auch die Ordinierten sich ihr nicht zu entziehen vermochten, obgleich der wahre Mönch sich von alledem längst hätte abgelöst haben müssen.

Gipfelpunkt buddhistischer Ethik ist ja ein vollkommener Gleichmut, ein vollkommenes Unberührtbleiben. Damit ist Mitleid oder gar Liebe ebenso ausgeschlossen wie z. B. Haß. Und auch wenn man berücksichtigt, daß Handeln — auch hilfsbereites, anderen gegenüber — in gewissem Umfange erlaubt ist, bleibt bestehen: Die Ethik des Mönches — und je weiter er auf dem Erlösungswege fortgeschritten ist, um so mehr — ist egozentrisch, sogar asozial (wenn man diesen Ausdruck nicht abwertend versteht).

Gleiches läßt sich für die buddhistische Laienethik nicht behaupten. Der Laienanhänger, für den die Erlösung ja noch in weiter Ferne ist, darf, muß sogar noch Karman sammeln, wobei der Unterschied zwischen gutem und schlechtem Karman, der für die höhere buddhistische Ethik aufgehoben ist, wieder relevant wird: Er soll Gutes tun und Schlechtes nicht tun.

Man täusche sich nicht: Auch diese niedere Ethik ist, zumindest in der Theorie, egozentrisch. Wenn z. B. ein Herr A einem Herrn B etwas zuleide tut, dann ist nicht etwa Herr B, der Betroffene, geschädigt, sondern Herr A, von dem die Handlung ausging; denn er hat schlechtes Karman auf sich genommen, für das er irgendwann mit Notwendigkeit wird büßen müssen. Für Herrn B dagegen liegen die Dinge umgekehrt: Er ist früher einmal gesammeltes schlechtes Karman losgeworden und kann nun sozusagen frei aufatmen.

Es steht also auch in dieser niederen Ethik der Laienanhänger jeder für sich allein und kann demgemäß nur im eigenen Interesse handeln. Praktisch wird aber durch sie auf alle Fälle ein Zusammenleben der Menschen möglich; diese Ethik ist *nicht asozial*. Ja, sie ist sogar ein Nährboden, auf dem sich ein echter Altruismus entwickeln kann. Wenn das geschieht — was natürlich nur möglich wird, indem man die Karman-Theorie entsprechend modifiziert —, dann kommt es sehr leicht dazu, daß sich die betreffenden Laienanhänger nicht mehr als mit einer — im Vergleich zur Mönchsethik — niedrigeren Ethik behaftet fühlen: Sie können nämlich dann ihren Altruismus als eine Form von Entsagung auffassen, welche der Entsagung, die der Mönch zu leisten hat, im Rang oder Wert nicht nachsteht. Hier liegt ein Keim zu einem Konflikt zwischen den beiden so unterschiedlichen Gruppen des buddhistischen Gesellschaftskörpers, den wir im Auge behalten müssen. Einstweilen sollen diese Andeutungen genügen.

3.2. Das Leben eines Ordinierten

Den Vinayas aller alten Schulen (soweit überliefert) läßt sich entnehmen, daß einer, der der Welt zu entsagen gedachte, um sich dem Orden anzuschließen, auf alle Fälle zehn Gebote (skt. *śikṣāpada*, p. *sikkhāpada*) zu beachten hatte, die eigentlich Verbote sind. Folgendes darf er nicht (s. Vin I 83f.[73]):

1. Lebewesen töten;
2. stehlen;
3. einen „unreinen Lebenswandel“ *(abrahmacariya)* führen, wobei unter „reinem Lebenswandel“ vor allem geschlechtliche Enthaltsamkeit zu verstehen ist;
4. lügen;
5. berauschende Getränke zu sich nehmen;
6. zur Unzeit (d.h. nach dem Mittag) essen;
7. an Tanz-, Gesang-, Musik- oder Schau-Aufführungen teilnehmen;
8. Blumenschmuck, Parfüm, Salben u.ä. gebrauchen;
9. eine bequeme Lagerstatt benutzen;
10. Gold oder Silber entgegennehmen.

Offenbar auf dieser oder einer ähnlichen Grundlage gibt es nun Ausführungsbestimmungen mit den entsprechenden Strafandrohungen. Und zwar im Prātimokṣa (vgl. dazu oben, 3.1., n. 71), das zu den am Ende eines jeden Halbmonats stattfindenden Poṣadha-[74] (p. *uposatha-*) Feierlichkeiten rezitiert wurde. Es handelt sich dabei um etwa[75] 250 Artikel in acht Abteilungen. Diese acht Abteilungen, von denen wenigstens die beiden letzten nicht ganz in das System zu passen scheinen, sind:

1. Vergehen, welche die Ausstoßung aus dem Orden zur Folge haben *(pārājika)*. Deren werden 4 unterschieden: Geschlechtsverkehr, Tötung, Diebstahl und Vorspiegelung übermenschlicher Fähigkeiten.

2. Vergehen, die eine zeitweilige Ausstoßung aus dem Orden zur Folge haben (skt. *saṃghāvaśeṣa*, p. *saṃghādisesa*). 13 werden genannt: u.a. Onanie, Kupplerdienste, falsche Beschuldigung gegen einen Mönch.

[73] Die Liste ist teilweise identisch mit den „zehn unheilvollen Karman-Wegen“; s. oben, S. 85f. mit n. 49. — Vgl. dazu auch den von D. Schlingloff (1962), I, S. 51ff. ausgehobenen Text (DN 2, 43—45 = I 63f. u.a.).

[74] Mit *poṣadha* ist eine (ost-)mittelindische Form, die *posadha* (oder *posaha*) gelautet hat, falsch ins Sanskrit zurückübersetzt. Die etymologisch zugrundeliegende echte Sanskrit-Form heißt wahrscheinlich *upavasatha*.

[75] Das Prātimokṣa ist uns aus vier verschiedenen Schulen überliefert, mit einzelnen Abweichungen, die aber für unser Anliegen unerheblich sind.

3. Schwer zu beurteilende Vergehen, bei denen entweder die Strafen Nr. 1, Nr. 2 oder Nr. 5 (s. u.) in Betracht kommen *(aniyata)*. Es sind 2, beide den Umgang mit Frauen betreffend.

4. Verfehlungen, welche die Konfiszierung eines unerlaubt von einem Mönch besessenen Gegenstandes (vor allem Kleidungsstücke) betreffen (skt. *naiḥ-* oder *niḥsargika*, p. *nissagiya*). 30 werden genannt.

5. Vergehen, die bestimmte Bußen erfordern (skt. *pātayantika* oder *pāyantika*, p. *pācittiya*). Zu den 90 oder 92 hier aufgeführten Vergehen gehören u. a.: vorsätzlich zu lügen, schlecht von anderen zu sprechen, ohne Erlaubnis des Ordens zu Nonnen zu sprechen, Wein zu trinken, andere Mönche zu schlagen oder zu bedrohen.

6. Vergehen, bei denen es genügt, daß man sich ihrer bezichtigt und daß man sie bereut (skt. *pratideśanīya*, p. *pāṭidesanīya*). 4 werden genannt; u. a., sich von einer Nonne beim Essen bedienen lassen.

7. Regeln guten Betragens (skt. *śaikṣa*, p. *sekhiya)*. Die Zahlenangaben schwanken zwischen 75 und 113.

8. Regeln über die Entscheidung von Rechtsfragen (skt. *adhikaraṇaśamatha*, p. *adhikaraṇasamatha)*. Hiervon gibt es 7.

An anderer Stelle des Vin (II 1 ff., d. h. am Anfang des Cullavagga), also außerhalb der Pratimokṣa-Tradition (und mit ihr, die ja selber schon uneinheitlich ist, auch nicht immer in exakter Übereinstimmung), werden nun noch einmal die nach Art und Schwere des Vergehens zu verhängenden Strafen abgehandelt. Es sind fünf, nämlich:

1. Rüge (skt. *tarjanīya*, p. *tajjaniya*[76]);
2. „Anlehnung", d. h. Bestallung eines Vormundes (skt. *niśraya*, p. *nissaya*);
3. zeitweilige Ausstoßung (skt. *pravāsaṇīya*, p. *pabbājaniya*);
4. öffentliche Abbitte (skt. *pratisaṃharaṇīya*, p. *paṭisāraṇiya*);
5. Suspension (skt. *utkṣepaṇīya*, p. *ukkhepaniya*).

Letztere Strafe wird verhängt, wenn der betreffende Mönch sein Vergehen nicht einsieht. Darüber hinaus gibt es auch noch Exkommunikation (skt. *nāśanīya* oder *nāśana*, p. *nāsana*), die aber für mehr als die oben unter Pārājika aufgezählten Vergehen gilt.

Zu erwähnen sind in diesem Zusammenhang vielleicht noch zwölf oder dreizehn sehr harte asketische Leistungen *(dhūtāṅga)*, wie z. B. das Tragen von Kleidern, die vom Abfallhaufen aufgesammelt sind. Ein Zwang dazu kann (zumindest in der Zeit, aus welcher die Vinayas in der uns erhaltenen

[76] Es ist jedesmal, auch bei den weiter unten aufgeführten Ausdrücken, da sie Adjektiva, sind, das Substantiv skt. *karman* (p. *kamma*) zu ergänzen.

Form stammen) nicht (mehr) bestanden haben. Auch scheint diese Art Askese dem Mittleren Pfad zu widersprechen.

Eine Ordination ist grundsätzlich allen Personen möglich, sofern sie frei über sich verfügen können. Daraus folgt: Minderjährige hatten die Zustimmung ihrer Familien einzuholen, Sklaven oder irgendwie Unfreie die ihrer Herren. Ausgeschlossen waren ferner Kriminelle und Kranke (auch psychisch Kranke). Besonders gern gesehen waren, jedenfalls in den meisten Schulen, Söhne aus gutem Hause (skt. *kulaputra*, p. *kulaputta*).

Zwei Zeremonien stehen im Zusammenhang mit der Ordination:

1. Der Eintritt (skt. *pravrajyā*[77], p. *pabbajjā*): Das Mindestalter ist acht Jahre. Man wird Novize (skt. *śrāmaṇera*, p. *sāmanera*), bekommt einen skt. *upādhyāya* (p. *upajjhāya*) genannten Lehrer (vor dem man, mit gelbem Gewand angetan und geschoren, sich niederwirft und dreimal die Zufluchtsformel, vgl. oben, 3.1. mit n. 68, ausspricht) und einen skt. *ācārya* (p. *ācariya*) genannten Lehrer, welcher die „zehn Gebote" zu erläutern hat.

2. Die eigentliche Ordination, mit welcher der Novize vollwertiger Mönch wird *(upasampadā)*: Das Mindestalter hierfür ist zwanzig Jahre, und mindestens vier Monate Probezeit als Novize müssen absolviert worden sein. Das Ritual (skt. *karmavācanā*, p. *kammavācā*) schreibt ferner vor, daß mindestens zehn Mönche anwesend sind. Der Kandidat hat dreimal um Aufnahme in den Orden nachzusuchen. Dann folgen u. a. Einbringung des Antrags (skt. *jñapti*, p. *ñatti*) und dreimaliger Vorschlag mit Abstimmung. Dabei geht es ganz demokratisch zu. Zustimmung wird durch Schweigen gegeben. (Vgl. Vin I 22, 56, 95.)

Tag und Stunde der Ordination werden vermerkt, und der Betreffende wird noch einmal mit den Regeln asketischen (später klösterlichen) Lebens vertraut gemacht.

Die Ausrüstung eines Mönches ist Sache der Laienanhänger, die sich damit besonderes Verdienst erwerben können. Sie haben für Kleidung, Schlafstatt, Medikamente und natürlich auch für die Nahrung zu sorgen:

1. Die Kleidung ist genau vorgeschrieben: gelb, aus drei Teilen (skt. *tricīvara*, p. *ticīvara*) bestehend: Antaravāsaka, Uttarāsaṅga und Saṃghāti. (Letzteres ist eine Art Umhang.) Dazu kommt gegebenenfalls (offenbar nach Gegend und Klima verschieden) Fußbekleidung. — Von den anderen Aus-

[77] Man unterscheide: skt. (und entsprechend auch p.) *pravraj* heißt, u. a., „eintreten" (scil. in den Orden), *parivraj* bezeichnet das Umherwandern eines Religiosen, der keinen festen Wohnsitz hat, und *niṣkram* („hinausgehen") das Verlassen des weltlichen Lebens.

rüstungsgegenständen ist das Almosengefäß (skt. *piṇḍapātra,* p. *piṇḍapāta*) auch eine Art Statussymbol. Vorgeschrieben sind ferner: Gürtel, Schermesser, Nadel, Seihe (zum Reinigen des Trinkwassers), Stock und Zahnholz.

2. Die Nahrung muß morgens erbettelt, mittags in Zurückgezogenheit gegessen werden, es sei denn, es findet eine Einladung bei einem Laienanhänger statt. Fleisch und Fisch waren damals noch erlaubt, wenn einwandfrei feststand, daß man nicht mittelbar in irgendeiner Weise für den Tod des betreffenden Tieres verantwortlich war. (Vgl. dazu oben, 1.3.2., n. 11.)

3. Als mögliche Schlafstatt werden Plätze im Freien genannt, aber auch Blätterhütten, Höhlen u. a. Der Beginn der Errichtung von Klöstern, somit deren späteres Aufkommen, ist in Legendenform festgehalten (Vin II 146 = CV 6,1).

Nur die Regenzeit (etwa Juni/Juli bis Oktober/November) mußte altem asketischen Brauch entsprechend (s. S. Dutt [1962], S. 53f.), zurückgezogen, an einem festen Platz verbracht werden.

Der normale Tagesablauf eines Mönches umfaßte Meditation (früh, nach dem Aufstehen), Bettelgang, Fußwaschen und Einnehmen der Mahlzeit. Dies durfte höchstens bis kurz nach Mittag dauern. Dann wurde gegebenenfalls Schülern Unterricht erteilt. Die heißesten Stunden des Tages wurden zurückgezogen verbracht. Nach Sonnenuntergang aber hatte man zu einer Art öffentlicher Sprechstunde auch Laienanhängern zur Verfügung zu stehen. Ein Bad und Aussprache mit den Schülern beschloß den Abend.

Im Kalender ist am auffälligsten der Poṣadha oder Uposatha (s. oben, n. 74), ein von allen (auch von den Laien) wöchentlich einzuhaltender Fastentag, an dem ein um das andere Mal, zu Neumond und Vollmond, die lokale Mönchsgemeinde das Prātimokṣa-Ritual (von dem oben bereits die Rede war) durchführt.

Von den jährlich stattfindenden Feiern müssen vor allem die Pravāraṇā (p. Pavāraṇā) genannt werden: ein großes Fest am Ende der Regenzeit, das Laien und Ordinierte gemeinsam begingen. Hier war Gelegenheit, den Orden zu beschenken, z. B. mit Kleidern und Ausrüstungsgegenständen, ferner die Ordensmitglieder zum Essen einzuladen, Prozessionen zu veranstalten u. a. m.

Im ganzen ergibt sich aus dem Vinaya, vielmehr aus den älteren Fassungen des Vinaya, dessen Archetyp uns nicht erhalten ist, ein recht anschauliches Bild vom Leben und Zusammenleben der Mönche. Allerdings gilt dieses Bild erst für die spätere Zeit, etwa für das 2. Jahrhundert nach dem Nirvāṇa. Doch manches, selbst im organisatorischen Bereich, dürfte auf die Zeit des Buddha zurückgehen, so die geradezu pedantisch-demokratische Form der Beschlußfassung, wie sie etwa bei der Ordination (aber auch anderweit, z. B.

bei der Prātimokṣa-Zeremonie) vorgenommen wurde. Die ist nämlich so gut wie sicher der politischen Praxis oligarchisch strukturierter Stadtstaaten („Adelsrepubliken" oder Konförderationen solcher Adelsrepubliken) entlehnt, von denen die Vṛjis (am Anfang des Mahāparinirvāṇa-Sūtra erwähnt und bezeichnenderweise mit den Mönchen verglichen; s. die Inhaltsangabe, 1.3.1.) ein Beispiel sind[78].

Den Mönchen ging es freilich nicht um hohe Politik, sondern um die Bewahrung des Dharma. Und wenn überhaupt eine äußere Form dazu einen Beitrag zu leisten vermag, dann wohl am ehesten diese demokratische Saṃgha-Form. Im Dharma steht ja auch jeder für sich und ist, mindestens mit denen, welche den gleichen Erlösungsstand haben, auch gleichberechtigt.

Toleranz auf der einen und Gleichgültigkeit auf der anderen Seite ist die Haltung; sie kommt auch darin zum Ausdruck, daß man zwar bemüht bleibt, den Orden von unsauberen Elementen reinzuhalten — daher auch Strafen bis zum Ausschluß verhängt —, daß man jedoch niemals einen gegen seinen Willen zwingt oder nötigt, dabeizubleiben, wenn sich herausstellt, daß er dem harten Leben nicht gewachsen ist. Es gibt im buddhistischen Orden kein Gelübde, das den Betreffenden auf Lebenszeit bindet, und entsprechend ist auch ein Austritt aus dem Mönchsorden ohne weiteres möglich. Hier liegt ein wesentlicher Unterschied zwischen buddhistischem und christlichem Mönchtum.

Ein anderer Unterschied besteht darin, daß eine strenge Hierarchie sich erst spät, zögernd und unvollkommen entwickelt. Der Buddha selber hat (s. sein „Vermächtnis", 1.3.2.) eine solche ausdrücklich abgelehnt, und das war, vom Standpunkt der Lehre aus gesehen, nur konsequent.

Doch was konsequent ist, ist nicht immer auch praktikabel. Solange der Buddha noch lebte, fiel, wenn er es auch nicht wollte, seine Autorität entscheidend ins Gewicht. Und selbst sie hat wenigstens e i n großes Schisma nicht verhindern können, deren Urheber ein gewisser Devadatta war, ein Vetter des Buddha und hinfort der Bösewicht in der buddhistischen Literatur schlechthin[79]. Als der Buddha verstorben war und die Zahl seiner Anhänger immer mehr zunahm, mußten seine Schüler, sofern ihnen am Fortbestand der Gemeinde lag, wenigstens ein Mindestmaß an organisatorischen Voraussetzungen zu schaffen versuchen. Und der Versuch ist, wie wir schon bei der Behandlung des Mahāparinirvāṇa-Sūtra gesehen haben (oben, S. 42ff.) tat-

[78] Sogar das Wort *saṃgha* kommt von daher; es ist von Haus aus ein politischer Terminus; s. S. Dutt (1962), S. 87.

[79] Nach dem Zeugnis eines chinesischen Pilgers hat Devadatta noch um 400 n. Chr. Anhänger gehabt; s. H. A. Giles (1923), S. 35f.

sächlich gemacht worden. Allerdings blieb das Ergebnis hinter den Erwartungen zurück; denn der Buddhismus zerfiel dennoch ziemlich rasch in Sekten, ganz abgesehen davon, daß er, im einzelnen mehr oder weniger, den Volksreligionen, später sogar der vom Buddha überwunden geglaubten brahmanischen Philosophie Tür und Tor öffnete. Die zentrifugalen Kräfte bleiben also, werden sogar in späterer Zeit immer stärker und sind vielleicht der hauptsächliche Grund für die ungeheure Wandelbarkeit, Anpassungsfähigkeit des Buddhismus, die seiner Ausbreitung nicht nur innerhalb Indiens, sondern auch außerhalb in einem kaum zu überschätzenden Maße förderlich gewesen ist.

Wenn wir uns fragen, wie etwa die Mönchsgemeinde zur Zeit des Buddha ausgesehen hat, dann können wir auf alle Fälle eines feststellen: Es hat damals noch keine Klöster gegeben. Im Gegenteil, den Mönchen wurde empfohlen, vielleicht sogar vorgeschrieben, einsam zu nächtigen und ohne festen Wohnsitz umherzuwandern, wobei die Sorge um die jeweilige Unterkunft auch den Laienanhängern oblag. Diese wurden dann der Kristallisationspunkt für kleinere oder größere Ortsgruppen.

Wie sich auch dem Parinirvāṇa-Sūtra entnehmen läßt, befolgte jedenfalls der Buddha selbst die Praxis der Wanderasketen; er zog als Lehrer mit einer Gruppe von Schülern umher. Es darf, ja muß angenommen werden, daß mit dem Anwachsen der Gemeinde ein Teil seiner Schüler dann auch mit eigenen Gruppen wanderte; denn der Größe einer solchen Gruppe war schon aus praktischen Gründen eine Grenze gesetzt.

Die Mönche begingen dann dort, wo sie gerade waren, mit der betreffenden Ortsgruppe auch die vorgeschriebenen Feiern (Poṣadha, Pravāraṇā). Einen Kult kann es in dieser ältesten Zeit noch nicht gegeben haben — oder allerhöchstens in Ansätzen, etwa bei der Pravāraṇā-Feier, an der die Laienanhänger (mit ihren volksreligiösen Bindungen) in stärkerem Maße beteiligt waren.

In den Ortsgruppen wurden dann mit der Zeit immer mehr Mönche seßhaft[80].

Ein besonderes Problem bildeten für die buddhistische Gemeinde die Frauen. Nach Vin II 256 (≠ AN IV 276) soll der Buddha geäußert haben, daß wegen der Aufnahme von Frauen in den Orden, der er zugestimmt hatte, die Gemeinde nur noch fünfhundert Jahre existieren werde. Daß diese Äußerung authentisch ist, läßt sich weder beweisen noch widerlegen. Sicher gibt sie aber die Stimmung im allgemeinen richtig wieder. Es ist deshalb durchaus zweifelhaft, ob es zu Lebzeiten des Buddha einen Nonnenorden gegeben hat.

[80] Zum Problem des allmählichen Seßhaftwerdens s. S. Dutt (1962), S. 53ff.

Volle Gleichberechtigung hat jedenfalls die Nonne nie erhalten. Eine Frau durfte erst mit zwanzig Jahren in den Orden eintreten; war sie verheiratet, dann mußte sie mindestens zwölf Jahre Ehezeit hinter sich haben. Ihre Probezeit betrug zwei Jahre. War sie ordiniert, dann hatte sie sich einer Nonnengemeinde anzuschließen, die die vorgeschriebenen Zeremonien wie eine Mönchsgemeinde zu vollziehen hatte, sie aber vor der Mönchsgemeinde der betreffenden Ortsgruppe wiederholen mußte. Ferner durfte eine Nonne sich zur Regenzeit nur dorthin zurückziehen, wo sie unter der Aufsicht eines Mönches stand, mußte sich alle vierzehn Tage von einem Mönch belehren lassen, durfte aber selber einen Mönch weder belehren noch tadeln.

Andererseits gibt es Belege im Kanon, die auf eine nicht so niedrige Stellung der Nonne schließen lassen. So belehrt z.B. nach SN IV 374ff. die Nonne Khemā (skt. Kṣemā) den König Pasenadi (skt. Prasenajit). Und die Arhatschaft kann eine Nonne ebenso erlangen wie ein Mönch; Vin II 254 = AN IV 276.

Arhat (p. Araha, eigentlich: „würdig") — das mag zum Schluß noch erwähnt werden — ist die Bezeichnung für einen, der den Erlösungsweg zu Ende gegangen ist, also nicht mehr wiedergeboren wird. Der Buddha selber ist also auch Arhat. Aber er ist insofern mehr (daher „Buddha"), weil er die Lehre gefunden und verkündet hat. — Später gibt es daneben noch den Pratyekabuddha (p. Paccekabuddha, wörtlich: „Buddha für sich"). Das sind Leute, welche die Lehre selbständig gefunden haben, aber nicht in der Lage (oder willens) sind, sie zu verkünden.

Zum Arhat gibt es — wahrscheinlich erst späterer Scholastik entstammend — drei Vorstufen:

1. den „In-den-Strom-Eingetretenen" (skt. *srotaāpanna,* p. *sotāpanna*), der keine niedrigeren Existenzen mehr und mit Sicherheit irgendwann die Erlösung zu gewärtigen hat;

2. den „Einmal-Wiederkehrenden" (skt. *sakṛdāgāmin*, p. *sakadāgāmin*), der nur noch eine Wiedergeburt vor sich hat;

3. den „Nicht-Wiederkehrenden" (skt. und p. *anāgāmin*), der nur noch eine himmlische Existenz zu gewärtigen hat, von der aus er dann die Erlösung erlangt.

Nr. 1 gilt auf alle Fälle auch für Laienanhänger.

Ein Kuriosum ist in dieser Reihe Nr. 3, der „Nicht-Wiederkehrende" *(anāgāmin).* Da man höchstens einmal, entweder als Mensch oder als Gott (das bedeutet die himmlische Existenz), erlöst wird, kann diese Stufe nicht für alle gelten. Sie ist zweifellos später eingefügt worden. Was psychologisch hinter dieser Einfügung steckt („Genuß ohne Reue"), soll weiter unten, 5.4.2., in Zusammenhang mit der Behandlung des *sambhoga-kāya* erörtert werden.

3.3. Die Laienanhängerschaft

Die bedeutende Rolle, welche die Laienanhänger im Buddhismus spielen, wurde bereits mehrfach hervorgehoben. Ein Vergleich mit dem Jinismus ergibt, daß im Buddhismus doch ein etwas anderes Verhältnis zwischen den beiden Gesellschaftsgruppen herrscht. Das ist bedingt, zumindest mitbedingt, durch die unterschiedliche Einstellung zur Askese. Sie ist im Jinismus strenger, und davon bekommen auch die Laien einen Teil ab, z. B. indem sie vielerorts nach Sonnenuntergang nichts mehr trinken dürfen. Die dadurch entstandene engere Bindung des Laientums an den Orden hat einerseits mitverhindert, daß der Jinismus eine ausgesprochene Massenbewegung wurde wie der Budhhismus, andererseits aber auch seine Eigenständigkeit gegenüber den indischen Volksreligionen nie ernstlich in Frage gestellt.

Im Buddhismus war das anders. Hier bot der Mittlere Pfad, der aktive Askese, Verbissenheit im Kampf um die Erlösung, als unnütz, ja schädlich verwarf, Anlaß zu Bequemlichkeiten, die ihn auch für die Massen attraktiv machten. Viele wurden Laienanhänger; und der Druck auf den Orden muß von dieser Seite aus immer stärker geworden sein. So kam es zu einer Öffnung des Buddhismus; sie ermöglichte ebenso Einflüsse aus der Volksreligion, aber auch aus brahmanischen Philosophenschulen, wie sie andererseits die Missionierung ganzer Gebiete, sogar den Zulauf ohne Missionstätigkeit förderte — zumal bei Fremdvölkern, nicht zuletzt auch bei fremden Eroberern. Diese mußten ja danach trachten, sich die überlegene indische Kultur anzueignen, konnten aber im Jinismus (aus den oben erwähnten Gründen) schwerer Fuß fassen und hatten auch mit dem Hinduismus rechte Schwierigkeiten, da dort ein kompliziertes Sozialsystem nicht so leicht geneigt war, politische oder wirtschaftliche Macht mit gesellschaftlichem Einfluß zu honorieren.

Kein Wunder also, daß der Buddhismus einerseits populär wurde, andererseits, in Indien, durch den wachsenden Druck einer wenig disziplinierten Laienanhängerschaft in Mißkredit geriet. (Über die hohe Politik, welche in diese Entwicklung mit hereinspielt, wird weiter unten, 4.2., zu handeln sein.)

Sozusagen „offiziell" stehen diese Laienanhänger und die Ordinierten in einem wechselseitigen Abhängigkeitsverhältnis, das durch „Schenken" *(dāna)* geregelt ist. Der Mönch hat dem Laienanhänger die Lehre zu schenken *(dharmadāna)*, und er empfängt dafür von diesem (dem die Verpflichtung zu skt. *āmiṣadāna* p. *āmisadāna*: „materieller Gabe" obliegt) all die kleinen Dinge, deren er zu seinem Lebensunterhalt bedarf. Und damit sammelt der Laienanhänger gutes Karman. Daß folglich dessen Ethik niedriger ist, nicht schon in der gegenwärtigen Existenz zur Erlösung führen kann, wurde bereits erwähnt. Fügen wir noch hinzu, daß auch der Edle Achtgliedrige Weg (s. oben, 2.2.2.2.2.) noch nicht für ihn gilt (wenigstens im allgemeinen, denn es ist immer zu beachten, daß die Lehre des Buddha ein „Naturgesetz", ihre Kenntnis und ihre Befolgung also zumindest theoretisch auch außerhalb einer mönchischen Gemeinschaft möglich bleibt).

Nach É. Lamotte (1958), S. 73ff., dem ich hier fast ganz folge, sind es vor allem fünf Punkte, die den Laienanhänger angehen:

1. „Vertrauen" (skt. *śraddhā*, p. *saddhā*): scil. in die Lehre des Buddha. Dies war, wie wir schon gesehen haben (vgl. oben, S. 71) auch für einen Mönch zumindest empfehlenswert, da es ihm den intellektuell vielleicht gar nicht zu leistenden Umweg über die Kenntnis der theoretischen Grundlagen des Erlösungsweges ersparte. Hier, beim Laienanhänger, geht es aber nur schlicht darum, daß das Verhältnis zu den drei Juwelen Buddha, Dharma, Saṃgha intim ist. Dabei wird, ganz unabdingbar, das Nicht-Töten von Lebewesen *(ahiṃsā)* gefordert. Im übrigen steht es aber einem Buddhisten auf dieser Stufe zur Eriösung noch durchaus frei, religiöse Praktiken beizubehalten (z.B. Verehrung [*pūjā*] einer Hindu-Gottheit), wenn die Bindung an die Gemeinde (auch z.B. hinsichtlich des Almosengebens) den Vorrang hat.

2. „Sittliches Verhalten" (skt. *śīla*, p. *sīla*): Hier ist der Spielraum keineswegs immer und überall gleich geblieben. Zunächst scheint die „Zuflucht" (s. oben, 3.1.) genügt zu haben. Sehr bald muß aber als Mindestforderung die Einhaltung eines Teiles der „zehn Gebote" *(śikṣāpada*, s. oben, 3.2.) hinzugekommen sein: im allgemeinen der ersten fünf, wobei für Nr. 3 natürlich nicht die vollständige geschlechtliche Enthaltsamkeit galt, sondern das Verbot des Ehebruchs. Doch sind auch hier, lokal und nach Schulen getrennt, erhebliche Unterschiede — bis hin zum Lebenswandel, der dem eines Mönches fast oder sogar ganz gleichkommt. Allerdings bleibt die Tatsache, daß die Laienanhänger nicht wie die Ordinierten überwacht werden.

An sich selbstverständlich, aber offenbar aus praktischer Erfahrung heraus noch einmal ausdrücklich festgehalten sind acht für einen Laienanhänger verbotene Dinge: Er darf Mönche nicht (1) am Betteln hindern, (2) zu Bösem veranlassen, (3) am Logisnehmen hindern, (4) beleidigen, (5) zu Streit anstiften. Und er darf ferner nicht (6—8) den Buddha, die Lehre oder die Gemeinde schlechtmachen. Die Strafe für diesbezügliche Übertretungen besteht darin, daß kein Mönch von dem Betreffenden mehr Almosen annimmt.

3. „Opferbereitschaft" (skt. *tyāga*, p. *cāga*): Hierunter wird jede Art von Unterstützung für den Orden verstanden, von der Landschenkung über den Bau von Klöstern bis zur Unterstützung bei Hungersnot. Doch wird der Wert des Geschenkes nicht nur materiell abgemessen: U.a. gilt dabei auch der Wert der beschenkten Person.

Als besondere Geschenkformen kommen hier „Verehrung" *(pūjā)* und „Hingabe" (skt. *bhakti*, p. *bhatti*) auf, d. h. aus dem Hinduismus übernommene Kulthandlungen. Die Anfänge dieses buddhistischen Kultes dürften sich aus Bestattungsfeierlichkeiten heraus entwickelt haben. Jedenfalls ist der Reliquienkult, mit dem Stūpa als riesigem Reliquienbehälter und Mittelpunkt eines Wallfahrtsplatzes (vgl. dazu auch oben, S. 42), im Buddhismus weitaus älter als der Tempelkult.

4. und 5. „Gelehrsamkeit" und „Einsicht" (skt. *śruta*, p. *suta* und skt. *prajñā*, p. *paññā*): Diese werden nur bis zu einem gewissen, und zwar im allgemeinen erstaunlich geringen, Grade gefordert. Wahrscheinlich waren viele Mönche zu einer mehr als oberflächlichen Belehrung selber gar nicht in der Lage. Zu einer solchen gehörte sicher das Erklären von Darstellungen des Geburtenkreislaufes in Form eines Rades (*saṃsāracakra*, vgl. dazu oben, S. 93), gewisser Züge der Buddha-Legende oder bestimmter Jātakas (Legenden, die den Bodhisattva, in irgendeiner Existenz, zum Helden haben). Überhaupt muß hierbei die bildende Kunst — vor allem die Malerei — eine wichtige Rolle als Lieferant von Demonstrationsobjekten gespielt haben, wenn auch nicht geleugnet werden kann, daß es sogar im Kanon einige wenige Texte gibt, die auch für Laien mit in Betracht kommen.

Der Unterschied zwischen Ordiniertem und Laien ist also doch im allgemeinen gerade auf dem Bildungsniveau noch beträchtlich geblieben. Es scheint auch, daß in älterer Zeit die mönchische Arhatschaft als der Weg zur Erlösung nicht angezweifelt wurde.

Mit diesem Privileg der Ordinierten wird aber später teilweise Schluß gemacht. Von den sogenannten Uttarapāthakas (was vielleicht nur eine Sammelbezeichnung für Vertreter einer Gruppe nördlicher Schulen ist) wird behauptet, sie hätten auch Laien-Arhats und somit Gleichberechtigung (auch auf geistlichem Gebiet) zwischen Ordinierten und Laienanhängern.

Eine weitere Offensive der Laienanhänger geht noch darüber hinaus; sie richtet sich gegen die „Institution" (als solche sah man sie) der Arhatschaft überhaupt. Über fünf den Arhat betreffende Thesen, die ein gewisser Bhadra (nach anderen Quellen: Mahādeva) aufgestellt haben soll, kommt es zur großen Spaltung; und diese wird dann eine der Wurzeln des (unten, 5., zu behandelnden) Mahāyāna.

4. DIE ENTWICKLUNG ZUR MASSENBEWEGUNG

4.1. Die Konzile

4.1.1. Die Konzilsüberlieferung: Rājagṛha und Vaiśālī

Der angehende Buddhist, welcher, geraume Zeit nach dem Tode des Buddha, nicht nur zu diesem und dessen Lehre, sondern auch zur Gemeinde seine Zuflucht nahm, wäre wahrscheinlich höchst verwundert gewesen, hätte man ihn gefragt, welche Gemeinde er im Sinne habe. Er hätte es für selbstverständlich gehalten, daß es die große Gemeinschaft derer ist, die sich zur Lehre des Buddha bekennen (skt. *cāturdiśā saṃgha,* p. *cātuddisa s.;* wörtlich: „die die vier Himmelsrichtungen [umfassende] Gemeinde"); und die für ihn zuständige Ortsgruppe wäre ihm als deren verkleinertes Abbild erschienen, als ihr aus praktischen Gründen tätig werdender Stellvertreter oder gar, falls er noch in magischem Denken befangen gewesen wäre, als der Mikrokosmos, durch den man den Makrokosmos hält und erhält: Dieser angehende Buddhist wäre sich also — in der Regel wenigstens; daß es Leute gab, die den Überblick hatten, sei nicht geleugnet — durchaus im unklaren darüber gewesen, daß andernorts vielleicht schon eine etwas andere Auffassung vom Buddha und seiner Lehre galt, die Entwicklung im Buddhismus (weiter und auseinander) längst begonnen hatte und keine Autorität mehr in der Lage gewesen wäre, sie aufzuhalten oder etwa gar rückgängig zu machen.

Die Anfänge (und vielleicht mehr als die Anfänge) dieser Entwicklung wurden schon greifbar bei der Analyse des Mahāparinirvāṇa-Sūtra (s. oben, 1.3.2.). Fassen wir noch einmal das hier Wichtige zusammen: Der Text, welcher — obwohl echte historische Reminiszenzen mit sich schleppend — erst lange nach dem Tode des Buddha die uns überlieferte Gestalt erhielt, hat ganz klar die Tendenz, den Buddha vom Menschen zum Wundermann umzufunktionieren, einen Kult um ihn aufzubauen sowie neben seine Lehre (die ursprünglich die einzige Autorität war) äußere Vorschriften zu setzen. Im Zusammenhang damit steht eine Abqualifizierung Ānandas zugunsten zweier Männer, die vorher überhaupt keine Rolle gespielt hatten, nun aber plötzlich im Vordergrund stehen: Aniruddhas und Mahākāśyapas.

An letzteren schließt sich nun — man möchte sagen: nahtlos, in geschickter Regie — die Konzilstradition an, indem nämlich mit dem Tode des Buddha dessen angebliche Sorge um den Zusammenhalt, das Weiterexistieren der

Gemeinde in (großenteils pseudo-)historische, dem Vinaya, also der Disziplin der Mönche, dienende Berichterstattung umgesetzt wird. Sie erstreckt sich auf drei Konzile, die nacheinander in Rājagṛha (somit in der alten Hauptstadt des Staates Magadha), in Vaiśālī und in Pāṭaliputra (der neuen Hauptstadt) stattgefunden haben sollen. Die Überlieferung des dritten und letzten bildet ein besonderes Problem. Wir befassen uns daher zunächst mit den beiden ersten.

Nach É. Lamotte (1958), S. 145ff., sind fünf Quellenbereiche zu unterscheiden:

1. Eine Reihe in chinesischer Übersetzung erhaltener Sondertexte, unter denen sich, was bemerkenswert ist, zwei Parinirvāṇa-Sūtras befinden (T. I. 5, k.2, p. 175a25—175c21; übersetzt zwischen 290 und 306 n. Chr. — und T. I. 6,k.2, p. 190c28—191a; übersetzt zwischen 317 und 420 n. Chr.). Diese Texte berichten nur über das erste Konzil.
2. Die alten Vinayas, einschließlich Mvu (das ein Teil des Mahāsāṃghika-Vinaya ist). Hier erscheinen die Berichte beider Konzile als eine Art Anhang.
3. Avadānaśataka, Aśokāvadāna (hier allerdings nur das erste Konzil) und Mūlasarvāstivāda-Vinaya.
4. Singhalesische Texte des 4.—5. Jahrhunderts n. Chr., nämlich Mhv, Dpv und Sāmantapāsādikā.
5. Berichte der chinesischen Pilger Fa-hsien (bereiste von 399 bis 412 n. Chr. Indien und besuchte auch Rājagṛha und Vaiśālī) und Hsüan-tsang (der entweder 637 oder 642 n. Chr. in Rājagṛha war), sowie des Inders Paramārtha (500—569 n. Chr.) bzw. seines chinesischen Schülers Chi-tsang (549—623 n. Chr.).

Die Beurteilung dieser Quellen ist äußerst schwierig[81]. Man muß vor allem die der historischen Wahrheit gelegentlich zuwiderlaufende Tendenz der einzelnen Texte erkennen und berücksichtigen.

4.1.1.1. Das „erste Konzil": Rājagṛha

Zunächst sei eine Inhaltsangabe dieses Konzilsberichts geboten, im wesentlichen nach dem Pāli-Vinaya (II 284—293):

Mahākāśyapa, offensichtlich der Vorsitzende, wendet sich an die Mönche. Er erzählt, in sachlicher und, wo möglich, wörtlicher Übereinstimmung mit

[81] An Literatur sei, neben É. Lamotte (1958), S. 136—154, genannt: L. de La Vallée-Poussin (1910) (kurze Darstellung mit wichtiger Bibliographie); J. Przyluski (1926); M. Hofinger (1946) und dazu P. Demiéville (1951); E. Frauwallner (1952); J. Filliozat (-P. Demiéville) (1953), S. 492—497 (§ 2212—2218); A. Bareau (1955). Eine Zusammenfassung der Ergebnisse in deutsch bei A. Bareau (1964), S. 20—23.

dem im Mahāparinirvāṇa-Sūtra Berichteten (vgl. dazu VI 19—20 der Inhaltsangabe, oben, 1.3.1. mit n.9), wie er, mit seinen Mönchen auf dem Wege von Pāpā nach Kuśinagara befindlich, vom Tode des Buddha erfahren habe, wie es Trauer bei den noch nicht leidenschaftsfreien, Gefaßtheit bei den leidenschaftsfreien Mönchen gegeben habe, wie aber ein gewisser Subhadra frohlockt habe, weil er glaubte, nun tun zu können, was ihm beliebte.

Um dieser Disziplinlosigkeit zu steuern, macht er den Vorschlag, man möge gemeinsam Dharma und Vinaya rezitieren. Dazu wählt er 499 Arhats aus. Und auf deren Bitte wird noch Ānanda hinzugezogen, obwohl er kein Arhat ist. Auf gemeinsamen Beschluß wird in der auf den Tod des Buddha folgenden Regenzeit die Versammlung (*saṃgīti,* wörtlich: „gemeinsame Rezitation") in Rājagṛha durchgeführt. Vor Beginn des eigentlichen Konzils erreicht Ānanda noch rasch die Arhatschaft.

Dann nehmen die Würdenträger ihre Arbeit auf: Upāli (ein ehemaliger Barbier aus Kapilavastu, der zusammen mit Aniruddha[82] in den Orden eingetreten war) wird über Vinaya befragt, Ānanda über Dharma. Daraus sollen dann die entsprechenden beiden Teile des Kanons hervorgegangen sein; Vinaya-Piṭaka und (aus dem Dharma) Sūtra-Piṭaka mit seinen fünf Nikāyas (s. unten, 4.3.1.1. und 4.3.1.2.).

Nachdem diese Arbeit beendet ist, berichtet Ānanda, der Buddha habe vor seinem Tode die Gemeinde ermächtigt, „kleinere Gebote" (skt. *kṣudrānukṣudrakāṇi śikṣāpadāni*) aufzuheben; er kann aber auf Befragen nichts an dieser Aussage präzisieren. Daher macht Mahākāśyapa den Vorschlag (der akzeptiert wird), daß in dieser Hinsicht alles beim alten bleibe.

Dann hagelt es Vorwürfe gegen Ānanda; er habe

— in der obigen Angelegenheit der „kleineren Gebote" den Buddha nicht gehörig befragt;

— den „Regenumhang" (? p. *vassikasāṭikā*, skt. *varṣāśāṭī*) des Buddha nicht ordentlich behandelt;

— den Leichnam des Buddha mit Tränen von Frauen besudeln lassen;

— ihn nicht gebeten, bis zum Ende des Weltzeitalters leben zu bleiben;

— ihn gebeten, Frauen in den Orden aufzunehmen.

Ānanda fühlt sich jedesmal unschuldig, bekennt aber um des Friedens willen.

Währenddessen kommt ein Ältester (skt. *sthavira*, p. *thera*) namens Purāṇa aus Dakṣiṇāgiri (p. Dakkhiṇāgiri) mit einer Mönchsschar herbei. Er wird eingeladen, Dharma und Vinaya mitzurezitieren, lehnt jedoch ab, und

[82] Aniruddha selber, der ja die eigentliche Hauptperson am Ende des Mahāparinirvāṇa-Sūtra ist, tritt hier bemerkenswerterweise nicht auf.

zwar mit der Begründung, er habe mit seinen Mönchen bereits rezitiert und wolle es, mit Dharma und Vinaya, so halten wie er es aus dem Munde des Buddha gehört habe.

Zum Schluß wird Ānanda beauftragt, nach Kauśāmbī zu gehen, um dem Mönch Channa die vom Buddha auf dem Totenlager gegen ihn verhängte geistliche Strafe (*brahmadaṇḍa*; vgl. dazu VI 4 der Inhaltsangabe der MP, oben, 1.3.1.) zu verkünden.

Soweit also der Bericht in nuce. Lamotte erwähnt noch die (im Pāli-Vinaya nicht überlieferte) der Purāṇa-Episode ähnliche Episode eines Ältesten Gavāmpati: Dieser, ein auch der Pāli-Tradition bekannter Arhat, soll es ebenfalls verschmäht haben, an dem Konzil teilzunehmen, und statt dessen ins Nirvāṇa eingegangen sein.

Versucht man, aus alledem Schlußfolgerungen zu ziehen, dann läßt sich etwa folgendes aussagen:

1. Daß in der Regenzeit nach dem Tode des Buddha Anhänger sich versammelten, um zu beraten, was nun zu tun sei, ist von vornherein nicht unwahrscheinlich — denkbar, daß ein solches historisches Ereignis tatsächlich den Kern unseres Berichtes ausmacht.

2. Bis zur Unmöglichkeit unwahrscheinlich aber ist, daß sich 500 Arhats versammelten. Nicht nur wegen der legendären Zahl, sondern auch, weil sie sich in 499 + Ānanda aufteilt, der dann ganz schnell noch Arhat werden muß.

3. Das merkwürdige Geschehen mit Ānanda läßt folgende Vermutung zu: Ānanda war Arhat, hochangesehen, und daher konnten auch seine Gegner, die inzwischen das Heft in der Hand hatten, ihn nicht völlig übergehen. Wohl aber konnten sie ihm etwas am Zeug flicken.

4. Die Tendenz des Berichts gegen Ānanda ist eindeutig, und es ist dieselbe — teilweise sogar mit denselben Vorwürfen —, wie wir sie im Mahāparinirvāṇa-Sūtra vorfanden (vgl. dazu oben, S. 44f.). Dafür noch Beispiele anzuführen oder zu wiederholen, ist unnötig. Hervorgehoben werden muß aber die Raffinesse dieses Vorgehens:

a) Mahākāśyapa ist der unumstrittene Führer, der über Dharma und Vinaya thront, obwohl ihm doch eigentlich nur am Vinaya gelegen ist.

b) Durch die Konstruktion eines äußeren Anlasses (in Gestalt des über den Tod des Buddha frohlockenden Subhadra), wird deutlich, daß es, zumindest in erster Linie, um Disziplin, also um Vinaya, geht. Auch rezitiert, obwohl sonst Dharma vor Vinaya genannt wird, Upāli den Vinaya, bevor Ānanda mit dem Dharma an die Reihe kommt.

c) Kleinstvorschriften zu erlassen ist ganz gewiß gegen das „Vermächtnis" des Buddha. Hier aber werden sie sogar auf den Buddha, auf einen fiktiven

Buddha wohlgemerkt, zurückgeführt — und durch Ānandas Schuld müssen sie beibehalten werden, obwohl es dieser (fiktive) Buddha ebensowenig wollte wie angeblich Mahākāśyapa, sein Erfinder. Man sieht: Ānanda bezieht Prügel, sozusagen stellvertretend für den (wirklichen) Buddha, dessen Autorität man sich dabei noch zunutze macht. — Dies ist übrigens die wahre Sündenbock-Funktion Ānandas in unserem Bericht[83].

d) Geradezu gehässig mutet es an, daß man Ānanda (dessen Ressort ja der Dharma ist) zumutet, nach Kauśāmbī zu gehen, um die heikle Angelegenheit mit Channa zu bereinigen.

5. Zur oben, 4c, sichtbar gewordenen Tendenz, vom historischen Buddha wegzukommen, spürt man im Konzilsbericht aber auch eine Gegentendenz. So wohl schon, wenn Ānanda uneinsichtig bleibt; er bekennt zwar, fühlt sich aber nicht schuldig. Deutlicher kommt sie in den beiden Episoden um Purāṇa und Gavāṃpati zum Ausdruck, die sich überhaupt nicht um das Konzil scheren.

6. Nicht uninteressant ist vielleicht auch die Angabe der Örtlichkeit: Rājagṛha steht in auffallendem Gegensatz zu Kuśinagara. Sollte — was die älteren Teile des Mahāparinirvāṇa-Sūtra nahelegen — das Leben des (historischen) Buddha und seiner Anhänger sich mehr in ländlichen Gebieten abgespielt haben, so wäre nicht nur hier, sondern auch im Mahāparinirvāṇa-Sūtra ein erst später einsetzendes Streben nach der Residenz, Rājagṛha, und damit nach Verbindung mit dem Königtum zu konstatieren[84].

7. Die mit Mahākāśyapa verbundene Vinaya-Tendenz ist jedenfalls hier, im Bericht über das erste Konzil, genau dieselbe wie dort (scil. im Mahāparinirvāṇa-Sūtra), und wenn diese beiden Texte von Haus aus zusammengehören (woran ich sowenig zweifle wie E. Frauwallner [1956a], S. 45), dann bietet sich folgende Erklärung an: Wie das Mahāparinirvāṇa-Sūtra in einer letzten Wanderung des Buddha, in dessen „Vermächtnis" (und einigen anderen Zügen, die aber hier nicht von Belang sind) seinen historischen Kern (= den Ausgangspunkt für die Textgeschichte) hat, so der Bericht vom ersten Konzil in einem Ereignis, wie es oben, S. 130, unter Punkt 1, skizziert wurde.

[83] J. Przyluski (1926), S. 257ff., wollte darin einen alten Brauch sehen: die Ausstoßung des Sündenbocks zu Beginn eines neuen Jahres. Das ist geistvoll; zwar in dieser Form nicht aufrechtzuerhalten, aber eben psychologisch nicht ganz falsch gesehen.

[84] Die letzte Wanderung des Buddha muß ja nicht in Rājagṛha ihren Anfang genommen haben. Doch selbst wenn das der Fall gewesen sein sollte, bleibt die Begegnung des Buddha mit dem Minister des Königs (ganz zu Anfang des Mahāparinirvāṇa-Sūtra) verdächtig, weil sie in die Tendenz des sehr viel später abgeschlossenen Textes (Zusammenhalt, Eintracht, Disziplin der Mönche zu fördern) auffallend gut hineinpaßt.

Somit ließen sich die Ereignisse nach dem Tode des Buddha, soweit sie für uns greifbar werden, etwa folgendermaßen vorstellen:

In der Regenzeit nach dem Tode des Buddha versammelt sich die Gemeinde (oder ein Teil von ihr), um — dem „Vermächtnis" getreu — die Lehre, den Dharma, zu bewahren. Mit wenig Erfolg, denn: In der Folgezeit entstehen (dem Dharma zuwiderlaufende) Vinaya-Tendenzen (die sich in der Tradition um die Gestalt Mahākāśyapas kristallisieren). Die Gemeinde des Buddha richtet sich, gegen den Rat ihres Gründers und gegen dessen Lehre, in der Welt ein. [Fortsetzung s. S. 136]

4.1.1.2. Das „zweite Konzil": Vaiśālī

Im Pāli-Vinaya (II 294—307) enthält der Bericht etwa folgendes:

Hundert Jahre nach dem Tode des Buddha praktizieren die Vṛjiputraka- (p. Vajjiputtaka-) Mönche in Vaiśālī zehn „Regeln" (skt. *kalpa*, p. *kappa*), nämlich[85]:

1. *siṅgiloṇa-kappa* — die Regel, Salz in einem Horn mit sich zu nehmen;
2. *dvaṅgula-kappa* — die Regel, zwei Finger breit nach Mittag noch zu essen;
3. *gāmantara-kappa* — die Regel, im Dorf ein zweites Mal zu essen;
4. *āvāsa-kappa* — die Regel, innerhalb derselben Ortsgruppe Uposatha an verschiedenen Plätzen zu begehen;
5. *anumati-kappa* — die Regel, etwas mit nachträglicher Genehmigung zu tun;
6. *āciṇṇa-kappa* — die Regel, zu tun, was andere (der Lehrer?) auch getan haben;
7. *amathita-kappa* — die Regel, nach der Mahlzeit ungequirlte Milch zu trinken;
8. *jalogiṃ pātuṃ* — eine bestimmte alkoholhaltige Flüssigkeit zu trinken;
9. *adasaka nisīdana* — ein Kissen ohne Fransen (benutzen);
10. *jātarūparajata* — Gold oder Silber (annehmen).

Der Älteste Yaśas (oder Yaśoda, p. Yasa), ein Schüler Ānandas, kommt nach Vaiśālī. Dort sieht er beim Uposatha-Fest im Kloster Kūṭāgārasālā, wie die Mönche die Laienanhänger auffordern, in ein mit Wasser gefülltes Bronzegefäß *(kaṃsapāti)* Geld hineinzuwerfen. Er interveniert bei den Laienanhän-

[85] Ich gebe im folgenden den überlieferten Pāli-Ausdruck und die Übersetzung, muß aber hinzufügen, daß diese in vielen Fällen unsicher ist.

gern, hat aber keinen Erfolg. Am Abend, bei der Teilung, verweigert er die Annahme seines Anteils.

Daraufhin strengt man gegen ihn ein Pratisaṃharaṇīya-Karman (s. oben, 3.2.) an, bestehend aus Um-Entschuldigung-Bitten bei den Beleidigten. Yaśas fügt sich, entschuldigt sich bei den Laienanhängern, beharrt aber in der Lehre auf seinem Standpunkt. Damit überzeugt er die Laienanhänger.

Das hindert indessen nicht, daß nun gegen ihn ein Utkṣepaṇīya-Karman („Suspension", s. oben, 3.2.) eingeleitet wird, und zwar mit der Begründung, er habe kein Mandat zum Predigen gehabt. Yaśas entzieht sich dem Verfahren, indem er sich auf dem Luftwege[86] nach Kauśāmbī begibt. Von dort schickt er Botschaften zu den Mönchen in Pāṭheyya, Avanti und im Dekkhan (alles im Westen liegend). Selbst begibt er sich auf den Berg Ahogaṅga zu dem Ältesten Sambhūta (v. l. Sambhoga) Śāṇavāsa (p. Sāṇavāsī). Es kommen außerdem sechzig Mönche aus Pāṭheyya und achtzig aus Avanti und aus dem Dekkhan.

Sie alle suchen Hilfe bei einem Ältesten namens Revata in Soreyya (östlich von Mathurā). Doch der hat zunächst wenig Neigung, sich zu engagieren; er weicht aus nach Sāṃkāśya, Kanyākubja (Kanauj), Udumbara, Aggaḷapura und wird schließlich in Sahajāti (in Bundelkhand) gestellt. Revata gibt ihnen, nach eingehender Unterrichtung durch Yaśas, recht.

Inzwischen sind jedoch die Vṛjiputraka-Mönche auch nicht untätig geblieben. Sie schicken eine Delegation mit dem Schiff zu Revata und machen einen Bestechungsversuch.

— An dieser Stelle wird nun (offenbar, um die Gleichzeitigkeit der Ereignisse zu demonstrieren) eine Episode um einen Ältesten namens Śāḍha (p. Sāḷha) eingeschoben: Dieser macht sich Gedanken darüber, wer recht habe, die östlichen oder die Pāṭheyyaka-Mönche, und er entscheidet sich für letztere. Eine Gottheit aus dem Śuddhāvāsa-Himmel kommt zu ihm und spendet Beifall. —

Revata lehnt die Geschenke ab. Doch sein Schüler Uttara läßt sich — allmählich — beeinflussen. Er geht zu Revata mit der ihm in den Mund gelegten Argumentation, die östlichen Mönche hätten gegen die westlichen deshalb recht, weil ja die Buddhas im Osten geboren würden. Revata läßt sich nicht umstimmen. Auf seinen Vorschlag geht die Gemeinde *(saṃgha)* nach Vaiśālī, um dort die Streitsache zu entscheiden.

[86] Die großen „Heiligen" (Älteste und Arhats) des Buddhismus haben inzwischen längst keine Hemmungen mehr, ihre Wunderkräfte (skt. *ṛddhi*, p. *iddhi*) zu gebrauchen. (Vgl. dazu das oben, 2.2.2.2. 1., Gesagte.) Ihr Vorbild sind die hinduistischen Yogins mit ihren *siddhi* genannten Fähigkeiten; über das „Im-Luftraum-Wandeln" *(ākāśa-gamana)* s. YS III 42.

In Vaiśālī, im Stammkloster Ānandas, wohnt der hundertzwanzigjährige Älteste (und Schüler Ānandas) Sarvakāmin (p. Sabbakāmī). Den besucht Revata und gleich darauf Sambhūta Śāṇavāsa. Letzterer fragt und erhält die Antwort, daß die westlichen Mönche im Recht seien.

Die Gemeinde versammelt sich. Siebenhundert Mönche sind zugegen, und es gibt endlose Debatten. Schließlich konstituiert sich ein paritätisch mit östlichen und westlichen Mönchen besetzter Ausschuß aus acht Mönchen; Asita wird als Sitzanweiser zugesellt.

östliche Mönche	westliche Mönche
Sarvakāmin	Revata
Śāḍha	Sambhūta Śāṇavāsa
Kubjita (p. Khujjasobhita)	Yaśas
Vāsabhagāmika (so p.; skt.?)	Sumanas (p. Sumana)

Es findet ein Ortswechsel statt: Man begibt sich in den Vālikārāma. In einem vor der Gemeinde stattfindenden Wechselgespräch, bei dem Revata fragt und Sarvakāmin antwortet, werden die zehn Regeln der Vṛjiputraka-Mönche verworfen.

Dies wird „Vinaya-Konzil der siebenhundert (Mönche)" genannt.

Soweit der Pāli-Bericht, zu dem es nicht so viele Parallelen gibt wie zum Bericht über das „erste Konzil", aber mehr Abweichungen. Die wichtigsten betreffen Datum und Ort sowie die Zahl der Teilnehmer.

Was das Datum angeht, so werden neben dem Jahr 100 (immer nach dem Tode des Buddha gerechnet) noch die Jahre 110, 210 und 220 genannt. Dabei tauchen übrigens auch Königsnamen auf, und zwar Nandin, Kālāśoka und Aśoka. Der Ort ist zwar immer Vaiśālī, aber die Klöster sind nicht immer dieselben. Und die Zahl der Teilnehmer schwankt zwischen 700 und 1 200 000 Ältesten, die alle noch den Buddha gekannt haben wollen oder sollen.

É. Lamotte (1958), von dem ich das übernommen habe, s. S. 143f., zählt noch eine Reihe weiterer Merkwürdigkeiten auf, nämlich:

a) Yaśas' Appell an die ihm fremden Gemeinden von Pāṭheyya, Avanti und dem Dekkhan, der ohne Beispiel in der Kirchengeschichte sei.

b) Revatas „Flucht", hinter der sich ein Ritual verberge.

c) Die Versammlung habe keinen Vorsitzenden; die Autorität liege einmal bei Revata, ein andermal bei Sambhūta Śāṇavāsa, Sarvakāmin oder Kubjita.

d) Der achtköpfige Ausschuß enthalte in der Mehrzahl Mönche aus Zentralindien; die Aufteilung in Ost und West sei ziemlich willkürlich.

e) Die Vṛjiputrakas würden gar nicht mehr erwähnt, als hätten sie alles schweigend über sich ergehen lassen, was einer Passage im Dīpavaṃsa (V 30f.) widerspreche.

f) Das Merkwürdigste aber sei die Liste der „zehn Regeln". Keiner, von den Vṛjiputrakas abgesehen, kenne sie. Daher auch die umständlichen Erklärungen, was gemeint sei, und die trotzdem verbleibenden erheblichen Auffassungsunterschiede in den Parallelversionen. Grund dafür sei, daß es sich um Übersetzung aus der Ostsprache (vgl. dazu unten, 4.3.2.) handele.

Zusammenfassend läßt sich sagen:

Es wird allgemein, und wohl zu Recht, angenommen, daß die Tradition über das „zweite Konzil" mehr geschichtliche Substanz enthält als die über das „erste Konzil". E. Frauwallner (1952), S. 243, stützt diese Annahme noch mit dem, wie mir scheint, wichtigen Hinweis, daß bloße aitiologische Legenden nicht mit einem so großen Aufwand an konkreten Einzelheiten zu arbeiten pflegen.

Die Kernerzählung läßt sich etwa folgendermaßen zusammendrängen:

100 oder (was wahrscheinlicher ist) 110 Jahre nach dem Tode des Buddha[87], fallen Mönche in Vaiśālī durch skandalöses Verhalten auf. Die Sache wird durch Yaśas, einen Schüler Ānandas, gelegentlich seines Aufenthalts in der Stadt entdeckt und, Bestechungsversuchen zum Trotz, ans Licht gebracht. Es folgt die Einberufung des Konzils in Vaiśālī mit siebenhundert Arhats. Ein Ausschuß von acht Mitgliedern wird bestallt, der nach ältesten Quellen das Verhalten der Angeklagten einhellig verurteilt.

Es ist aber nicht nur in dieser Kernerzählung geschichtlicher Niederschlag zu suchen (wobei übrigens die Einhelligkeit der Verurteilung am zweifelhaftesten bleibt), sondern auch in ihrem an Merkwürdigkeiten reichen Beiwerk. [Vgl. dazu die oben, S. 134f., aufgeführten Punkte a,—f,.] Es legt folgende Schlußfolgerung nahe:

1. Ein Jahrhundert nach dem Tode des Buddha hatte sich seine Lehre (mit dem, was andere daraus gemacht hatten) in weiten Teilen Nordindiens und im Dekkhan ausgebreitet. Aber sie hatte allem Anschein nach noch nicht den Süden und Ceylon erreicht. [Vgl. die Punkte a und b; zu letzterem auch die einzelnen Stationen der Flucht Revatas.]

2. Die einzelnen Ortsgruppen hatten zwar Verbindung miteinander, aber es gab keine allgemein anerkannte Autorität. [Vgl. Punkte a—d,.]

3. Wohl aber gab es einen Ost-West-Gegensatz dergestalt, daß der Westen konservativer war. [Vgl. Punkt a,: Yaśas', eines aus dem Osten stammenden Mannes, Appell an Westgemeinden; ferner die Punkte d—f,.]

[87] Die späteren Daten, 210 bzw. 220, lassen sich erklären, wenn man unterstellt, der Nanda-Herrscher Kāḷāśoka sei mit dem berühmten Aśoka (Maurya) verwechselt worden.

4. Da es sich um den letzten Konzilsbericht handelt, der in allen Vinayas bezeugt ist, sich also darnach der Weg, den die „kirchengeschichtliche“ Tradition geht, gabelt, ist folgendes nicht unplausibel: Es hat tatsächlich ein Konzil stattgefunden, das zur Ausarbeitung gewisser Ordensregeln, vielleicht eines Vinaya-Piṭaka (cum grano salis), geführt hat, etwa mit dem Prātimokṣa, das unser Bericht ja voraussetzt, als Kern. Oder aber — und das ist wohl das mindeste, was sich sagen läßt — es hat mehrere Konzile bzw. konzilsartige Bemühungen gegeben, und die Tradition hat schon aus Gründen der Eindringlichkeit der Darstellung alles wichtig Erscheinende in ein Konzil zusammengezogen.

Danach könnte man sich den aus dem Rājagṛha-Bericht erschlossenen Gang der Ereignisse folgendermaßen fortgesetzt denken (vgl. dazu oben, S. 132):

Etwa 110 Jahre nach dem Tode des Buddha führen Bemühungen um einen gemeinsamen Vinaya zu einem gewissen Abschluß. Trotzdem sind die zentrifugalen Kräfte stärker; die große Gemeinde der Buddhisten, die sich bereits über Nordindien und bis in den Dekkhan ausgebreitet hat, fällt unaufhaltsam auseinander. [Fortsetzung s. S. 139]

4.1.2. Das „dritte Konzil“: Pāṭaliputra

Mit dem Bericht vom Konzil in Vaiśālī hört die gemeinsame Vinaya-Tradition auf. Das bedeutet zwar nicht, daß es für die Zeit darnach keine das weitere Schicksal der Gemeinde oder der Gemeinden betreffende Überlieferung mehr gäbe. Wohl aber bedeutet es, daß diese Überlieferung nun noch verworrener wird. Hat man doch sogar gelegentlich Schwierigkeiten, zu erkennen, ob es sich bei den verschiedenen Texten, die als Quellen in Betracht kommen, um Parallelversionen, also um Berichte über dasselbe Ereignis, handelt oder nicht. Offenbar sind bestimmte Geschehnisse, deren man sich erinnerte, einmal in diesen, ein andermal in jenen Zusammenhang gestellt worden. Um die Übersicht nicht zu verlieren und dabei offen zu bleiben, empfiehlt es sich, folgendes möglichst streng auseinanderzuhalten:

A. den Umstand, daß hinsichtlich der Qualifikation zum Arhat fünf unorthodoxe Thesen aufgestellt werden;
B. die Frage nach der Autorschaft dieser Thesen;
C. das Auftauchen auch anderer unorthodoxer Praktiken und Lehrmeinungen;
D. die Frage der Datierung bzw. der Datierungen;
E. die diesbezügliche Pāli-Tradition.

Zu A[88]:

1. Ein Arhat kann im Traum von den „Töchtern des Māra" verführt werden (d. h. Pollutionsträume haben).
2. Er ist noch nicht frei von Unwissenheit.
3. Er hat noch Zweifel.
4. Er kann mit fremder Hilfe auf dem Erlösungswege fortschreiten.
5. Er kann die Übung zur Sammlung fördern, indem er gewisse Worte spricht *(vacībheda)*.

Diese Thesen sind zu charakteristisch, als daß sie einfach erfunden sein könnten. Auch weisen sie, klar erkennbar, eine Tendenz auf: Es geht darum, den Arhat nicht mehr als festliegende (End-)Station auf dem Weg zur Erlösung zu begreifen, sondern als elitäre Position, die es aufzuweichen gilt, damit möglichst viele dahingelangen können. Und man wird auch zugeben müssen, daß die Brisanz, die darin liegt, ausreicht, um die erste große Spaltung der buddhistischen Gemeinde, in Mahāsāṃghikas[89] und Sthaviras, plausibel zu machen: Denn nicht weniger als dies wird damit in Verbindung gebracht.

E. Frauwallner (1952), S. 243ff., unterscheidet drei Versionen des diesbezüglichen Berichtes[90], denen außer den fünf Thesen und dem Ergebnis des Streites darum, eben der großen Spaltung, nur noch der Ort gemeinsam ist, nämlich Pāṭaliputra (= Kusumapura). II ist der Bericht der unterlegenen Partei der Sthaviras, die nach Kaśmīr ausweichen, sich dabei als Heilige darstellen und ihre Gegner schlechtmachen. III ist mit einer Aitiologie verbunden, nämlich mit der Gründung der Schule der Vatsīputrīya — stammt also aus Kreisen dieser Schule.

Zu D (vgl. oben):

Schon die Datierung des Ereignisses ist ein Problem. In Version I finden wir die Jahre 116 und 160 (nach dem Tode des Buddha). II hat 116 und 100, ist aber in dieser Hinsicht von I abhängig und für uns nur insofern interessant, als es 116 (gegen 160) entschieden wahrscheinlicher macht. III bietet

[88] Nach A. Bareau (1964), S. 70. Im einzelnen wäre dazu noch viel zu sagen. Was mit Punkt 5 gemeint ist, bleibt mir unklar. Vgl. auch Kathāvatthu 2,11 (1)—15 (5). (Kathāvatthu ist der Text, in welchem sich die Pāli-Version dieser Thesen erhalten hat; vgl. dazu unten; zu E und C.)

[89] *mahāsāṃghika* heißt „der großen Gemeinde zugehörig". Gemeint ist hier die große Masse, im Gegensatz zu den Ältesten *(sthavira)*.

[90] Version I wird repräsentiert durch Vasumitras Samayabhedoparacanacakra sowie durch die Tarkajvālā des Bhāvaviveka, II (die aus Kaśmīr stammt) vor allem durch Mahāvibhāṣaśāstra und III hauptsächlich wiederum durch die Tarkajvālā. Für Einzelheiten s. E. Frauwallner (1952), S. 244ff.

137. Diese Datierung wäre gegen 116 abzuwägen und dabei ist folgendes in Betracht zu ziehen: In Zusammenhang mit der Datierung werden auch Herrschernamen genannt; in III Nanda und Mahāpadma, in I (II hat keinen Namen) Aśoka. Gemeint ist der große Aśoka (Maurya). Aber das kann nicht stimmen; denn dieser hat später regiert. Setzt man dagegen den Herrscher Kālāśoka (der öfter mit Aśoka verwechselt wird), dann wäre die Angabe 116 ebenso hinzunehmen wie 137. Was andererseits diese Datierung (also 137) angeht, so ist zu bedenken, daß Version III, wo sie sich findet, eine aitiologische Erzählung ist mit dem Ziel, die Gründung einer Schule (der Vatsīputrīya) zu erklären; und das geschieht nach diesem Bericht genau 63 Jahre später: 137 + 63 = 200 sieht gekünstelt aus.

Zu B (vgl. oben):

In der Frage nach dem Autor der Thesen gehen alle drei Versionen auseinander; während I sich schlicht ausschweigt, nennt II einen gewissen Mahādeva, nach III jedoch soll es ein gewisser Bhadra gewesen sein, der die Unterstützung der Ältesten Nāga bzw. Nāgasena und Sthiramati gehabt habe. Dies ist die wesentlich differenziertere Darstellung, für die übrigens auch spricht, daß Bhadra nicht sehr bekannt ist und die Hilfestellung zweier Ältester auf Uneinigkeit sogar in diesem konservativen Lager (aus dem Bericht stammt) schließen läßt.

Dazu kommt noch etwas anderes: Mahādeva scheint — nach E. Frauwallner (1952), S. 247f. — viel enger mit späteren Streitigkeiten innerhalb der sich schon konstituiert habenden Mahāsāṃghikas verbunden zu sein (wobei übrigens die fünf Thesen noch keineswegs ad acta gelegt waren); er wird wohl auch aus diesem Grund als Urheber der Spaltung weniger in Betracht kommen.

Aus diesem Befund lassen sich einige Schlüsse ziehen:

1. Es bleibt gut möglich, daß Version III ziemlich getreu ein historisches Ereignis widerspiegelt.

2. Wahrscheinlicher ist es, daß man nur (doch immerhin) festhalten kann: Irgendwann im 2. Jahrhundert nach dem Tode des Buddha, noch vor Aśoka, gibt es einen ziemlich rücksichtslosen Griff nach der (ich sage nicht: Angriff auf die) Stellung des Arhat, wobei sich die Ältesten, als die Sachwalter dieser Stellung, da selbst schon korrumpiert, in der Verteidigung nicht einig waren. Denn klar ist ja wohl dies: Wenn fünf solche Thesen aufgestellt wurden, dann muß es dafür auch schon lebende Vorbilder gegeben haben, also Leute, die Arhat zu sein behaupteten, aber einen ziemlich fragwürdigen Lebenswandel führten.

3. Die Stellung des Arhat wird mit sozialem Prestige befrachtet, und erleichterte Bedingungen zu ihrer Erlangung werden angestrebt — d.h. es

geht hier nicht mehr in erster Linie um Dinge der Lehre[91]. Denn die lag ja fest, konnte eigentlich gar nicht geändert werden. Wenn das trotzdem geschah, dann hatte das, ziemlich unverhohlen, politische Gründe: Der Arhat war ins Rampenlicht gerückt, die Position für einen nach Macht Strebenden attraktiv geworden; es war somit genau das eingetreten, wovor der Buddha im „Vermächtnis" gewarnt hatte.

4. Man kann also davon ausgehen, daß im 2. Jahrhundert nach dem Tode des Buddha eine „Arhat-Hierarchie" längst Tatsache war. Fragt man nach den Gründen ihrer Entstehung, so ist in erster Linie die — wahrscheinlich schon in großem Umfang durchgeführte — Einrichtung von Klöstern zu nennen, zu deren Führung man Würdenträger benötigte.

5. Bei der großen Spaltung in Mahāsāṃghikas und Sthaviras war diese „Arhat-Hierarchie" an sich nicht strittig. Strittig war nur die Frage, wie weit man sie ausdehnen solle. Die Elite wurde zum quantitativen Problem: Mehr Klöster, das bedeutete mehr Ordinierte und stärkeren Bedarf an Arhats und damit allerdings die Gefahr einer Aufweichung dieser (Arhat-)Elite, die sich längst über die Mönchs-Elite erhoben hatte — letztlich sogar die Gefahr einer Aufweichung des Arhat-Elite-Gedankens, des Elitegedankens überhaupt: Aber noch bewegen wir uns im Hīnayāna-Bereich: Das Gleichberechtigungsstreben der Laienanhänger mit ihrem mehr altruistischen Bodhisattva-Ideal kommt erst später zum Durchbruch.

Somit läßt sich das auf S. 136 Gesagte folgendermaßen fortsetzen:

Im 2. Jahrhundert nach dem Tode des Buddha hat die Ausbreitung des Buddhismus ein kritisches Stadium erreicht. Die Menge der Klöster hat der Qualität der Ordinierten geschadet. Die Diskrepanz zwischen Lebenswandel und Lehre wird zu groß; so muß diese jenem angepaßt werden. Ein mehr liberaler, fast ungehemmt auf weitere Ausbreitung bedachter Flügel prellt ziemlich weit vor; ein mehr konservativer Flügel widersetzt sich. Es kommt zum Streit, wobei die Konservativen nicht die Macht haben, ihre, an sich theoretisch richtigere, Ansicht durchzusetzen. Nicht nur die Masse steht gegen sie, sondern auch die Tatsache, daß sie selber vom bequemeren Leben infiziert sind. Während sie unterliegen, versuchen sie, ihre Gegner zu verteufeln. —

Interessant wäre in diesem Zusammenhang die Kenntnis der Rolle des Königtums. Leider geben die Berichte, soweit ich sehe, nicht viel her. Wenn es königliche Weisung war, die eine Beilegung des Streites durch Abstimmung

[91] E. Frauwallner (1952), S. 243f., n. 1: „Vor allem ist es unwahrscheinlich, das Schisma auf Steitigkeiten über den Vinaya zurückzuführen. Was die Gemeinde allmählich in die 18 Schulen spaltete, waren Fragen der Lehre und nicht der Ordenszucht." — Das ist wohl zu einseitig gesehen. Vielfach erscheint die Lehre nur vorgeschoben.

erzwang, dann kann man daraus schließen, daß die Herrscher sich auf die Seite der Mehrheit schlugen. Und das wäre von ihrer Warte aus auch nur konsequent. Denn ihnen lag weniger an der Lehre als an der Einheit des Ordens. Die Behauptung der unterlegenen Sthaviras in Version II, sie seien freiwillig (und unter Zurschaustellung ihrer Wunderkräfte; vgl. dazu S. 133 n. 86) nach Kaśmīr gegangen, wird hier mehr Wunschdenken als Realität widerspiegeln.

Zu E und C (vgl. oben):

Die Pāli-Tradition eines (angeblichen) Konzils von Pāṭaliputra findet sich in Dīpavaṃsa VII 34—59 und Mahāvaṃsa V 228—282 (sowie in späteren Texten, die aber ohne Belang sind).

Der Inhalt der Mhv-Fassung lautet nach H. Bechert (1961), S. 41f., wie folgt:

Ketzer (skt. *tīrthika*) haben sich in den Orden eingeschlichen, weil dieser wohlhabend geworden war. Wegen der großen Zahl dieser Ketzer sei das Leben in der Gemeinde obstruiert worden; sieben Jahre lang habe in Indien keine Uposatha-Feier und keine Pravāraṇā-Zeremonie stattgefunden. König Aśoka hört von dem Mißstand und sendet einen Minister in den Aśokārāma (das Kloster, das er selbst in Pāṭaliputra gestiftet hatte) mit dem Befehl: „Geh, bring die Angelegenheit in Ordnung und veranlasse, daß das Uposatha-Fest von dem Mönchsorden in meinem Kloster durchgeführt wird." Der Minister versucht die widerstrebenden Mönche mit Gewalt zu zwingen, muß aber den Versuch aufgeben, da die Mönche sich lieber köpfen lassen als mit den Ketzern gemeinsam Uposatha zu feiern. Nun wird der König darauf aufmerksam gemacht, daß der Älteste Moggaliputta Tissa[92] dieser Schwierigkeit Herr werden könne. Er läßt den Ältesten holen, der seine Wunderkräfte beweist und dem König predigt. Dieser läßt durch zwei Yakṣas (Dämonen) alle Mönche der Erde zusammenrufen. Die Mönche müssen sich im Aśokārāma versammeln. Sie werden vom König auf die Lehre hin geprüft. Die einen geben den „Śāśvatavāda-Irrtum" usw. als Buddha-Lehre aus und werden vom König aus dem Orden ausgeschlossen; die anderen erklären richtig, *vibhajjavāda* (skt. *vibhajyavāda*) sei die Lehre des Buddha gewesen und werden anerkannt. Nun wird der Orden für gereinigt erklärt, der König kehrt in seine Stadt zurück. Der Orden feiert vollzählig das Uposatha-Fest. Der vom König bevollmächtigte Älteste Moggaliputta wählt nun aus den Mönchen tausend gelehrte Mönche aus und nimmt mit diesen zusammen eine Zusammenstellung der heiligen Texte (skt. *saddharma*, p. *sad-*

[92] Dies die Pāli-Form. Die Sanskrit-Form für Tissa würde Tiṣya lauten, die für Moggaliputta Maudgalyāyana.

dhamma) vor. Wie einst Mahākāśyapa das (erste) „Konzil", so hält er nun ein „Konzil" ab und trägt dabei selbst den Text Kathāvatthuppakaraṇa vor, in dem er andere Lehren widerlegte. Die Versammlung dauert neun Monate.

Soweit also der Bericht im Mhv; der im Dpv hat sicher einige ältere Züge, ist aber, wie Bechert hervorhebt, verworrener. Widersprüche finden sich in beiden. Versucht man sie zu erklären, dann kommt man, wie besonders E. Frauwallner (1952), S. 257, und H. Bechert (1961), S. 43ff., gezeigt haben, zu folgendem Ergebnis: Zugrunde liegt dem Bericht eine Reminiszenz an die öfter und (legaliter) mit königlicher Hilfe geübte Reinigung einer Ortsgruppe von Mönchen *(saṃgha)*, die durch „Spaltung des Saṃgha" *(saṃghabheda)* beschlußunfähig gemacht worden war. Und zugrunde liegt ferner die Reminiszenz an eine im Anschluß daran abgehaltene Synode der betreffenden Schule.

Die Schule ist, wie man dem Bericht leicht entnehmen kann, die der Vibhajyavādins. Daß gerade sie ihre Synode (oder eine ihrer Synoden) zu einem Konzil aller Buddhisten auf der Erde (in Pāṭaliputra, unter dem großen Aśoka) hochstilisierten, wird jedenfalls verständlich, wenn man folgendes unterstellt:

Anders als die Autoren von Version II, die nach Kaśmīr gehen mußten (vgl. dazu oben, zu A), waren die Vibhajyavādins (bzw. ihre wahrscheinlich noch nicht einem Schulnamen verpflichteten Vorgänger) beim sogenannten „dritten Konzil" so unmittelbar nicht betroffen, und zwar schon aus geographischen Gründen: Sie saßen im Westen, das Konzil fand im Osten (in Pāṭaliputra) statt. Außerdem gehörten sie zum konservativen Lager, also zu den Verlierern. So war es nur natürlich, daß ihnen dieses Ereignis nicht besonders gut im Gedächtnis haften blieb, weniger gut jedenfalls als eine etwa hundert Jahre später (also unter der Herrschaft Aśokas, vielleicht sogar mit dessen Unterstützung) offenbar erfolgreich verlaufene Schulsynode.

Durch sie wurde die Niederlage noch nachträglich zum Sieg, indem — ob mit bewußter Nachhilfe der Traditoren oder nicht, das sei dahingestellt — sozusagen die Synode das Konzil an sich zog, sich mit ihm anreicherte, zumindest aufwertete — wobei die Assoziation über Pāṭaliputra/Aśoka lief und selbstverständlich das Ganze darauf ausgerichtet wurde, die Einzigartigkeit von Vibhajyavāda zu feiern. Dieser Umstand erklärt übrigens auch, warum hier, in der Pāli-Tradition, die fünf Thesen über den Arhat abgedrängt wurden, nämlich in das Katthāvatthu (vgl. oben, n. 88).

Fügen wir noch hinzu, daß, selbst wenn diese Hypothese nicht stimmt (und es ist eine Hypothese), an der Geschichtlichkeit der Synode kaum ein Zweifel möglich ist, und zwar hauptsächlich aus folgenden, von E. Frauwallner (1952), S. 258f., herausgestellten Gründen:

1. Der Moggaliputta des Pāli-Berichtes (s. oben) ist historisch; denn der zweite Stūpa von Sāñci enthielt seine Reliquien (womit, beiläufig bemerkt, bekräftigt wird, daß die Vibhajyavādins im Westen wohnten: Sāñci liegt bei Ujjayinī, unter den Mauryas Hauptstadt der Westprovinz).

2. Ein gewisser Devaśarman, Verfasser des Vijñānakāya, eines alten Abhidharma-Werkes aus der Schule der Sarvāstivādins, bekämpft darin u.a. einen Maudgyalyāyana, der Vibhajyavāda vertritt. Maudgalyāyana ist die Sanskrit-Form für Moggaliputta. Es wird unser Moggaliputta gemeint sein (vgl. oben, n. 92).

3. Für diese Annahme spricht auch, daß das uns überlieferte Kathāvatthuppakaraṇa, das Moggaliputta auf der Synode vorgetragen haben soll, aus inneren Gründen wenigstens z.T. als ein sehr alter Text angesehen werden muß, also durchaus auf Moggaliputta zurückgehen kann.

4. Aśokas sogenanntes „Schismen-Edikt" bestätigt, daß der berühmte Herrscher tatsächlich Ordensreinigungen durchgeführt hat bzw. hat durchführen lassen. Daß mit dem Edikt auf dasselbe Ereignis angespielt wird, welches auch dem Pāli-Bericht zugrunde liegt, darf man weiter vermuten. (Vgl. dazu auch H. Bechert [1961], S. 50.)

4.2. Die Ausbreitung des Buddhismus unter Aśoka

Wir kommen nun zu Aśoka (p. Asoka), dem dritten König der Maurya- (p. Moriya-)Dynastie und großen Förderer des Buddhismus, der etwa von 272 bis 231 v. Chr. in Pāṭaliputra, der Hauptstadt seines Stammlandes Magadha, regiert hat. (Vgl. dazu oben, 0.5.) Mit ihm betritt eine der faszinierendsten Herrschergestalten die Bühne der Weltgeschichte. Und es ist ein seltener Glücksfall für die historische Forschung, daß gerade diese Herrschergestalt, als die einzige aus dem alten Indien, gut greifbar wird[93].

Bewirkt wurde der Glücksfall dieser für indische Verhältnisse einzigartigen Quellenlage in erster Linie durch Aśoka selber. Zwar gibt es auch über ihn eine Tradition von außen; sie ist legendär (darin vergleichbar mit der über den Buddha) und somit, bei entsprechend kritischer Behandlung, durchaus in der Lage, wichtige Informationen allgemeiner Art zu liefern. Ferner gibt es die nach Alexander dem Großen einsetzende griechische und römische

[93] Von monographischen Arbeiten über Aśoka sei empfohlen R. K. Mookerji (1962); ferner das weiter ausgreifende Werk von R. Thapar (1963). Für die Legendenüberlieferung maßgebend ist J. Przyluski (1923). Einen bequemen Überblick über den Inhalt der Texte findet man bei É. Lamotte (1958), S. 272ff.

Überlieferung[94], welche — so fragmentarisch sie auf uns gekommen ist: Aśoka (der den Griechen gut bekannt sein muß) wird darin nicht ein einziges Mal erwähnt — unmittelbar Licht auf die gesamte Maurya-Zeit wirft, mittelbar aber auch indische Texte, die sonst für uns in einem historischen Vakuum bleiben müßten (wie z. B. das berühmte politische Lehrbuch Arthaśāstra), für die Erarbeitung eines Geschichtsbildes (allerdings nicht nur der Maurya-Zeit) verwertbar macht. Allein, das alles wäre doch sehr wenig, hätte man nicht darüber hinaus das authentische Wort Aśokas in seinen Inschriften.

Aśoka hat nämlich — nach dem Vorbild der achämenidischen Könige, denen er auch in der von ihm geförderten Kunst verpflichtet ist — zahlreiche Inschriften in Stein hauen lassen. Eine ganze Reihe davon sind erhalten, teils auf (einst kapitellgeschmückten) polierten Steinsäulen (die buddhistische Wallfahrtsplätze zierten), teils auf nur roh behauenem Felsen (an markanten, verkehrsreichen oder vielbesuchten Plätzen im Lande), wobei die Fundstellen von Afghanistan bis tief in den Süden Indiens reichen. Ihre Sprache ist zumeist Ardhamāgadhī (ein Ost-Mittelindisch, offenbar die „Kanzleisprache" Aśokas in Pāṭaliputra). Es kommt aber auch westliches und nordwestliches Mittelindisch vor, und es finden sich sogar griechische und aramäische Übersetzungen bzw. Paraphrasen einer mittelindischen Vorlage[95].

Die Bedeutung der Inschriften als Sprachdenkmäler (mit einem seit mehr als zweitausend Jahren unveränderten Sprachmaterial) ist außerordentlich, gerade auch, wie wir noch sehen werden (s. unten, 4.3.2.), für die Erforschung der ältesten Straten buddhistischer Textgeschichte.

Noch wichtiger aber ist der Inhalt. Aśoka spricht aus seinen Inschriften höchstpersönlich zu uns. Und was er sagt, ist für einen König, noch dazu für einen im Rang eines Universalherrschers, ganz ungewöhnlich, so ungewöhnlich, daß es ihm damit gelingt, die Legendentradition, welche nach seinem Tode über ihn in Umlauf geriet, sozusagen wieder einzuholen — wodurch sich höchst interessante Einblicke ergeben: einerseits in die Historie, andererseits in das, was daraus gemacht wurde.

Als Beispiel diene der bekannte Zug aus der Legende, nach welchem das Leben Aśokas durch seine Konversion zum Buddhismus geradezu in zwei diametral entgegengesetzte Teile zerlegt erscheint: Aus dem „Wüterich Aśoka" *(Caṇḍāśoka)*, der, um zur Macht zu kommen, fast alle seine Brüder tötet

[94] Eine Sammlung der Quellen in englischer Übersetzung bietet R. C. Majumdar (1960).

[95] Die maßgebliche Ausgabe der bis damals bekannten indischen Texte stammt von E. Hultzsch (1924), der u. a. auch Übersetzungen bietet. Moderner, ohne den Anspruch, Hultzschs Ausgabe überflüssig zu machen, aber sehr handlich: J. Bloch (1950). Eine vollständige deutsche Übersetzung der großen Felsenedikte (mit Inhaltsangaben und Analyse) bei U. Schneider (1978).

(nach Mhv V 20: neunundneunzig, von den hundert, die er hat), der (späteren Berichten zufolge) eine „Hölle auf Erden" einrichtet, in der auf seinen Befehl grundlos gefoltert wird, und der vieles andere mehr in dieser Richtung tut, wird unter dem Einfluß der Lehre des Buddha im Handumdrehen der friedliche, gerechte, bis zur Selbstaufopferung dem buddhistischen Orden dienende, dem „Dharma ergebene Aśoka" *(Dharmāśoka)*.

Es braucht nicht besonders betont zu werden, daß es sich hier um buddhistische Schwarzweißmalerei handelt, um mehr oder weniger bewußte Propaganda zum höheren Ruhme des Ordens. Viel weniger offenkundig — und deshalb hervorhebenswert — ist aber das Körnchen Wahrheit, das diesen maßlosen Übertreibungen zugrunde liegt und zu dem Aśoka sich selbst bekennt, nämlich im 13. Felsenedikt. Es empfiehlt sich, diese auch aus anderen Gründen ungewöhnlich aufschlußreiche Inschrift zunächst in extenso vorzuführen:

[Einleitung:] Als der Göttergeliebte König Priyadarśin [= Aśoka] acht Jahre geweiht war, wurde Kalinga [Orissa] erobert. Nicht weniger als 150000 Menschen wurden von dort deportiert, nicht weniger als 100000 dort getötet, beinahe ebenso viele starben. Seither ist nun, da Kalinga eingenommen worden ist, strenges Dharma-Studium, Liebe zum Dharma und Dharma-Unterweisung [Sache] des Göttergeliebten. Das ist die Einstellung des Göttergeliebten, nachdem er Kalinga erobert hat.

[Teil I:] Wenn nämlich einer ein unerobertes [Gebiet] erobert, dann erscheint, was dabei an Gemetzel oder Sterben oder Deportation von Leuten geschieht, dem Göttergeliebten außerordentlich schmerzlich und schwerwiegend.

Folgendes aber wird vom Göttergeliebten sogar für noch schwerwiegender gehalten: Sofern dort Brahmanen oder Religiose (skt. *śramaṇa*) oder andere [Angehörige von] Religionsgemeinschaften oder Haushälter wohnen, bei denen [der von mir geforderte] Gehorsam gegenüber Hochgestellten, Gehorsam gegenüber den Eltern, Gehorsam gegenüber Respektspersonen, [ferner] gegenüber Freunden, Bekannten, Gefährten und Verwandten sowie gegenüber Sklaven und Dienern korrektes Benehmen und feste Zuneigung feststehen, — für die hat es dabei Schädigung oder Tod oder Trennung von [ihnen] lieben [Angehörigen] gegeben. Oder auch wenn von solchen, die gut versorgt sind, Freunde, Bekannte, Gefährten und Verwandte, zu denen sie eine unvergängliche Liebe haben, ins Unglück geraten, da ist auch dies gerade für sie eine Schädigung. Und dies geht einerseits alle Menschen an und wird andererseits vom Göttergeliebten für schwerwiegend gehalten.

Und es gibt weder ein Land, wo diese Klassen, Brahmanen und Religiose, nicht sind, außer bei den Griechen. Noch gibt es in irgendeinem Lande, wo sie nicht sind, nicht [doch] Zuneigung der Menschen zu irgendeiner Religionsgemeinschaft. — Daher, wie viele Leute damals in Kalinga getötet wurden, gestorben sind und deportiert wurden, davon wird heute vom Göttergeliebten der hundertste, ja der tausendste Teil für schwerwiegend gehalten.

Auch wenn ihm heute einer Schaden zufügt, wird vom Göttergeliebten als verzeihlich angesehen, was verziehen werden kann. Und auch die Dschungelbewohner, die im Reiche des Göttergeliebten sind, auch die behandelt er freundlich und bringt sie zum Nachdenken. Und bei aller Reue des Göttergeliebten wird ihnen [seine] Macht verkündet, damit sie sich zurückhalten mögen und nicht getötet werden. Denn der Göttergeliebte wünscht gegenüber allen Lebewesen Nicht-Verletzung, Selbstbezähmung, Unparteilichkeit, Milde.

[Teil II:] Diese Eroberung aber wird vom Göttergeliebten als die größte angesehen: nämlich die Eroberung durch den Dharma. Die wiederum ist vom Göttergeliebten sowohl hier als auch bei allen Nachbarn bis auf eine Entfernung von sechshundert Yojanas hin errungen worden, wo der Griechenkönig namens Antiyoka[96] ist, und über diesen Antiyoka hinaus die vier Könige namens Tulamaya, namens Antekina, namens Makas, namens Alikasudala, [und wo] ferner [?] die Coḍas und Paṃḍiyas sind bis nach Tambapaṃni hin. Ganz ebenso hier, im Gebiet des Königs, bei den Griechen und Kambocas, bei den Nābhakas und Nābhapantis, bei den Bhojas und Pitinikas, bei den Aṃdhas und Pāladas — überall befolgen sie die Dharma-Unterweisung des Göttergeliebten. Selbst dort, wo die Gesandten des Göttergeliebten nicht hingelangen, befolgen sie, nachdem sie das vom Göttergeliebten über den Dharma Gesagte, seine Anordnung, seine Dharma-Unterweisung gehört haben, den Dharma und werden ihn noch weiter befolgen.

Und auf diese Weise ist überall eine Eroberung gemacht worden; in jedem Falle jedoch ist es eine Eroberung als Quelle von Freude. Und erlangt worden ist sie als Freude über eine Dharma-Eroberung.

Leicht aber fürwahr [wiegt] diese Freude. Nur das Jenseitige hält der Göttergeliebte für sehr fruchtbringend.

[Schluß:] Und zu ebendem Zweck ist diese Schrift über den Dharma geschrieben worden, nämlich: meine Söhne und Enkel sollen nicht denken, sie müßten irgendeine neue Eroberung machen; in ihrer eigenen Eroberung sollen sie an Nachsicht und milder Bestrafung Gefallen finden, und sie sollen nur die Dharma-Eroberung für eine [wirkliche] Eroberung halten. Denn diese bringt diesseitiges [Glück] und jenseitiges [Heil]. Und jegliches Vergnügen möge ein Vergnügen am [und mit dem] Dharma sein. Denn dieses bringt diesseitiges [Glück] und jenseitiges [Heil]. —

Soweit also das Edikt. Das Körnchen Wahrheit, von dem oben die Rede war, liegt — man wird es bemerkt haben — darin, daß Aśoka tatsächlich eine Umkehr vornimmt, vielmehr (da das Ereignis, auf das im Edikt Bezug genommen wird, schon mindestens fünf Jahre zurückliegt) vorgenommen hat.

Bei oberflächlicher Betrachtung allerdings könnte man meinen, die Legende würde mit mehr als einem Körnchen Wahrheit bestätigt. Als dharmabeflissen läßt sich auch der Aśoka der Inschriften bezeichnen; und was den „Wüterich", der er vor der Umkehr gewesen sein soll, angeht, so könnte man fragen: Was macht es eigentlich für einen Unterschied, ob einer neun-

[96] Zu den hier erwähnten Namen vergleiche man auch die Ausführungen weiter unten.

undneunzig seiner hundert Brüder umbringt, Unschuldige foltern läßt und was dergleichen Untaten mehr sind — oder ob er bloß einen Krieg vom Zaune bricht, der, alles andere nicht gerechnet, zweihunderttausend Menschen das Leben kostet?

Nun, es macht einen Unterschied. Um ihn zu sehen, braucht man sich nur den historischen und persönlichen Kontext zu vergegenwärtigen, in dem Aśoka stand und weitgehend auch sich selber verstehen mußte.

Als Erbe des Thrones von Magadha — illegitimer übrigens (denn er kam durch Usurpation an die Macht) — war er gehalten und willens zu herrschen. Dabei hatte er sich einem historischen Trend einzuordnen, der sich schon für die Zeit des Buddha nachweisen läßt. Man muß damals, Ausgang des 6. Jahrhunderts v. Chr., etwa am Beginn einer Entwicklung gestanden haben, die man mit chinesischer Terminologie als „Zeitalter der kämpfenden Staaten" bezeichnen könnte: In einem Krieg aller gegen alle (mit wechselnden Bündnissen) drängte die Entwicklung der indischen Staatenwelt auf die Bildung immer weniger, dafür immer größerer politischer Gebilde, letztlich auf ein Universalreich. Aśoka, runde zweihundert Jahre jünger als der Buddha, hatte bei Antritt seiner Herrschaft das Ende der Entwicklung vor Augen — und maßgeblich mitzubestimmen. Denn Magadha, s e i n Staat (wie sich ohne Übertreibung sagen läßt), hatte sich, ausgestattet mit einer riesigen Kriegsmaschinerie und offenbar auch mit einer gut funktionierenden Verwaltung, als die allen anderen überlegene Macht erwiesen. Aśoka war also von Anfang an Herr eines Riesenreiches. Sein Augenmerk dürfte schon aus diesem Grund weniger auf eine weitere Expansion gerichtet gewesen sein als vielmehr auf die Festigung des Erreichten.

Was den Süden angeht, so ließ er allem Anschein nach die Südspitze des indischen Subkontinents (es sind die Gebiete der Coḍas und Paṃḍiyas, die in der Inschrift, Teil II, 1. Absatz, ausdrücklich genannt werden[97] sowie Ceylon (= Taṃbapaṃni) unangetastet und begnügte sich damit, diese Völkerschaften freundschaftlich verbunden zu wissen, wohl das mindeste, was ein mächtiger Herrscher erwarten darf.

Ähnlich unproblematisch stellten sich für Aśoka die Verhältnisse im Westen dar, bis hin nach Griechenland, Ägypten und in die (nordafrikanische) Kyrenaika; sind doch von den in der Inschrift erwähnten Königen Antiyoka

[97] Im 2. Felsenedikt werden außer Coḍas und Paṃḍiyas noch Satiyaputa und Kelaputa genannt, womit wahrscheinlich die Herrscher von Satiyas und Keralas gemeint sind. Da eine zeitliche Differenz zwischen der Abfassung des 2. und des 13. Felsenedikts liegt, könnte man vermuten, die beiden hätten inzwischen ihre Selbständigkeit eingebüßt oder aufgegeben. Doch deutet nichts darauf hin, daß es im Süden kriegerische Verwicklungen gegeben hat.

= Antiochos II. Theos von Syrien (regierte 261—246 v. Chr.)[98], Tulamaya = Ptolemaios II. Philadelphos von Ägypten (285—247), Antekina = Antigonos Gonatas von Mazedonien (276—239), Makas = Magas, ein Herrscher (Halbbruder des Ptolemaios II.) von Kyrene (dessen Datierung nicht sicher ist), Alikasudale = entweder Alexander von Korinth (252—244) oder Alexander von Epeiros (272—255)[99]. Daß, wie wir wissen, diese Herren untereinander keineswegs immer freundschaftlich verbunden waren, bot dem solchen Querelen auch räumlich fernstehenden Inder sicher keinen Anlaß, sich in der Durchführung seiner Politik irritieren zu lassen.

Mit dem ebenfalls außerhalb des Universalreiches stehenden Kalinga im Osten war das alles anders. Dieser offenbar mächtige Staat — er hätte sich sonst wohl nicht so lange unabhängig halten können — lag fast vor der Haustür von Aśokas Residenz in Pāṭaliputra; und hier hätte wahrscheinlich auch freundschaftliche Verbundenheit wenig an der prekären Situation geändert.

Schon die Schiffahrt vom bengalischen Hafen Tāmluk (skt. *Tāmralipti*, p. *Tāmalitti*) die Ostküste entlang bis nach Ceylon konnte natürlich von Kalinga aus ernstlich behindert, wenn nicht gar lahmgelegt werden. Doch das war noch das wenigste. Es ging vor allem um die Landverbindungen quer durch den Subkontinent. So führte, u. a., von Bharukaccha (Broach), dem neben Sopārā bedeutendsten Hafen der Westküste, eine wichtige Straße das Flußtal der Narmadā (Narbadā) aufwärts ins Innere, wo sie sich, etwa bei Rūpnāth, dreifach aufteilte; einerseits ging sie weiter in nordöstlicher Richtung zur Metropole, Pāṭaliputra, andererseits die Mahānadī abwärts nach Kalinga und drittens, mit einem Knick nach Süden oder Südosten, in Richtung auf den Unterlauf der Godāvarī, welcher sie dann bis zu deren Mündung an der Ostküste (im heutigen Staat Andhrapradesh) folgte.

Es ist ohne weiteres einsehbar, daß es sich um für das Maurya-Reich lebenswichtige Verkehrsadern handelte. Es ist aber auch klar, daß sie von Kalinga aus jederzeit empfindlich gestört, sogar abgeschnürt werden konnten — insbesondere dann, wenn sich der Herr (oder die Herren) von Kalinga mit den zentralindischen Dschungelstämmen (die es noch heute dort gibt) verbündete, was nahelag und in der Geschichte Orissas (das sich ganz grob als Nachfolgestaat Kalingas umschreiben läßt) offenbar öfter geschah; befindet

[98] Dies ist ein Enkel des Diadochen Seleukos I. Nikator, der 303 v. Chr. mit Aśokas Großvater, Candragupta (der im Griechischen Sandrakottas heißt), einen Friedensvertrag schloß. Vgl. dazu etwa R. Thapar (1963), S. 16.

[99] Die Liste dieser Herrscher mit ihren Regierungsdaten liefert übrigens den wichtigsten Anhaltspunkt zur Datierung Aśokas; man unterstellt dabei, daß zum Zeitpunkt der Abfassung der Inschrift alle noch regierten: klärlich eine Unterstellung, die, obwohl methodisch einwandfrei, dennoch einen Spielraum von einigen Jahren läßt.

sich doch bis auf den heutigen Tag auf dem „Thron" (eigentlich ist es ein Altar) im Allerheiligsten des prachtvollen „Großen Tempels" der Küstenstadt Purī, die zu den bedeutendsten Wallfahrtsplätzen Indiens zählt, eine als Jagannātha (wörtlich: „Schützer der Welt") deklarierte ungeschlachte, u.a. arm- und beinlose Holzfigur, deren nichthinduistischer, also tribaler Ursprung ebenso mit Händen zu greifen ist wie die Tatsache, daß sie ihre überragende Stellung (sie war Staatsgottheit Orissas) der Konzession eines hinduistischen Herrschers an mit ihm verbündete Stammesbevölkerung, die es auch innerhalb Orissas gab, verdankt.

So nimmt es denn nicht wunder, daß Aśoka in unserer Inschrift, Teil I, letzter Absatz, — und übrigens auch in einem der beiden speziell für Kalinga bestimmten sogenannten Separatedikte[100] — diese Dschungelbewohner ausdrücklich verwarnt; noch nach der Eroberung Kalingas bildeten sie einen gefährlichen Unruheherd, wieviel mehr muß das vorher der Fall gewesen sein.

Die Eroberung Kalingas war also — das läßt sich aus alledem schließen — von Aśokas Standpunkt aus notwendig. Sie beruhte auf staatsmännischem Kalkül und kann daher keinesfalls (wie die Legende uns wohl glauben machen möchte) als der Willkür- oder Racheakt eines „Wüterichs" hingestellt werden. Am Tatbestand einer Umkehr Aśokas ändert das nichts. Wohl aber an deren moralischer Wertung.

Daß politische Motive hinter der Umkehr stehen, bestätigt sich vollends, wenn man den Text des Edikts aufmerksam liest: Der Autor scheut sich nicht, gleich zu Anfang einen Feldzug, für den er verantwortlich ist, mit all seinen entsetzlichen Auswirkungen für die Betroffenen ausführlich, mit schockierenden Zahlenangaben, darzustellen. Dabei läßt er kein Schuldgefühl erkennen, bloß tiefes — und gewiß ehrlich gemeintes — Bedauern, jedoch ohne jedes Zeichen von Schwäche etwa derart, daß er beispielsweise auch nur einen Teil der massenweise vorgenommenen Deportationen rückgängig gemacht hätte oder zu machen willens wäre. Unbeirrt hält er die Zügel fest in seiner Hand.

Noch charakteristischer ist seine Entschlossenheit, nun — da sein Herrschaftsbereich nach dieser letzten großen, ebenso verabscheuungswürdigen wie notwendigen Kraftanstrengung konsolidiert ist — mit dem Kriegführen ein für allemal Schluß zu machen. Eine *pax mundi* schwebt ihm vor. (Er hält sie also für erreichbar.): daher seine Beschäftigung mit dem Dharma, die sich ihm, und die er anderen, in der etwas gekünstelt anmutenden, doch

[100] Die Stelle findet sich bei J. Bloch (1950), S. 141, Z. 11—26. Die Dschungelbewohner werden hier „nichtunterworfene Nachbarn" *(aṃta avijita)* genannt. Siehe auch L. Alsdorf (1962), S. 36f.

ganz logischen Abfolge (1) Dharma-Studium, (2) Liebe zum Dharma und (3) Dharma-Unterweisung (s. die Einleitung des Edikts) darstellt. Letztendlicher Zweck der Beschäftigung mit dem Dharma ist demnach, daß andere, möglichst alle anderen, ihn befolgen.

Hier bleibt von der Behauptung der Legende, die darauf hinausläuft, daß die Lehre des Buddha ihn, Aśoka, gezähmt habe, nicht mehr viel übrig. Eher das Gegenteil zu dieser Behauptung ist richtig. Hat doch Aśoka den Dharma für seine Zwecke benutzt; und wir können gleich hinzufügen: Er hat ihn zu diesem Zwecke auch um- oder doch wenigstens zurechtgebogen. Denn der Dharma des Aśoka ist nur noch vorgeblich der Dharma des Buddha.

Für diese Behauptung Beweise beizubringen, ist nicht schwer. So fehlt nicht nur in unserem Edikt (s. Schluß), sondern in allen anderen Inschriften, die bis jetzt bekanntgeworden sind, jeder Hinweis auf die Erlösung im buddhistischen Sinne, geschweige denn, daß etwa das Wort *nirvāṇa* vorkäme. Statt dessen ist durchgängig, und sehr häufig, vom Jenseits (im Gegensatz zum Diesseits) die Rede und von der „Erlangung des Himmels", die Aśoka nicht nur sich (für seine Pflichterfüllung als Herrscher), sondern auch allen seinen Untertanen (als Lohn für deren Pflichterfüllung, die in der Befolgung des Dharma besteht) wünscht. Ebenso fehlt jeder Hinweis auf einen Wiedergeburtsglauben, wie überhaupt zyklisches Denken bei ihm höchstens in Spuren vorhanden gewesen sein kann[101]. Der Schluß ist deshalb unausweichlich, daß Aśoka in allen Glaubensdingen, die das Leben nach dem Tod betrifft, sagen wir: in seiner religiösen Überzeugung, nicht oder jedenfalls nicht wesentlich von der Lehre des Buddha (oder deren zu seiner Zeit kursierenden Weiterentwicklungen) beeinflußt gewesen sein kann.

Sehr viel eher schon von der ererbten Kriegerreligion, die ewigen Ruhm (auf dem Schlachtfeld) mit ewiger Seligkeit (im Himmel des Kriegsgottes) vergilt. Jedenfalls spricht Aśoka eingangs des 10. Felsenedikts von Ehre und Ruhm, was — ungeachtet der Tatsache, daß er beides auf herkömmlichem Gebiet radikal ablehnt — seinen Kriegerinstinkt, mindestens seine Herkunft aus Kriegerkreisen, verrät; heißt es doch da:

> Der Göttergeliebte König Priyadarśin hält Ehre oder Ruhm nicht für sehr nutzbringend, mit der Ausnahme: was immer er an Ehre oder Ruhm erstrebt, [ist:] für Gegenwart und Zukunft sollen die Leute Gehorsam im Dharma üben und das von mir über den Dharma Gesagte befolgen.

[101] Was vielleicht (keineswegs sicher) auf Spuren zyklischen Denkens hinweisen könnte, wären die Tatsachen, daß er vom „Weltzeitalter" (skt. *kalpa*) spricht und den Stūpa eines früheren Buddha namens *Konākamana* (auch anderweit bekannt mit leichten Abweichungen im Wortlaut seines Namens) besucht, verehrt und, um religiöses Verdienst zu sammeln, vergrößern läßt; s. J. Bloch (1950), S. 158.

Derselbe Tenor beherrscht unser (das 13.) Felsenedikt. Nur ist hier nicht von Ehre oder Ruhm die Rede, sondern ohne Umschweife von „Eroberung" *(vijaya)* — „Dharma-Eroberung" versteht sich. Und mit dieser als der weitaus besseren, weil Freude (im Diesseits) und Heil (im Jenseits) bringenden, wird die konventionelle Art der Eroberung, die doch nur Leid bringt und darum von jetzt ab zu verabscheuen ist, konterkariert. Man sieht: Der Eroberer bleibt, aber — das ist die Umkehr — er ändert in entscheidender Weise seine Methode.

Bemerkenswert nun, daß er diese Methode, den Dharma zu verbreiten (statt Krieg zu führen), nicht nur nach innen anwendet, sondern — wie noch nicht aus dem 10., mit großer Deutlichkeit jedoch aus dem 13. Felsenedikt hervorgeht — auch nach außen. Man könnte von einem „Dharma-Imperialismus" sprechen, den Aśoka praktiziert. Und er ist auch hierin Traditionalist und Neuerer zugleich: ersteres, indem er altem Brauch folgend (erst zwei Generationen vorher hatte ihn auf griechischer Seite Alexander der Große wieder geübt), weiter Eroberung über sein Universalreich hinaus, treibt; und letzteres, indem er (im Unterschied zu Alexander und so vielen anderen vor ihm und nach ihm) nicht seine Truppen in Bewegung setzt, sondern seinen Propagandapparat.

Es ist von Gesandten *(dūta)* die Rede und von großen Erfolgen in der Ausbreitung des Dharma, die, soweit die Gebiete außerhalb seines Herrschaftsbereiches in Betracht kommen, in teils westliche, teils südliche Richtung geht. Der Norden (Tibet, Turkestan), ebenso der Osten (China) und Südostasien bleiben also noch außerhalb des Blickfeldes. Und es mag wohl sein, daß die Dharma-Propaganda im ferneren Westen entweder gar nicht mehr oder nicht mehr so intensiv wirksam war, wie Aśoka (ohne rechte Kenntnis der Entfernungen und der dortigen politischen Verhältnisse) uns glauben machen will. Was jedoch den Süden angeht, so sind seine Angaben exakt[102]. Vor allem Ceylon, doch auch die Südspitze Indiens (diese wenigstens teilweise) müssen damals gründlich buddhisiert und damit — das war die Attraktion für die Einheimischen bei solchem Unternehmen — auf indisches Kulturniveau gehoben worden sein. Denn eines ist klar: Der Dharma Aśokas, obwohl keineswegs, wie wir sahen, mit der Erlösungslehre des Buddha, der Buddhisten, übereinstimmend, hatte den Buddhismus im Gefolge, und der Buddhismus brachte (vor allem bei barbarischen Völkern) begehrtes indisches Kulturgut.

Die Ausbreitung des Buddhismus, indischer Kultur, zumindest indischen Kulturguts, hat also durch Aśokas „Dharma-Imperialismus" einen entschei-

[102] Sie werden übrigens durch die ceylonesische Überlieferung gestützt; s. E. Frauwallner (1956a), S. 14ff.

denden Anstoß bekommen, einen Anstoß, der, nach Aśokas Meinung, weiterwirkt. Schreibt er doch, um einen Satz aus dem oben mitgeteilten 13. Felsenedikt (Teil II, 1. Absatz) zu wiederholen:

Selbst dort, wo die Gesandten des Göttergeliebten nicht hingelangen, befolgen die [Menschen], nachdem sie das vom Göttergeliebten über den Dharma Gesagte, seine Anordnung, seine Dharma-Unterweisung gehört haben, den Dharma und werden ihn noch weiter befolgen.

Diese Behauptung ist m.E. ernster zu nehmen, als man zunächst geneigt sein könnte. Verdankt doch, wie wir wissen, in späterer Zeit der Buddhismus — dessen auffallend unblutige Ausbreitung, gemessen an der des Christentums und des Islam, bemerkenswert ist — wesentliche Erfolge nicht der aktiven Mission seiner Anhänger, sondern der Tatsache, daß er regelrecht erstrebt (man möchte sagen: durch Abwerbung bedeutender Vertreter etabliert) wurde, wobei sich vor allem Herrscher hervortaten, die glaubten, sich und ihre Untertanen damit beglücken zu müssen.

Es ist überflüssig zu sagen, daß, als diese Entwicklung einsetzte — und bei Aśoka läßt sie sich zum ersten Mal eindeutig greifen —, der Buddhismus längst aus einer Erlösungsbewegung zur Religion geworden war, mit Stūpa-(= Reliquien-)Kult ihres Gründers (sogar, wie oben erwähnt, eines mythischen Vorgängers von ihm) u.a.m. Kurz: Man hatte sich buddhistischerseits in der Welt eingerichtet. Und so war es auch nur konsequent, daß man mit der Lehre Politik machen ließ.

Daß der äußere Erfolg solcher Politisierung des Buddhismus nicht auf sich warten ließ, sei nur am Rande vermerkt: Die Zahl der Stūpas, Wallfahrtsplätze, Klöster muß damals unglaublich rasch angewachsen sein; parallel dazu gab es einen Zustrom nicht nur von Laienanhängern, sondern auch von Ordinierten, mit all den negativen Erscheinungen, die bereits oben, 4.1.1.—4.1.2., anläßlich der Behandlung der Konzilsberichte ans Licht kamen.

Lassen wir das beiseite, um der Frage nach dem Ansatzpunkt für die Politisierung des Buddhismus nachzugehen, dann kommen wir unweigerlich zurück zum Dharma, wie ihn Aśoka sah und den wir vereinfacht, aber nicht ganz falsch, den „Dharma Aśokas" nannten. (Aśoka selber spricht nur von seiner Dharma-Unterweisung). Daß es im entscheidenden Punkte der Erlösung jedenfalls der Dharma des Buddha nicht ist, war schon oben festgestellt worden. Es sieht so aus, als habe Aśoka diese für den Mönch bestimmte „höhere Ethik", wie sie im Edlen Achtgliedrigen Weg festgelegt ist, überhaupt nicht zur Kenntnis genommen.

Anders liegen die Dinge, wenn man die „niedere Ethik" der Laienanhänger zum Vergleich heranzieht. Das soll im folgenden getan werden. Vorher jedoch gilt es erst einmal festzustellen, was denn eigentlich Aśoka unter Dharma versteht bzw. verstanden wissen will. Er äußert sich nämlich dazu mehrfach, und zwar thesenartig, wenn auch, leider, nicht immer ganz gleichförmig[103]. Dennoch ergibt sich im ganzen ein klares Bild. Zwei Gesichtspunkte scheinen mir hervorzutreten:

1. Aśoka wünscht ein harmonisches Zusammenleben aller Menschen. Daher fordert er anständiges Verhalten und Rücksichtnahme, auch gegen sozial niedriger Stehende (Diener und Sklaven), ferner — einmal: im 13. Felsenedikt — Gehorsam gegen „Hochgestellte" (womit wahrscheinlich die Obrigkeit gemeint ist) und Gehorsam bzw. Ehrerbietung gegen Respektspersonen (Eltern, Lehrer). Aus alledem ergibt sich positiv, daß besonderer Wert auf den Zusammenhalt in der (Groß-)Familie, der Verwandtschaft überhaupt, gelegt wird, und negativ, daß einer sozialen Differenzierung nur in ganz bescheidenem Maße das Wort geredet wird. Im allgemeinen gilt eher die Gleichheit der Menschen als ihre Verschiedenheit. Auch Brahmanen, (skt. *brāhmaṇa*), und Religiose (skt. *śramaṇa*) sind nicht besonders hervorgehoben, wobei wir davon ausgehen können, daß unter die Religiosen auch das Gros der buddhistischen Mönche rechnet. Nur wenige von ihnen werden die Sonderstellung einer Respektsperson *(guru)* erlangt haben.

2. Darüber hinaus werden mit Vorliebe noch zwei Forderungen erhoben: „Freigebigkeit" *(dāna)* und „Nicht-Töten" (skt. *anāraṃbha*) von Tieren bzw., weiter ausgreifend, „Nicht-Verletzen" (skt. und p. gewöhnlich *ahiṃsā*)[104] von Lebewesen.

Dies sind nun in der Tat zwei Säulen der buddhistischen Laienethik. Auf „Nicht-Töten" von Lebewesen, Nr. 1 der „zehn Gebote" (vgl. dazu oben, 3.2., konnte schon deshalb nicht verzichtet werden, weil für Töten in der Karman-Theorie schlimmste Folgen vorgesehen waren, andererseits aber der Laienanhänger mit dem Versprechen geworben wurde, er habe keine schlimmen Wiedergeburten mehr durchzumachen. Und „Freigebigkeit" war natürlich ebenfalls unabdingbar. Wie hätten sonst die Ordinierten ihren Lebensunterhalt bestreiten — und übrigens der ihnen angemessenen höheren Art von Freigebigkeit (*dharmadāna*, s. oben, 3.3.) nachkommen — sollen?

Was aber bei Aśoka hinter diesen beiden Forderungen steckt, ist doch noch etwas anderes. Für das Verständnis seines Tötungsverbotes entscheidend ist der Anfang des 1. Felsenediktes; da steht ganz lapidar:

Hier darf kein Lebewesen zu Opferzwecken getötet werden.

[103] Die Parallelversionen sind zusammengestellt und besprochen bei U. Schneider (1978), S. 156ff.

[104] Aśoka spricht von *avihiṃsā*, was dasselbe ist.

Dies ist nicht weniger als ein generelles Verbot von Tieropfern — ungeheuerlich, wenn man auch zum besseren Verständnis der Sachlage hinzusetzen muß, daß selbst unter Aśoka „Indien groß und der Kaiser weit" war.

Schwer getroffen, bis zur Vernichtung ihrer materiellen Existenz, waren durch dieses Verbot natürlich in erster Linie diejenigen, welche solche Tieropfer praktizierten, d.h. die in spätvedischer Tradition stehenden Opferpriester, niedrigere und höhere, die mit ihrem jeweiligen Kult in der Region verwurzelt blieben, allenfalls, wenn sie es hochgebracht hatten, einem kleinen Landesfürsten zu Dienst sein konnten. Ihr Ritual war esoterisch (schon weil sie sich verkaufen mußten, also untereinander in Konkurrenz standen) und ihre soziale Haltung konservativ: Sie waren — zusammen mit ihrer crème de la crème, dem die „Große Tradition" tragenden, mehr oder weniger schon über dem Opferdienst stehenden Hochbrahmanentum — nicht interessiert am Abbau von Standes- und, soweit damals schon vorhanden, Kastenschranken. Und folglich waren sie auch nicht interessiert an einer starken Zentralgewalt: Die Kräfte des — obwohl damals noch mehr als zu Buddhas Zeit heterogenen (vgl. oben, 0.1.) — Brahmanentums waren in ihrer Wirkung jedenfalls zentrifugal.

Gegen diese Kräfte mußte Aśoka, wenn er seinen Herrschaftsbereich zusammenhalten wollte, Front machen. Insgesamt konnte eine allzu starke (und sich verstärkende) lokale und soziale Differenzierung nicht in seinem Sinne liegen, am wenigstens eine, die vom Priestertum als einer geistigen und darum eigene Werte setzenden Elite bestimmt und kontrolliert wurde. So waren die Asketenbewegungen sozusagen seine natürlichen Verbündeten. Und unter ihnen bot sich vor allem der Buddhismus an. Nicht nur wegen seiner entschieden antibrahmanischen Haltung, die sich, wie die Analyse des Aggañña-Sutta ergab (s. oben, 2.2.1.) schon in der alten Lehre des Buddha ganz ausgeprägt findet; der Buddhismus hatte auch die universelle Ethik (Mensch = Mensch) und damit die Weltoffenheit, die in diesem — wie wir sahen: von zentrifugalen Kräften bedrohten — Riesenreich benötigt wurden.

Natürlich läßt sich dagegen nicht einwenden, die Lehre des Buddha sei egozentrisch, ja, soweit es die Ordinierten angeht, sogar asozial und weltabgewandt. Hatten wir doch schon gesehen, wie all das nach dem Tode des Meisters nicht mehr lange in der ursprünglichen Strenge erhalten blieb. Man begann, hatte zu Aśokas Zeit längst begonnen, sich in der Welt einzurichten, und man hatte damit auch seinerseits Voraussetzungen geschaffen, die das möglich machten, was oben als „Politisierung des Buddhismus" bezeichnet worden war.

Daß Aśoka der erste Staatsmann war, der die sich damit für die Ausübung der Herrschaft bietende Chance nutzte, ist noch nicht einmal wahrscheinlich. Bleiben wir aber weiter bei ihm, weil für andere die Quellen eben nicht vorhanden sind, drängen wir also, die Historie ein wenig vereinfachend, auf ihn zusammen, was eigentlich auf mehrere verteilt werden muß, dann können wir sagen: Aśoka nimmt das Tötungsverbot, Nr. 1 der Laienethik (das natürlich auch für Mönche galt), als politische Waffe, um einem großen und bedeutenden Teil der lokalen brahmanischen Kulte nach Möglichkeit den Garaus zu machen.

Die Maßnahme (alles Töten von Tieren zu verbieten) hatte erhebliche Konsequenzen. Sie werden klar, wenn wir im 1. Felsenedikt weiterlesen. Da heißt es nämlich:

Noch auch dürfen Versammlungen abgehalten werden. Denn viel Übel sieht der Göttergeliebte König Priyadarśin in Versammlungen. Es gibt aber auch Versammlungen, die vom Göttergeliebten König Priyadarsin gutgeheißen werden.

Es besteht wenig Zweifel, daß unter diesen von Aśoka verbotenen Versammlungen *(samāja)* religiöse Feiern zu verstehen sind, bei denen es, auch in Hinsicht auf Fleischessen, hoch herging. Schließt doch das Edikt mit der Bemerkung, früher seien in der königlichen Küche „täglich viele Hunderttausende" von Tieren geschlachtet worden, jetzt seien es nur noch zwei oder drei, in Zukunft würde es keines mehr sein.

Man bewegt sich also auf den Vegetarismus zu, obwohl, wie wir wissen (s. oben, 1.3.2., n. 11), die alten Asketen, auch der Buddha, keineswegs abgeneigt waren, Fleisch zu essen.

Drückt sich darin ein asketischer Übereifer aus? Keineswegs. Wenn Aśoka in der Propagierung des Vegetarismus noch über die „höhere Ethik" der Ordinierten, die er sonst gar nicht zur Kenntnis nimmt, hinausgeht, dann hat das durchaus rationale (und das sind bei ihm immer auch politische) Gründe: Von der seltenen, daher nicht ins Gewicht fallenden Ausnahme abgesehen, daß genießbares Fleisch anfällt ohne menschliches Zutun (z.B. bei Tötung durch ein Raubtier), zieht das Verbot zu töten unweigerlich das Verbot, Fleisch zu essen, nach sich, sobald man nicht, wie der Asket, nur sich im Auge hat, sondern, wie der Staatsmann, die Gemeinschaft. Für letzteren gilt: Wenn Fleisch gegessen wird, dann wird auch getötet; und wenn man Töten unterbinden will, dann kann man auch das Fleischessen nicht gestatten.

Vegetarismus ist also nicht etwa die Voraussetzung oder Grundlage des Tötungsverbotes, sondern dessen Folge, genauer: die Folge der Politisierung des (aus egozentrischer Ethik der Asketen heraus entwickelten) Tötungsverbotes.

Diese Folge hat sich als bemerkenswert dauerhaft erwiesen. Vegetarismus ist bekanntlich nicht nur im Buddhismus, im Jinismus und bei unabhängigen Asketen sehr bald zur Selbstverständlichkeit geworden und es geblieben[105]; er ist im Verlaufe einer jahrhundertelangen Entwicklung — die oben, 0.1., nur skizziert werden konnte: eine ausführliche Darlegung gehört zum Thema „Hinduismus" — auch in breite Kreise des Hochbrahmanentums eingedrungen, und zwar im Zuge der Adaption eines entradikalisierten Asketentums (dem damit die priesterliche Existenzen gefährdende Spitze abgebrochen war). Der noch heute mit starkem Sozialprestige verbundene Vegetarismus vieler Brahmanen stammt also letztlich von ihren einstigen schärfsten Widersachern, den Asketen, obwohl diese von Haus aus gar nicht Vegetarier waren.

Hier handelt es sich aber um einen (unvorhergesehenen) Nebeneffekt von Aśokas Ahiṃsā-Politik, der vielleicht weniger gegen diese Politik spricht als für die erstaunliche Anpassungsfähigkeit der Brahmanen. Diese Anpassungsfähigkeit kommt jedenfalls erst viel später zum Tragen. Für seine Zeit ist es zweifellos Aśoka gelungen, den politischen Einfluß des Brahmanentums einzudämmen. Dabei steht neben dieser Abwehr des Gegners durch Propagierung von Nicht-Töten aber nun auch die aktive Unterstützung der Asketen durch „Freigebigkeit" *(dāna)*. Nicht-Töten und Freigebigkeit ergänzen sich also. Wenigstens gilt das in gewissem Maße, denn es ist die Einschränkung zu machen, daß „Freigebigkeit" bei Aśoka nicht so eindeutig festgelegt ist. Ich würde sagen: Sie ist vierfach definiert:

Erstens empfiehlt Aśoka Freigebigkeit gegenüber Verwandten und Freunden; hier geht es ihm um die Förderung einer Art Nachbarschaftshilfe, über deren politischen Nutzen und moralischen Wert nichts weiter gesagt zu werden braucht. Mit unserem Thema, dem Buddhismus, hat das nur mittelbar zu tun.

Zweitens empfiehlt er, Brahmanen und Religiosen (worunter auch die buddhistischen Mönche fallen; s. oben) Almosen zu spenden. Das ist im wesentlichen dasselbe wie *āmiṣadāna* der Laienethik (s. oben, 3.3.).

Drittens äußert sich Aśoka über „Dharma-Freigebigkeit" (skt. *dharmadāna*). Das ist nun viel weniger klar. Doch darf man mit einer gewissen Wahrscheinlichkeit vermuten, daß darunter, wie auch sonst bei Buddhisten (s. oben, 3.3.), das „Geschenk der Lehre" gemeint ist, also die Verpflichtung der Mönche, die materielle Gabe der Laienanhänger mit Belehrung über den Dharma zu vergelten. (Vgl. dazu U. Schneider [1978], S. 171f.)

Naheliegenderweise wäre das dann allerdings eher Aśokas eigener Dharma, auf den er Wert legte. Setzt er sich doch im 12. Felsenedikt energisch für „Wachstum im Wesentlichen" (skt. *sāravṛddhi*) ein, d.h. er ist gegen Strei-

[105] Ich sehe hier von gewissen Auswüchsen, z.B. im tantrischen Buddhismus, ab; sie sind für das Ganze überhaupt nicht charakteristisch.

tereien um (wie er es sah) Spitzfindigkeiten der Lehre, weil diese den von ihm geforderten Zusammenhalt unter den verschiedenen Religionsgemeinschaften nur gefährdeten. Drei Punkte sind ihm besonders wichtig (s. U. Schneider [1978], S. 149):

a) Man soll nur dann die eigene Gemeinschaft loben oder die fremde tadeln, wenn ein Grund vorhanden ist, und in beiden Fällen maßvoll bleiben.

b) Darüber hinaus soll man, sofern Grund vorhanden ist, sogar die fremde Gemeinschaft loben.

c) Es werden Versammlungen empfohlen mit dem Ziel, daß einer des anderen Dharma höre und befolge.

Wahrscheinlich wird man das im Auge behalten müssen, wenn man sich die „Dharma-Freigebigkeit" Aśokas vorstellen will: durch „Wachstum im Wesentlichen" mehr oder weniger, zumindest in ihrer Wirkung nach außen, gleichgeschaltete Asketengemeinschaften (buddhistische, aber auch andere) sollen als Sprachrohr für Aśokas Dharma fungieren.

Viertens: Damit die betreffenden Gemeinschaften diese Aufgabe erfüllen können, gelangen sie in den Genuß einer „Freigebigkeit", die über den einzelnen hinausgeht. Es handelt sich dabei um zweckgebundene materielle Unterstützung der Gemeinschaft (nicht mehr des einzelnen) wie Landschenkung, Errichtung, Reparatur oder Vergrößerung von Gebäuden, Kultstätten u. a. m.

Förderung dieser Art — wie die Archäologie zeigt, von Aśoka zum ersten Male in großem Stil angewandt — schuf oder vergrößerte bereits vorhandene Klöster und Wallfahrtsstätten wie Sāṃci (unweit Ujjayinī, der Hauptstadt der Westprovinz), Sārnāth (bei Benares, wo der Buddha das „Rad der Lehre" in Bewegung gesetzt haben soll), Lumbinī (Rummindei in Nepal, den Geburtsplatz des Buddha) oder Bodh-Gayā (wo der Buddha die erlösende Erkenntnis erlangt hat): Dieser Platz ist besonders interessant. Er liegt nämlich in erreichbarer Nähe von Aśokas Residenz und hat sich daher der Tradition einer von Aśoka höchstpersönlich und mit großer Geste an die Bevölkerung durchgeführten Wallfahrt erfreut, die zweifellos das Ziel hatte, „die buddhistischen Orden im Hinterland Pāṭaliputras zu stützen und an die Dynastie zu binden, somit die Stellung des Herrschers in seinem Stammland, Magadha, zu festigen." (s. U. Schneider [1978], S. 167).

Diese vierte Art von Freigebigkeit ist, wie man ohne Schwierigkeiten einsehen wird, schon wegen des großen materiellen Einsatzes die folgenreichste, aber auch die problematischste. Das galt nicht nur für die davon betroffenen buddhistischen Gemeinschaften, die in erhöhtem Maße der Gefahr des Zulaufs Unwürdiger und damit der Korruption ausgesetzt waren — Verhältnisse, wie sie der, freilich legendenhaft übertreibende, Pāli-Bericht über das angebliche Konzil in Pāṭaliputra, s. oben, 4.1.2., zu E und C, anschaulich schildert. Es galt auch für Aśoka selber. Wurde nämlich die Unterstützung nicht von ihm gewährt, sondern von irgendeinem Großen seines Reiches (etwa einem Provinzgouverneur, doch wäre vielleicht auch ein reicher Kaufmann in Betracht gekommen), dann gab sie diesem die Möglichkeit an die Hand, sich einen eigenen legitimatorischen Apparat (eine „religiöse Hausmacht") aufzubauen und damit gegen den Herrscher und sein Einheitsstreben Politik auf eigene Faust zu machen.

Aśoka wird daher — allerdings, wie es scheint, erst, nachdem er zu sorglos diese Art Freigebigkeit empfohlen und entsprechend trübe Erfahrungen gemacht hatte — eine solche Gefahr im Auge gehabt haben, wenn er im 7. Felsenedikt „Selbstbezähmung" und „Herzensreinheit", dazu, auf der Empfängerseite, „Dankbarkeit" und „feste Zuneigung" fordert; hat er doch dieser Forderung durch entsprechende Überwachung Nachdruck verliehen — eine Überwachung, von deren Ausmaß man sich ein Bild machen kann, wenn man aus dem 5. Felsenedikt erfährt, daß sie durch eigens dazu ernannte Beamte (die Dharma-Mahāmātras) durchgeführt wurde und auf der Geberseite bis in die Privatgemächer der Brüder und Schwestern des Herrschers reichte.

Daß auch die Empfänger, der Orden also, scharfen Kontrollen unterworfen wurden, ist danach wohl selbstverständlich. Die „Ordensreinigung", von der bereits oben, S. 141, die Rede war, paßt trefflich in dieses Bild.

Aśoka war also nicht der „Dharma-Aśoka" in dem Sinne, daß er sich bedingungslos der Lehre des Buddha oder gar dem Willen ihrer damaligen Sachwalter unterworfen hätte. Dennoch hat er dem Buddhismus durch seine Dharma-Politik zu einem weiteren, wahrscheinlich entscheidenden, Durchbruch verholfen. Während, wie die Konzilsüberlieferung zeigt, schon reichlich hundert Jahre nach dem Tode des Gründers seine Anhängerschaft über den gesamten Norden, einschließlich Kaśmīr, und bis in den Dekkhan hinein zu finden ist (vgl. oben, 4.1.1.2.) — eine Anhängerschaft, unter der bald darauf die große Spaltung in Mahāsāṃghikas und Sthaviras (grob gesagt: in den konservativen Westen und den fortschrittlichen Osten) sichtbar wird —, beginnt unter Aśoka eine neue Ära der Ausbreitung.

Diese ist dadurch gekennzeichnet, daß nun der Buddhismus (ob mehr östlicher oder mehr westlicher Prägung, wird sich im einzelnen schwer ermitteln lassen) über das eigentliche indische Kulturgebiet hinausgetragen wird: Es wird nicht nur der Süden des Subkontinents erfaßt, sondern auch die Insel Ceylon (die später zur wichtigsten Ausgangsbasis für die Missionierung Südostasiens wird). Und im Nordwesten ist man mindestens bis Afghanistan gekommen (von wo aus eine weitere Ausbreitung entlang der alten Handelsstraßen, vor allem nach Zentral- und Ostasien, erfolgte).

Die nordwestliche Stoßrichtung des Buddhismus ist aber noch aus anderen Gründen von Bedeutung. Sie bringt einmal verstärkten Kontakt zu den baktrischen Griechen und damit hellenistische Einflüsse, die vor allem auf dem Gebiet der Kunst („Gandhāra-Kunst“) mit Händen zu greifen sind. Zum anderen verstärkt sie für fremde, auch barbarische, Eroberer, die Möglichkeit, sich indische Kultur über den Buddhismus anzueignen, leichter jedenfalls, als über den sehr viel weniger weltoffenen Hinduismus.

Geht man davon aus, daß Fremdherrschaften in der Regel nicht beliebt sind, und betrachtet man das Verhältnis des Buddhismus zum Hinduismus, der inzwischen auf Grund der „brahmanischen Reaktion“ (s. oben, 0.1.) sich herauszubilden im Begriff war, unter diesem Blickwinkel, dann wird vielleicht verständlich, warum eine solche Entwicklung, wie sie soeben skizziert wurde, dem Buddhismus in Indien auf lange Sicht eher geschadet als genutzt hat.

Außerhalb Indiens freilich sollte für den Buddhismus die große Zeit erst noch kommen. In dieser Hinsicht war die Religionspolitik Aśokas — immer mit der Maßgabe, daß sie nicht nur der Förderung des Buddhismus galt — lediglich ein Auftakt. Die Kuṣāṇa-Könige — allen voran ihr bedeutendster: Kaniṣka (2. oder 1. Jahrhundert n. Chr.)[106] — setzten sie fort. Aber das waren schon nicht mehr Inder[107]. Und der Buddhismus war auch nicht mehr das, was er unter Aśoka immerhin noch war, d. h. er war bereits sehr stark brahmanisiert — was schon daraus hervorgeht, daß gerade in den Kuṣāṇa-Gebieten die Sanskritisierung der buddhistischen Texte (so bei den Sarvāstivādins) erhebliche Fortschritte gemacht hatte.

Insgesamt läßt sich sagen: Die Herrschaft (und Politik) Aśokas bringt auch für die Geschichte des Buddhismus einen Wendepunkt. Die Lehre des Buddha — mit Einschluß dessen, was andere (in Indien) daraus gemacht haben — strahlt nach außen. Im Inneren Indiens jedoch beginnt für sie, auch wenn noch zahlreiche Anhänger hinzugewonnen werden, die Uhr — ganz langsam — abzulaufen.

[106] Die Datierung der Kuṣāṇa-Zeit ist noch immer sehr stark umstritten. Vgl. dazu F. Wilhelm (1967), S. 102 ff.

[107] So sind z. B. von einem ihrer Herrscher folgende vier Titel inschriftlich überliefert: *mahārāja* „Großkönig“ (indisch), *rājātirāja* „König der Könige“ (persisch), *devaputra* „Göttersohn“ (Lehnübersetzung des chinesischen *t'ien-tzu* „Himmelssohn“) und *kaïsara* „Caesar“; s. H. Lüders (1940), S. 230. — Dementsprechend muß der Herrschaftsanspruch gewesen sein.

4.3. *Die kanonische Überlieferung*

4.3.1. Der Endzustand: Tripiṭaka

In der Nähe des Ortes Bairāṭ (etwa siebzig Kilometer nordnordöstlich von Jaipur, Rājasthān) fand sich ein Stein mit einer Inschrift, in welcher der König von Magadha (= Aśoka) die örtliche Mönchsgemeinde höchstpersönlich anspricht: Er wünscht den geistlichen Herren Gesundheit und Wohlergehen, erweist, in offensichtlicher Anspielung auf die Zufluchtsformel (vgl. oben 3.1.) den „drei Juwelen" (Buddha, Dharma, Saṃgha) seine Reverenz und kommt dann zu seinem eigentlichen Anliegen: Zwar sei alles, was der Buddha gesagt habe, gut gesagt, doch erlaube er sich, davon das zu nennen, was seiner Ansicht nach am meisten dazu beitragen könne, den guten Wandel (skt. *saddharma*) möglichst dauerhaft werden zu lassen. Und er nennt sieben „Stücke über den Dharma" (skt. *dharmapariyāya*), nämlich:

(1) *vinayasamukase* (skt. *vinayasamutkarṣaḥ*) „Die Vorzüglichkeit der Mönchszucht" (oder „des Vinaya");

(2) *aliyavasāṇi (āryāvāsāḥ* oder *-vaṃśāḥ)* „Die Regeln über das moralische Verhalten der Edlen" oder (weniger wahrscheinlich) „Die Genealogien der Edlen";

(3) *anāgatabhayāni* „Die zukünftigen Gefahren";

(4) *munigāthā* „Die Strophen der Heiligen";

(5) *moneyasūte (mauneyasūtram)* „Lehrtext über das Schweigen";

(6) *upatisapasine (upatiṣyapraśnaḥ)* „Die Frage(n) des Upatiṣya" (Upatiṣya = Śāriputra, ein berühmter Schüler des Buddha);

(7) *lāghulovāde (rāhulāvavādaḥ)* „Die Ermahnung(en) an Rāhula" (Rāhula = der Sohn des Buddha), mit dem Zusatz, daß dieser Text das Thema „Lügen" behandelt.

Diese sollten die Mönche und Nonnen, darüber hinaus auch die Laienanhänger beiderlei Geschlechts, möglichst oft hören und überdenken.

Zum Schluß sagt er ausdrücklich, er habe die Inschrift schreiben lassen, damit (allen) seine Absicht bekannt werde.

Diese Begründung ist zu vage. Sie verrät nicht, warum Aśoka gerade dieser Gemeinde diese Texte empfiehlt — ja, warum er überhaupt Texte empfiehlt; denn die Inschrift ist in ihrer Art ein Unikum. Das gilt auch für die äußere Form: Eine durchdachte Gliederung findet man in den Aśoka-Inschriften auch sonst, aber die ausgewogene Formulierung mit der höflichen Gruß-Einleitung und der distanziert-respektvollen Anrede an die geistlichen Herren (die dem Ganzen fast den Charakter eines Briefes geben) bleibt auffällig. Hatte er Differenzen mit diesen „Herren"?

Bevor man an eine wirklich gültige Antwort auf diese Frage denken kann, wäre es erst einmal nötig zu wissen, welche Texte Aśoka meint, um dann zu ermitteln, was ihnen inhaltlich gemeinsam ist. Leider ist hier die Forschung noch zu keinem ganz brauchbaren Ergebnis gelangt[108]. Immerhin spricht für die geäußerte Vermutung die Tatsache, daß zumindest einige der Texte (schon vom Titel her erkennbar Nr. 1 und Nr. 7), wahrscheinlich sogar alle, ihren Schwerpunkt im disziplinarischen Bereich haben und daß keiner von ihnen im Zentrum der eigentlichen Lehre steht[109].

Es sind also relativ unbedeutende Texte (und keineswegs eine Auswahl der ältesten), deren Existenz auf so absonderlich-glückliche Weise für die Zeit Aśokas nachgewiesen ist. Daraus folgt, daß es bedeutendere, ältere, damals auch schon gegeben haben muß. Wahrscheinlich auch schon einen Kanon oder deren mehrere.

Ob der Pāli-Kanon, der einzige, den wir nicht nur aus Bruchstücken oder Übersetzungen in nichtindische Sprachen kennen, darunter war, läßt sich freilich nicht feststellen. Soviel aber ist zu sagen: Aśoka scheint nicht aus ihm geschöpft zu haben. Man würde sonst mit der Identifikation der Texte weniger Schwierigkeiten haben und wohl auch in den angeführten Titeln nicht, wie es der Fall ist, reine Ardhamāgadhī finden, sondern wenigstens Spuren von Pāli.

Mehr läßt sich, soviel ich sehe, wenigstens vorderhand aus dem Edikt von Bairāṭ nicht erkennen. Das Ergebnis ist aber nicht so mager, wie es auf den ersten Blick den Anschein hat. Immerhin erhält man damit eine Ahnung, was zur Zeit Aśokas (diesem einzigen Fixpunkt in der Geschichte des alten Indien) in etwa an buddhistischer kanonischer Literatur vorausgesetzt werden darf, nämlich eine ganze Menge. Wenn wir nun über das Edikt von Bairāṭ hinausgehen und nicht nur die sachlichen Indizien im Auge behalten, die uns die Aśoka-Inschriften bieten, sondern auch das gesamte, einzigartige sprachliche Material mit heranziehen, ergeben sich noch ganz andere Anhaltspunkte für die Geschichte des Kanons. Bevor jedoch darüber Bericht erstattet wird, mag dieser Kanon erst einmal vorgestellt werden.

In seinem Endzustand heißt er Tripiṭaka (p. Tipiṭaka) = „Dreikorb" (?), und er muß in dieser dreigeteilten Form spätestens für das 2. Jahrhundert v. Chr. vorausgesetzt werden, da aus dieser Zeit ein „Tripiṭaka-Lehrer" *(traipiṭikopādhyāya)* inschriftlich bezeugt ist. Die drei (im folgenden, 4.3.1.1.—3., abzuhandelnden) Teile sind Sūtra- (bzw. Dharma-), Vinaya- und Abhidharma-Piṭaka.

[108] Über die Möglichkeiten, die erwogen wurden. s. É. Lamotte (1958), S. 256ff; R. K. Mookerji (1962), S. 118f.

[109] Bei Nr. 1 hat man allerdings auch an die Vier Edlen Wahrheiten, also an die „Predigt von Benares", gedacht. Der Gedanke ist m. E. abwegig.

4.3.1.1. Das Sūtra-Piṭaka

Von *sūtra* war schon oben, 1.2., die Rede. Das Sūtra- (p. Sutta-)Piṭaka besteht im Pāli-Kanon[110] aus 5 *nikāya* (etwa: Corpus, Klasse, Gruppe) genannten Textsammlungen:

1. Der Dīgha-Nikāya, „Sammlung der langen (Texte)", besteht aus 34 Suttas, die in drei Abteilungen (p. *vagga*, skt. *varga*) eingeteilt sind. — Das Mahāparinibbāna-Sutta gehört hierher, also die Pāli-Fassung des Mahāparinirvāṇa-Sūtra (vgl. dazu oben, 1.3.), ebenso das oben, 2.2.1., behandelte Aggañña-Sutta.

2. Der Majjhima-Nikāya, „Sammlung der mittleren (Texte)", besteht aus 152 Suttas. — Von Nr. 117, dem Mahācattārīsaka-Sutta, war oben, 2.2.2.2.2., der wesentliche Inhalt mitgeteilt worden.

3. Der Saṃyutta-Nikāya, „Sammlung der (inhaltlich) zusammengehörigen (Texte)", faßt inhaltlich zusammengehörige Suttas in 56 Saṃyuttas genannte Gruppen zusammen, die ihrerseits wieder in Vaggas (s. o.) gegliedert sind. Die Anzahl der Suttas beläuft sich auf etwa 3000.

4. Der Aṅguttara-Nikāya, „(Ein-)Glied-Mehr-Sammlung", d. h. Textsammlung, die so angeordnet ist, daß die jeweils folgende Gruppe von Texten einen um eins höheren Zahlenbegriff abhandelt. Die Gruppen, deren es elf gibt, heißen *nipāta.* Hier findet sich die Vagga-Einteilung innerhalb der Nipātas.

5. Der Khuddaka-Nikāya, „Sammlung der kurzen [oder: unbedeutenderen] (Texte)", fällt gegen die ersten vier Nikāyas deutlich ab. Er enthält sehr verschiedenartige, gelegentlich von Haus aus noch nicht einmal buddhistische, sondern nur oberflächliche buddhisierte Texte. Nach der singhalesischen Tradition sind es 15, darunter der Dhammapada (skt. Dharmapada, auch: Udānavarga), mehr als 400 Denkverse, nach inhaltlichen Gesichtspunkten in 26 Vaggas eingeteilt; das Udāna, „feierliche Aussprüche" mit einer die entsprechenden Begleitumstände erzählenden Prosa; der Sutta-Nipāta, z. T. altertümliche Dichtungen enthaltend, von denen die letzte, allein den fünften Vagga bildend, einen erheblichen Umfang hat (die Straßenbeschreibung, oben, 1.3.2., n. 10, stammt daraus); die Lieder der Mönche und Nonnen, Thera- und Therī-Gāthā (skt. Sthavira- bzw. Bhikṣuṇī-Gāthā), Asketenlyrik, aus der oben, 2.2.2.2. 1., n. 32, eine Strophe zitiert wurde, u. a. m. Eine besondere Bedeutung haben in diesem Nikāya die Jātakas, „Geburtsgeschichten"; d. h. Erzählungen, in denen der Bodhisattva in irgendeiner (seiner letzten vorhergehenden) Existenz, die Hauptrolle spielt. Nur die Verse, meist Höhepunkt(e) der Handlung, gelten hier als kanonisch,

[110] Den besten Überblick über den Pāli-Kanon gibt W. Geiger (1916), S. 9ff.

während die sie umgebende Prosa ziemlich frei tradiert wurde. De facto handelt es sich dabei fast immer um (oft nur oberflächlich) buddhistisch eingefärbte Stücke der umfangreichen indischen (nichtbuddhistischen) Erzählungsliteratur. Sie sind Zeugnisse des ersten großen (zum Mahāyāna hinführenden, vgl. dazu unten, 5.1.) Einbruches der Volksreligion.

Der Khuddaka-Nikāya ist als Sammlung außerhalb der Pāli-Tradition schlecht bezeugt. Viele Schulen kannten, und anerkannten, offenbar nur vier Nikāyas bzw. — das ist die im Norden dafür übliche Bezeichnung — Āgamas (*āgama,* wörtlich: „Herkunft", „Überlieferung"). Und selbst wo ein Kṣudraka-Āgama oder sogar Kṣudraka-Piṭaka existierte, war man sich bei aller (durchaus vorhandenen) Hochschätzung der einzelnen Texte darüber im klaren, daß es nicht eigentlich „Buddhawort" war. Kṣudraka-Piṭaka setzt natürlich eine Einteilung des Kanons in vier Piṭakas voraus; diese hat sich im Mahāyāna durchgesetzt.

All das macht deutlich, daß Khuddaka-Nikāya bzw. Kṣudraka-Āgama, wenigstens als Sammlung, nicht zum ältesten Bestand des buddhistischen Kanons gehört.

Für die Geschichte der kanonischen Überlieferung aufschlußreicher sind deshalb die anderen vier Nikāyas und ihre Entsprechungen im nördlichen Buddhismus, die Āgamas. Über diese müssen noch ein paar Worte gesagt werden: Sie sind — außer durch Zitate in der buddhistischen Sanskrit-Literatur und durch vereinzelte Belege in der tibetischen Literatur — vor allem durch eine in Bruchstücken erhaltene Sanskrit-Tradition und durch chinesische Übersetzungen repräsentiert[111].

Die Sanskrit-Fragmente stammen teils aus Turkestan (wo sie der Wüstensand konservierte), teils aus den Höhlen von Tun-huang (Westchina, Provinz Kan-su). Es handelt sich um Manuskripte, die zwischen 6. und 11. Jahrhundert n. Chr. entstanden sein mögen. Sie beweisen die Existenz eines Sanskrit-Kanons (der Schule der Sarvāstivādins) in Zentralasien für relativ frühe, allerdings nachchristliche, Jahrhunderte. Und sie sind auch aus anderen Gründen, sprachlichen und inhaltlichen, von großem Interesse.

Wichtiger noch — vor allem, was den Inhalt angeht — sind aber die chinesischen Übersetzungen, denn hier haben wir es nicht mehr nur mit Bruchstücken zu tun. Es gibt da:

1. einen Dīrgha-Āgama (wahrscheinlich aus der Schule der Dharmaguptakas), der zwischen 412 und 413 n. Chr. von einem Buddhayaśas

[111] Zu den Bruchstücken des Sanskrit-Kanons vergleiche man vor allem M. Winternitz (1933), II, S. 231 ff. (mit wichtiger Bibliographie). Ferner: É. Lamotte (1958), S. 168 ff., sowie, für den gesamten „chinesischen Kanon" (J. Filliozat-) P. Demiéville (1953), S. 398 ff.

übersetzt wurde und 30 Sūtras enthält, von denen 27 als Parallelversionen auch im Dīgha-Nikāya zu finden sind[112].

2. einen Madhyama-Āgama, der von Gautama Saṃghadeva und Saṃgharakṣa zwischen 397 und 398 n. Chr. übersetzt wurde und 222 Sūtras enthält, von denen 97 Entsprechungen im Majjhima-Nikāya haben.

3a. einen vollständigen Saṃyukta-Āgama, der von einem Guṇabhadra zwischen 436 und 443 n. Chr. übersetzt wurde und 1 362 Sūtras enthält.

3b. einen unvollständigen Saṃyukta-Āgama (wahrscheinlich aus der Schule der Kāśyapīyas stammend), der etwa um 400 n. Chr. übersetzt wurde und 364 Sūtras enthält.

4. als Entsprechung zum Aṅguttara-Nikāya im Chinesischen einen Ekottara-Āgama. Er wurde von Gautama Saṃghadeva (vgl. oben, Nr. 2) zwischen 397 und 398 n. Chr. übersetzt. Sein Original soll aus Zentralasien oder Nordwestindien stammen. Er enthält viele mahāyānistische Einfügungen.

Schließlich muß noch erwähnt werden, daß uns im Chinesischen an die 150 einzelne, also nicht einer Sammlung zugeordnete Sūtras überliefert sind.

Von diesen, meist sehr jungen, um- und (mit Zusätzen) ausgestalteten Texten mag der eine oder andere tatsächlich letzten Endes von einem Pāli-Original abstammen. (Es sind in späterer Zeit Pāli-Manuskripte nach dem Norden gelangt.) Daß aber die älteren, in Sammlungen inkorporierten, chinesischen Übersetzungen, bzw. deren uns nicht erhaltene indische Vorlagen, auf den Pāli-Kanon zurückgehen, ist ganz unwahrscheinlich. Man hat so gut wie sicher mit einer älteren gemeinsamen Quelle (vgl. dazu auch unten 4.3.2.) zu rechnen; und es ist eine wichtige, aber noch durchaus unbeantwortete Frage, ob diese Quelle vor der Zeit der großen Aufspaltung des Buddhismus in Sthaviras und Mahāsāṃghikas liegt. Auch ist die oft geäußerte Ansicht, alle diese Paralleltexte des Sūtra-Piṭaka hätten, auch wenn sie im Wortlaut nicht genau zusammenstimmten, im wesentlichen den gleichen Inhalt, m. E. zweifelhaft, bedarf zumindest sorgfältiger Nachprüfung, die bislang noch nicht erfolgt ist.

Sicher erscheint mir aber, daß die unterstellte gemeinsame Quelle noch lange nicht bis in die Zeit des Buddha führt. Die Einteilung in vier Nikāyas bzw. Āgamas läßt drei verschiedene Ordnungsprinzipien erkennen: nach der Länge der Texte (Dīrgha — Madhyama), nach dem Inhalt (Saṃyukta[113]) und

[112] Ein unentbehrliches Hilfsmittel zur Auffindung der Parallelversionen Āgama/Nikāya ist Ch. Akanuma (1958).

[113] Die chinesischen Übersetzer verstehen *saṃyukta* als „gemischt", was es freilich auch heißen kann.

nach der Form (Ekottara bzw. Anguttara). Von ihnen ist zweifellos das erste auch das älteste. Hier, also unter den „langen“ und „mittleren“ Texten, hat man am ehesten nach der eigentlichen Lehre des Buddha zu suchen. Saṃyukta-und Ekottara- sind jünger; vor allem in letzterer Sammlung zeigt sich bereits der Einfluß buddhistischer Scholastik, wie sie dann im Abhidharma-Piṭaka voll ausgebildet erscheint.

4.3.1.2. Das Vinaya-Piṭaka

Von Vinaya war oben schon öfter die Rede, auch von Vinaya-Piṭaka. Ein „Corpus der Ordenszucht“ war offenbar, als das Klosterleben in Schwang kam, unerläßlich geworden, obwohl der Buddha seinerzeit nicht viel von äußerer Reglementierung gehalten hatte.

Aus der großen praktischen Bedeutung des Vinaya-Piṭaka erklärt es sich wohl auch, daß wir hier eine relativ günstige Quellenlage haben. Nicht weniger als sechs vollständige Versionen sind uns erhalten. Sie stammen von den Theravādins (also aus dem Pāli-Kanon), ferner von den Sarvāstivādins, den Dharmaguptakas, den Mahīśāsakas, den Mūlasarvāstivādins sowie den Mahāsāṃghikas. Die der letzten fünf liegen in chinesischer Übersetzung vor. Darüber hinaus gibt es vom Mūlasarvāstivāda-Vinaya eine vollständige tibetische Übersetzung sowie von den Vinayas der Sarvāstivādins, der Mūlasarvāstivādins und der Lokottaravādins (die zu den Mahāsāṃghikas gehören) beträchtliche Stücke in Sanskrit.

An Hand dieser Fassungen[114] läßt sich, ungeachtet zahlreicher Differenzen im einzelnen, ein Überblick über den Inhalt des Corpus gewinnen. Es besteht aus zwei Hauptteilen und einem Anhang.

Der erste Hauptteil heißt Sūtra-Vibhaṅga (p. Sutta-Vibhaṅga); er wird zweimal gegeben, und zwar für Mönche und Nonnen getrennt. Es handelt sich dabei um einen Kommentar an Hand eines (aitiologischen, quasi-historischen) Modellfalls für jedes der im Prāṭimokṣa behandelten Vergehen. Von den acht Abteilungen *(pārājika* bis *adhikaraṇaśamatha)*, in die sie gegliedert sind (und die oben, 3.2., bereits aufgeführt wurden), fehlt in dem Teil für die Nonnen (Bhikṣuṇī-Vibhaṅga, gegen Bhikṣu-Vibhaṅga) Nr. 3, *aniyata* (schwer zu beurteilende, zweifelhafte Vergehen betreffend). Dennoch sieht man auch hier, daß Nonnen mehr Vorschriften hatten als Mönche.

Der zweite Hauptteil wird Skandhaka (p. Khandhaka) oder Vastu genannt, vielleicht nicht ganz korrekt, da auch die einzelnen Abschnitte so heißen. Nach E. Frauwallner (1956a), S. 68—128, waren es von Haus aus

[114] Von ihnen ist die Pāli-Fassung vollständig übersetzt von I. B. Horner (1938ff.).

zwanzig solcher Abschnitte mit bestimmten aus disziplinarischer Sicht behandelten Themen (wozu man z. T. auch das oben, 3.2., Ausgeführte vergleichen möge), nämlich:

1. Pravrajyāvastu (p. Mahākhandhaka): Eintritt in den Orden;
2. Poṣadhavastu (Uposathakkhandhaka): die Poṣadha-Feierlichkeiten, die halbmonatlich mit dem Prātimokṣa-Ritual verbunden sind;
3. Varṣāvastu (Vassupanāyikakkhandaka: Zurückgezogenheit während der Regenperiode;
4. Pravāraṇāvastu (Pavāraṇakkhandaka): Feiern mit den Laienanhängern am Ende der Regenzeit;
5. Carmavastu (Cammakkhandaka): Leder, vor allem Schuhwerk;
6. Bhaiṣajyavastu (Bhesajjakkhandaka): Medizin;
7. Cīvaravastu (Cīvarakkhandaka): Kleidung;
8. Kaṭhinavastu (Kaṭhinakkhandaka): Verteilung von Baumwollstoff zur Anfertigung von Kleidern;
9. Kośāmbakavastu (Kosambakkhandaka): ein Streit, der sich in der Mönchsgemeinde von Kauśāmbī zugetragen haben und dessen Schlichtung zunächst auch dem Buddha nicht gelungen sein soll[115];
10. Karmavastu (Campeyyakkhandaka): die Mönchsgemeinde betreffende Verfassungsfragen;
11. Pāṇḍulohitakavastu (Kammakkhandaka): eine Reihe von Einzelfällen schwerwiegenderen mönchischen Fehlverhaltens;
12. Pudgalavastu (Samuccayakkhandaka): Verhalten eines Mönches, der zeitweilig ausgestoßen ist;
13. Pārivāsikavastu (Pārivāsikakkhandaka): unkorrektes Verhalten eines Mönches, der entweder noch seine Probezeit zu absolvieren hat oder unter einer *mānāpya* (p. *mānatta*) genannten geistlichen Strafe steht;
14. Poṣadhasthāpanavastu (Pāṭimokkhaṭhapanakkhandaka): unwürdiges Verhalten als Hinderungsgrund für die Teilnahme an einer Poṣadha-Feier;
15. Śamathavastu (Samathakkhandaka): Schlichtung von Streitigkeiten;
16. Saṃghabhedavastu (Saṃghabhedakkhandaka): Beschlußunfähigkeit der Gemeinde;
17. Śayanāsanavastu (Senāsanakkhandaka): Unterkunft (die ursprünglich offenbar nicht in einem Kloster war);
18. Ācāravastu (Vattakkhandaka): Verhalten der Mönche (zusätzliche Aspekte);
19. Kṣudrakavastu (Khuddakavattakkhandaka): Nachträge;
20. Bhikṣuṇīvastu (Bhikkhunikkhandaka): Nonnen betreffende Besonderheiten.

[115] Die Geschichte wird hier mitberichtet; im Pāli-Vinaya I 337 ff.

Man sieht unschwer, daß hier wenigstens eine grobe Gliederung des Stoffes vorgenommen ist: Nr. 1—4 betrifft Zeremonielles, Nr. 5—8 die Ausrüstung des Mönches, Nr. 9—16 Disziplinarisches und der Rest, Nr. 17—20, ist eine Nachlese.

E. Frauwallner (1956a) aber hat mehr darin gesehen. Nach seiner Auffassung, die ich in den wesentlichen Punkten für richtig halte, liegt hier das Werk eines Mannes vor. Dieser hatte nach dem Konzil von Vaiśālī (das etwa 110 Jahre nach dem Tode des Buddha stattfand, s. oben, 4.1.1.2.), aber noch vor der großen Spaltung in Mahāsāṃghikas und Sthaviras (s. oben, 4.1.2.), also auf alle Fälle geraume Zeit vor Aśoka, nicht nur das vorhandene Vinaya-Material in der oben dargebotenen Weise geordnet, sondern, über eine solche mehr redaktionelle Arbeit hinaus, noch etwas recht Originelles[116] geschaffen, nämlich einen Rahmen, der geeignet war, das Ganze (nicht nur die einzelnen Regeln, Vorschriften, Zeremonien) als aus der Laufbahn des Buddha herausgewachsen, und damit als vom Buddha legitimiert, darzustellen. Er benutzte dazu die legendäre Überlieferung vom Leben des Buddha sowie die Fortsetzung dieses Lebens sozusagen in die Geschichte der Gemeinde (in die „Kirchengeschichte") hinein. Das sieht dann so aus: In der Einleitung wird die Geschichte des werdenden Buddha geboten, von der Geburt, vielleicht sogar vom Ende der vorhergehenden Existenz (im Tuṣita-Himmel) an, über die Erlangung der erlösenden Erkenntnis *(bodhi)* hinaus bis zu dem Punkt, wo durch Bekehrungen, zuletzt der beiden berühmten Jünger Śāriputra (p. Sāriputta) und Maudgalyāyana (p. Moggallāna), sich bereits eine kleine Gemeinde gebildet hat, die den Ordenseintritt durch die Schaffung formeller Verfahren regeln muß — womit die Überleitung zu Abschnitt 1 (Pravrajyāvastu, s. oben) gegeben ist. Und was den Schluß angeht, so kam der Redaktor, der zugleich in gewissem Umfang Autor war, auf die Idee, die mehr als vierzigjährige Predigttätigkeit des Buddha, die ja im wesentlichen eine Dharma-Tätigkeit war, mit einer (gemessen an den historischen Umständen weit überbewerteten) Vinaya-Tätigkeit anzureichern; und er tat das, indem er die Überlieferung vom Lebensende des Buddha, das Mahāparinirvāṇa-Sūtra, s. oben, 1.3., selbstverständlich schon mit seiner Vinaya-Tendenz (vgl. oben, S. 42ff.,) und deren nahtlose Fortsetzung, die Berichte über die beiden Konzile von Rājagṛha und von Vaiśālī (vgl. dazu oben 4.1.1.1.—2.), anhängte. Wieweit die Texte, welche er als Rahmen einführte, auch von ihm selber gestaltet wurden, mag dahingestellt bleiben.

Es handelt sich jedenfalls um ein ziemlich kunstvolles Skandhaka-Werk, mit dem der Werdegang des Buddha nebenher gleich als disziplinarisches

[116] Ich würde die Originalität wie auch die Abhängigkeit von vedischen Traditionen nicht ganz so hoch veranschlagen wie E. Frauwallner (1956a), S. 65.

Vorbild für Mönche, und daher entsprechend (ideal-)typisiert, geboten wurde. Leider hat es sich in seiner ursprünglichen Form nicht voll erhalten. Der Rahmentext wurde weitgehend abgetragen, als die Überlieferungen, die sich mit der Person des Buddha befaßten, immer mehr an Eigengewicht gewannen und sich schließlich verselbständigten. Es sind aber in den überkommenen Vinaya-Fassungen noch Reste genug, welche den ehemaligen Zustand des Skandhaka-Werkes beweisen oder doch wenigstens erahnen lassen.

Es ist fast überflüssig zu sagen, daß auch sonst in den einzelnen Schulen der Vinaya geändert (vor allem erweitert) wurde. Die Pāli-Version sieht hier keineswegs besser aus als andere.

Neben diesen beiden Hauptteilen des Vinaya-Piṭaka finden sich noch Anhänge, die aber von Schule zu Schule sehr variieren und im ganzen kaum Neues bringen. Sie sind deutlich späteren Ursprungs; der des Pāli-Vinaya ist vielleicht erst in Ceylon entstanden.

Als eigentlichen Kern des Vinaya-Piṭaka hat man wahrscheinlich das Prātimokṣa zu betrachten, vielleicht zusammen mit den ersten vier Skandhakas.

4.3.1.3. Das Abhidharma-(p. Abhidhamma-)Piṭaka

abhi-dharma wird von den alten einheimischen Kommentatoren gewöhnlich als „besonderer Dharma" verstanden; tatsächlich ist aber das Wort aus einem adverbialen Ausdruck entstanden, der weiter nichts heißt als „was den Dharma anbetrifft". Beide Erklärungen, die traditionelle ebenso wie die historische, weisen jedenfalls darauf hin, daß Abhidharma jünger ist als Dharma. Und dasselbe Verhältnis liegt vor zwischen Abhidharma-Piṭaka und Dharma- (= Sūtra-)Piṭaka.

Es sieht nicht so aus, als ob jede Schule es zu einem Abhidharma-Piṭaka gebracht hätte. Erhalten ist uns außerhalb der Pāli-Fassung eines von den Sarvāstivādins (in chinesischer und in tibetischer Übersetzung). Eine Abhidharma-Tradition aber gibt es überall. Sie entspringt dem Bedürfnis, die Lehre des Buddha — die dieser ja nicht in systematischer Form geboten hatte, sondern in Predigten über bestimmte, die Lehre erläuternde Themen — zu systematisieren.

Ein solches Bedürfnis läßt sich schon aus dem Sūtra-Piṭaka erkennen, wo mit den jüngeren Saṃyutta- und Aṅguttara-Nikāya (bzw. Saṃyukta- und Ekottara-Āgama) Ordnungsprinzipien eingeführt werden, welche eindeutig die Entwicklung einer Scholastik erkennen lassen. Das gleiche gilt für die sogenannten Mātṛkas. Das sind (hier und da in den Texten, auch schon des Sūtra-Piṭaka, erhaltene) Listen, in denen verwandte Lehrbegriffe (etwa zum Thema „Verstrickung in den Geburtenkreislauf") zusammengestellt sind, offenbar, damit man sie besser, z.B. bei Diskussionen, parat hatte. (Man vergleiche dazu É. Lamotte [1958], S. 197.)

Hieraus also ist das Abhidharma-Piṭaka, überhaupt die gesamte Abhidharma-Tradition erwachsen. Diese erstreckt sich über viele Jahrhunderte, wird vor allem von der Schule der Sarvāstivādins getragen und gelangt mit dem berühmten Abhidharma-Kośa („Schatz des Abhidharma") des Vasubandhu (5. Jh. n. Chr.) zu ihrem krönenden Abschluß.

Damit haben wir aber längst eine Zeit erreicht, in welcher sich buddhistische philosophische Systeme herausgebildet haben, die auch in der äußeren Form (ganz offensichtlich z.B. im Gebrauch der Gelehrtensprache Sanskrit) darauf angelegt sind, mit entsprechenden brahmanischen (hinduistischen) zu konkurrieren. Diese Konkurrenz hat eine letzte Hochblüte indischer (nicht nur buddhistischer) Philosophie herbeigeführt. Und zu solcher Entwicklung, die über einer volksreligiösen, den Konservativismus des Brahmanentums durchaus begünstigenden Unterströmung stattfindet und die letztlich schon den Todeskampf des Buddhismus in Indien einleitet, hat die Abhidharma-Tendenz, also auch das Abhidharma-Piṭaka, nicht unwesentlich beigetragen.

Insoweit ist dieser dritte Teil des buddhistischen Kanons zukunftweisend. Was freilich seine Vergangenheit angeht — nicht als Tendenz (darüber wurde bereits gesprochen), sondern als Text-Corpus — so wird man ihn in seinem Wert nicht überschätzen dürfen. Die erhaltenen Versionen gehen da weit auseinander, und mehr als ein bescheidener Grundbestand, der vielleicht aus der Zeit vor der Trennung von Sthavira-(Thera-)vādins und Sarvāsti-vādins (die mit der Missionierung Ceylons und des Nordwestens unter Aśoka in Zusammenhang gebracht wird) herrührt, läßt sich nicht aufzeigen. (Vgl. dazu E. Frauwallner [1971], S. 120.)

Der Rest ist später, Schultradition, wahrscheinlich noch vorchristlich.

4.3.2. Die „Urkanon"-Frage

Wir kehren zurück zu Aśoka, von dem wir oben, 4.3.1., ausgegangen waren. Daß es zu dessen Zeit bereits eine kanonische Überlieferung gegeben hat, ist mehr als wahrscheinlich. Extrem unwahrscheinlich aber ist, daß es sich dabei um ein „Tripiṭaka" handelte. Vom Abhidharma-Piṭaka läßt sich auf und über ihn zurück höchstens ein kleiner Grundbestand verfolgen. Anders steht es mit Dharma-(= Sūtra-)Piṭaka und Vinaya-Piṭaka.

Was letzteres anbetrifft, so muß, wenn E. Frauwallner (1956a) recht behält, ein „Ur-Vinaya" längst vor Aśoka existiert haben. Wir kommen mit dem zeitlichen Ansatz eines solchen „Ur-Vinaya" bis auf reichlich hundert

Jahre an den Tod des Buddha heran. (Mit dem vermutlichen Kern des Vinaya, dem Prātimokṣa, also wohl noch weiter zurück.)

Wie sieht es nun aber mit dem Dharma-Piṭaka aus? Das Problem ist zeitlich von zwei Seiten zu betrachten.

Einmal vom Buddha her: Die Analyse des Mahāparinirvāṇa-Sūtra ergab ganz klar, daß der Vinaya (die „Ordenszucht") erst später interessant wird; er ist am Anfang noch nicht einmal hinter dem Dharma ein Thema, geschweige denn (wie später so oft) neben oder sogar vor ihm. Die buddhistische Bewegung ist also vom Dharma ausgegangen (und hätte, nach dem Willen des Buddha, dort stehenbleiben sollen). Damit ist freilich noch nicht gesagt, daß es bereits zu Buddhas Zeiten ein Dharma-Piṭaka gegeben habe, selbst wenn man darunter nur, als Minimalforderung, die Zusammenfassung einer bestimmten Anzahl verbindlicher Lehrtexte in einer Sammlung versteht. Doch irgendeine textliche Basis muß der Dharma des „Vermächtnis", der den Mönchen „Insel" und „Zuflucht" sein soll (vgl. dazu oben, S. 37f.), gehabt haben.

Geht man andererseits von dem aus, was uns heute an einschlägigen Quellen zur Verfügung steht, so kann man mit einigem Vorbehalt folgendes feststellen:

Einen großen Einstieg zur Lösung der Probleme, wie ihn E. Frauwallner (1956a) für das Vinaya-Piṭaka bietet, gibt es für das Dharma-Piṭaka nicht. Man wird sich hier durchaus damit begnügen müssen, die Parallelversionen der einzelnen Sūtras auf ihren Inhalt und Aufbau hin sorgfältig miteinander zu vergleichen, darüber hinaus auch — was bei der Eigenart der Tradition fast noch wichtiger ist, s. oben, 0.4. — die betreffenden Texte an Hand von inneren Kriterien zu analysieren. Ziel ist jedenfalls, eine etwa vorhandene Textgeschichte herauszuarbeiten.

Dabei ist jetzt schon klar (und bereits oben, 4.3.1.1., erwähnt worden), daß auch im Dharma-(Sūtra-)Piṭaka hinter den uns erhaltenen Pāli-Text zurückzukommen ist. Allerdings sollte man in Betracht ziehen, daß hier die Lage etwas anders ist als im Falle des Vinaya-Piṭaka, auf dessen Um- und Ausgestaltung schon die banalsten äußeren Verhältnisse — z. B. des Klimas, das in Ceylon anders ist als in einer Himālaya-Gegend — eingewirkt haben.

Jedenfalls gilt für beide Teile des Kanons, daß neben Vergleich und Analyse der Texte auch die Frage nach ihrer sprachlichen Gestalt, die ja nicht überall und allezeit die gleiche geblieben ist, gestellt werden muß und, was wichtiger ist, angesichts des bedeutenden, zeitlich festliegenden Materials der Aśoka-Inschriften mit Aussicht auf Antwortmöglichkeiten auch gestellt werden kann.

Was Pāli angeht, so war nie zweifelhaft, daß es sich um ein altes festländisches (also nicht etwa in Ceylon entstandenes) Mittelindisch, genauer: Mittelindoarisch, handelt. Im übrigen hat man sich hier, besonders unter deutschen Forschern[117] die Dinge lange Zeit etwas zu einfach gemacht, indem man, mit einigen unumgänglichen Modifikationen, die Ansicht der alten Pāli-Kommentatoren übernahm, nach welcher Pāli = Māgadhī (die Sprache des Landes Magadha, in dem der Buddha vor allem gelebt hat) und somit die Sprache des Buddha sein soll.

Diese Ansicht ist unhaltbar. Sie wurde bereits 1902 durch R. O. Franke widerlegt, m.E. schlagend. Franke weist nach, was lange vorher schon N. L. Westergaard und E. Kuhn behauptet hatten, daß nämlich die dialektgeographischen Verhältnisse, wie sie die Aśoka-Inschriften widerspiegeln, das Pāli eindeutig als im westlichen Indien beheimatet ausweisen. Man denkt, da es sich um eine Literatursprache handelt (der kaum ein unbedeutender Dialekt, eher eine Art Koinē für eine größere Region zugrunde gelegen haben wird) einleuchtenderweise an Ujjayinī (p. Ujjenī, heute Ujjain), die Hauptstadt des Staates Avanti, welche unter den Mauryas zur Hauptstadt der Westprovinz avancierte.

Ujjayinī war auch der Legende nach Ausgangspunkt für die Missionierung Ceylons; diese wird einem Sohn oder jedenfalls einem nahen Verwandten Aśokas, namens Mahinda (skt. Mahendra), zugeschrieben, und die Reise müßte (falls die Legende überhaupt einen historischen Kern hat, was aber wahrscheinlich ist) zu Schiff die Westküste entlang vonstatten gegangen sein.

Der westliche Ursprung des Pāli trifft sich also mit dem westlichen Ausgangspunkt der Missionierung Ceylons, die als Geschehnis unter Aśoka übrigens von diesem selber (im 13. Felsenedikt, s. oben, 4.2.) bestätigt wird.

Ob man freilich daraus schließen darf, daß die Legende auch insoweit recht behält, als sie diesen ersten Missionaren bereits den Pāli-Kanon mitgibt, bleibt doch sehr fraglich. Gab es überhaupt schon einen Pāli-Kanon (natürlich ohne Abhidharma-Piṭaka) zur Zeit Aśokas oder noch früher? Die Inschrift von Bairāṭ kann, wie oben 4.3.1., gezeigt, diese Frage nicht beantworten. Wohl aber gibt es auch hier linguistische Argumente, die wenigstens ein Stück weiterführen, dabei freilich in eine Forschung hinein, die noch sehr in den Anfängen steckt (und, wenn sie ein l weitergekommen ist, zwangsläufig über buddhologische Probleme, die hier allein zur Erörterung stehen, hinauswachsen wird).

Ausgangspunkt dafür sind zwei Überlegungen:

1. Wenn der Buddha, woran niemand zweifelt, im Osten gelebt hat, Pāli aber eine Westsprache ist, dann kann Pāli nicht — auch nicht annähernd,

[117] Eine gute Darstellung dieses überholten Standpunktes findet man bei W. Geiger (1916) in der trotzdem auch heute noch lesenswerten Einleitung, S. 1—5.

denn die östlichen Elemente, die es enthält und die ihm einen „Mischcharakter" verleihen, reichen dazu nicht aus — die Sprache des Buddha gewesen sein. Pāli-Texte, sofern sie alt sind, müssen aus einem östlichen Idiom übersetzt sein.

2. Die kanonischen Pāli-Texte (des Sutta-Piṭaka ebenso wie des Vinaya-Piṭaka) sind ohnehin nicht, wenigstens ganz überwiegend nicht, Quelle für die in anderen Schulen erhaltenen Parallelfassungen, gehen vielmehr mit diesen auf eine gemeinsame Quelle zurück: Macht das nicht von vornhereich wahrscheinlich, daß diese gemeinsame Quelle vom Pāli auch sprachlich verschieden, nämlich in jenem oben vermuteten östlichen Idiom abgefaßt war?

Zwei Forscher sind es vor allem gewesen, die hier zu ersten greifbaren, weiterführenden Ergebnissen gelangt sind: zuerst S. Lévi, der (1912) den Tatbestand, daß ins Pāli übersetzt wurde, an Hand von stehengebliebenen ostsprachlichen Eigentümlichkeiten bei schwierigen, etymologisch nicht durchsichtigen Worten (also, grob gesprochen, an Hand von Übersetzungsfehlern) nachwies; und dann H. Lüders (1954), der diese Methode auf indische Paralleltexte (Pāli ≠ Sanskrit bzw. buddhistisches Sanskrit) übertrug und ausbaute. Damit ist ein Textmaterial einbezogen, das schon wegen seines Umfangs (es ist noch längst nicht ausgeschöpft) große Ergebnisse erwarten läßt.

Was man auf diese Weise allmählich zu fassen bekommt, hatte Lévi noch eine „präkanonische" Sprache genannt. Lüders sah darin bereits die Sprache des „Urkanons". Doch warten wir ab: Wahrscheinlich lernen wir eine Ardhamāgadhī kennen, die einst Literatursprache (nicht nur der Buddhisten!) für ein großes Gebiet war. Da sie sprachgeschichtlich auf einer etwas jüngeren Stufe steht als die Kanzleisprache Aśokas, wird man, obgleich Sprachgeschichte und Textgeschichte nicht genau parallellaufen müssen, ihr Alter nicht allzu hoch veranschlagen können. Dem „Urkanon" könnte daher leicht ein „Ur-Urkanon" vorausgegangen sein, welcher seinerseits noch lange nicht den Anfang der buddhistischen Literaturgeschichte markiert.

4.4. Die Spaltung in Sekten oder Schulen

Mit dem dritten Teil des Kanons, dem Abhidharma-Piṭaka, hatten wir bereits ein Literaturdenkmal kennengelernt, dessen Entstehung tief in die Zeit hineinführt, da der Buddhismus längst in Sekten oder Schulen aufgespalten war. Diese Aufspaltung kommt nicht überraschend. War doch die Gemeinde, selbst zu Lebzeiten des Buddha (und trotz dessen Autorität), keineswegs ein Monolith — was der unter dem Titel „Kośāmbaka" (Skandhaka Nr. 9; s. oben, 4.3.1.2.,) aufgeführte Fall ebenso zeigt wie die Affäre um Devadatta, einen angeblichen Vetter des Buddha, der wegen unüberbrückbarer Meinungsverschiedenheiten sich von diesem absonderte, einen eigenen Orden gründete und daher als der Bösewicht schlechthin in die buddhistische Literatur eingegangen ist.

Doch der Devadatta-Affäre kommt, vielleicht überraschenderweise, keine exemplarische Bedeutung zu. Die Auseinanderentwicklung nach dem Tode des Buddha, von der die Konzilsberichte beredtes Zeugnis ablegen (vgl. dazu oben, S. 132, 136 und 139), sprengt nicht mehr den Rahmen des Buddhismus. Auch wenn die einzelnen Ortsgruppen praktisch selbständig handeln, also keinerlei Autorität in Gestalt eines lebenden geistlichen Oberhauptes anerkennen, halten sie doch untereinander Kontakt, weil sie sich als Glieder der großen Gemeinschaft (*cāturdiśa saṃgha*, s. oben, 4.1.1.) fühlen. Und so ist es auch in späteren Jahrhunderten gar nichts Außergewöhnliches, daß Mönche ganz verschiedener Schulrichtungen, sei es zeitweilig, sei es auf Dauer, sozusagen unter einem Klosterdach leben.

Kontakt schließt aber Konkurrenz nicht aus, im Gegenteil, belebt sie sogar noch (ein Faktum, das buddhistische Textgeschichte, wie oben, 0.4., geschildert, so schwer durchschaubar macht). Aśoka hat diese Konkurrenz nicht gern gesehen, wie aus seinem Appell an die Religionsgemeinschaften hervorgeht, sie mögen „Wachstum im Wesentlichen" pflegen (vgl. oben, S. 155 f.). Ihm, dem Einheits- und Friedenspolitiker, kam es darauf an, daß der Bevölkerung von der geistigen Elite eine handfeste Moral (im wesentlichen die Laienethik) vorgeführt und vorgelebt wurde. Aber er bestätigt mit seinem Appell indirekt das Vorhandensein solcher Konkurrenz — wobei wir voraussetzen müssen, daß diese auch von außen, von Nichtbuddhisten, kam, dann aber, da als Angriff auf die Lehre des Buddha empfunden, in gewissem Umfang auch eine einigende Wirkung ausübte.

Gewiß ist jedenfalls, daß diese Konkurrenz der Neigung zu Abhidharma entgegenkam, sie vielleicht sogar provozierte. Hätte sich doch sonst kaum jemand bemüßigt gefühlt, die Lehre des Buddha — obwohl diese der Erlösung, nicht der Mehrung von Erkenntnis dient und daher eine Systematisierung unnötig erscheinen läßt — nicht nur zu systematisieren, sondern auch für die Lösung von Einzelproblemen (z. B. kosmologischen oder erkenntnistheoretischen) zu benutzen, die für den Buddha gar nicht interessant gewesen wären. Ein Tatbestand übrigens, der manchen Forscher veranlaßt, erst jetzt, mit der Entstehung der Systeme, von einer buddhistischen Philosophie in strengem Sinne zu sprechen.

Meiner Ansicht nach handelt es sich dabei bloß um eine Änderung der philosophischen Blickrichtung. Doch darüber läßt sich streiten. Sicher ist indessen, daß äußere Umstände den Wandel herbeigeführt haben, nämlich das mit der Entwicklung zur Massenbewegung mehr oder weniger auftauchende Engagement in die Welt, in den Geburtenkreislauf. Solches Engagement, wie immer es im einzelnen geartet sein mag, schafft Bedürfnisse und birgt somit die Gefahr, daß ihnen die Lehre angepaßt werden muß: Das ist z.B. bei den fünf den Arhat betreffenden Thesen (s. oben, 4.1.2., Punkt A) der Fall, wo man offenkundig, und mit Erfolg, versucht hat, laxeren Lebenswandel als noch mit der Erlösung vereinbar zu erweisen. Und nicht viel anders ist der „Satz vom abhängigen Entstehen" (s. oben, 2.3.) zu beurteilen. Wenn man hier, wie ich glaube gezeigt zu haben, „Nicht-Wissen" (scil. der Lehre des Buddha) an Stelle der ältern „Gier" zur Wurzel allen Übels machte, so geschah das eben auch, und sogar vor allem, weil man sich mit dem weltlichen Engagement in die Lage gebracht hatte, beweisen zu müssen, wie nützlich, ja unerläßlich es ist, sich die Lehre des Buddha anzueignen, also Buddhist zu werden.

Aus beiden Beispielen erhellt, wie mir scheint, daß die Lehre des Buddha längst nicht mehr nur Erlösungsinstrument war. Sie galt etwas in der Welt, und diese Geltung war denen, die sie vertraten, offenbar ziemlich viel wert.

Woraus dann alles weitere folgt: Propagiert man die Lehre, um ihr (und sich) Geltung zu verschaffen, dann muß man es hinnehmen, daß sie auch, ganz oder teilweise, in Frage gestellt wird. Man wird sie daher verteidigen und zu diesem Zweck nicht nur neu überdenken, systematisieren und ausbauen, sondern man wird sie gelegentlich auch veränderten Umständen bzw. eigenen Überzeugungen, die aus den veränderten Umständen resultieren, anzupassen haben.

In dieser Situation befand sich die buddhistische Gemeinde (oder befanden sich die buddhistischen Gemeinden) längst, als es zur „großen Spaltung" (vgl. dazu oben, 4.1.2.) zwischen Mahāsāṃghikas und Sthaviras kam. Strittig zwischen den beiden Gruppen war nicht das Engagement in die Welt, sondern seine Intensität. Hier klafften allerdings die Meinungen weit auseinander — was verständlich wird, wenn man bedenkt, wieviel dabei auf dem Spiele stand: für die Masse der Mönche kaum weniger als die Gleichberechtigung mit einer Elite, die sich (ohne die Legitimation durch den Buddha) in ihrem Kreise herausgebildet hatte, für die Elite (die Sthaviras) jedoch der mit dem disziplinierteren Lebenswandel, folglich mit der Reinhaltung der Lehre (und sicher auch mit dem höheren Bildungsgrad) begründete Führungsanspruch.

Die Kluft ist nie geschlossen worden. Und es hat einiges für sich zu sagen, daß sie sich später in den Gegensatz von Mahāyāna und Hīnayāna (auf den wir unten noch kommen werden) verbreitert. Wollte man einen Stammbaum der Entwicklung in Sekten oder Schulen aufstellen — was gelegentlich versucht worden ist, wenn auch immer mit Vorbehalt: denn die Klarheit geht hier auf Kosten der Genauigkeit[118] —, so hat man von dieser Zweiteilung auszugehen.

4.4.1. Die Sthaviras

Was die weitere Entwicklung der Sthaviras angeht, so ist folgendes zu berichten: Gut ein halbes Jahrhundert später (der Tradition nach sollen es genau 63 Jahre gewesen sein; vgl. oben, S. 138), also wohl zu Anfang des dritten Jahrhunderts v. Chr., sonderten sich von ihnen, die sich irgendwann einmal auch Sthaviravādins[119] (p. Theravādin) nennen, die Vatsīputrīyas ab, und zwar wegen Meinungsverschiedenheiten über die „empirische Person" (skt. *pudgala*); diese sei, so behaupteten die Abtrünnigen, weder verschieden, noch identisch mit den fünf Skandhas und wandere durch die Geburten. Ihre Gegner sahen darin, vielleicht mit Recht, einen unzulässigen Ersatz für eine „Seele" (z. B. den *jīva* der Jainas) oder für den Ātman. Von den Vatsīputrīyas stammen wenigstens vier andere Sekten ab.

Aber auch die restlichen Sthaviras blieben nicht geschlossen. Etwa zur Zeit Aśokas soll es zu einem Streit unter ihnen gekommen sein, welcher zur Bildung der Schule der Sarvāstivādins führte. Diese war wohl die bedeutendste und einflußreichste des Sthavira-Zweiges überhaupt; wurden doch die Sarvāstivādins zu einem der Hauptträger der Mission; vom Nordwesten aus (Gandhāra und Kaśmīr) haben sie vor allem nach Zentralasien gewirkt. Und ihre philosophischen Lehren, wozu man E. Frauwallner (1956), S. 62 ff., vergleichen möge, kann man als weitgehend repräsentativ für die Sthavira-Gruppe, also für den konservativen Flügel des alten Buddhismus, bezeichnen. Die Sarvāstivādins vertreten die Ansicht, daß die empirische Welt letztendlich aus „Gegebenheiten" (*dharma*, das aber hier im Plural gebraucht wird: vgl. dazu oben, 2.2.2.2.2., n. 44) besteht, die real sind. (Daher ihr Name: skt. *sarvam asti* heißt „alles ist".) Und sie haben es in diesem Zusammenhang fertiggebracht, dem Problem der Vergänglichkeit, das ja schon beim Buddha eine erhebliche Rolle spielt, zu Leibe zu rücken, indem sie — nach dem Vorbild der Atomisierung der Materie (?) — die Zeit, den Strom

[118] S. A. Bareau (1955a). Dies ist das wichtigste Werk zur Geschichte der Schulen oder Sekten. — Vgl. auch die Darstellung bei É. Lamotte (1958), S. 571 ff. mit den Literaturangaben S. 571, n. 1.

[119] *-vāda* bedeutet „Aussage", *-vādin* „Anhänger einer Aussage", welch letztere dann in dem Kompositum vorangeht; z. B. *sarvāsti-vāda*: „Aussage (Lehre), daß alles ist"; *sthavira-vāda*, das sich nur übersetzen läßt mit „die Aussage der Ältesten", ist falsch, nämlich ganz formal („analogisch") nach diesem Muster gebildet, indem man das ursprüngliche *sthavira* mit *vāda* bzw. *vādin* erweiterte.

der Zeit, in einzelne, selbständige, aber aufeinanderfolgende „Augenblicke" (skt. *kṣaṇa*, p. *khaṇa*) zerlegten. Daraus ergibt sich auch ihre über den Buddha hinausgehende, in der Hauptsache wohl gegen die Vatsīputrīyas gerichtete rigorose Leugnung eines „Ich".

Der Einfluß von Sarvāstivāda auf die Pāli-Schule ist im einzelnen noch nicht sicher ausgemacht. Er zeigt sich aber deutlich darin, daß eines der einschlägigen Werke, die „Fragen des Menander[120]" als Milindapañha ins Pāli übersetzt wurde (und dort erhalten blieb).

Spätestens nach der Abspaltung der Sarvāstivādins werden sich die Sthaviras auch Vibhajyavādins genannt haben. Ihre weitere Auseinanderentwicklung ist womöglich noch unklarer. Man kann aber davon ausgehen, daß außer den Sthaviravādins, die im Pāli zu Theravādins werden, die (im Süden beheimateten?) Mahīśāsakas (p. Mahiṃsāsakas) und die (westlichen) Dharmaguptakas (p. Dhammaguttas od. -guttikas[121]) hierher gehören. Vielleicht kommen dazu noch die beiden nördlichen Schulen der Kāśyapīyas und der Haimavatas. Jedenfalls verdanken nach E. Frauwallner (1956a), S. 22 (was gewiß noch einer Überprüfung bedarf) alle genannten Schulen, mit Einschluß der Sarvāstivādins, ihre Entstehung unmittelbar der Missionsinitiative Aśokas, von der im 13. Felsenedikt (Übersetzung s. oben, 4.2.) die Rede ist.

Ein Problem für sich bieten die Mūlasarvāstivādins. Ihrem Namen nach müßten sie die „eigentlichen Sarvāstivādins" sein; skt. *mūla* heißt „Wurzel", „Ursprung". Sie tauchen aber erst später in den Quellen auf. Dennoch glaubt E. Frauwallner (1956a), S. 40, daß auch sie eine alte Schule sind, die — von Haus aus unabhängig von der vorher genannten Gruppe, also auch von den Sarvāstivādins — im Gegensatz zu diesen (die im Nordwesten entstanden seien) in Mathurā beheimatet war.

4.4.2. Die Mahāsāṃghikas

Weniger noch als über die Weiterentwicklung der Sthaviras wissen wir über die der Mahāsāṃghikas. Auch sie zerfielen in einzelne Schulen, die sich allerdings hier, den überlieferten Namen nach zu urteilen, stärker regional als sachlich abgrenzten. Auch scheint sich unter ihnen die übergreifende Bezeichnung (eben „Mahāsāṃghika") erhalten zu haben. Und nichts spricht

[120] Menandros war ein griechischer König, der gegen Ende des 2. Jahrhunderts v. Chr. vom Pañjāb aus einen großen Teil Nordindiens eroberte und kurzzeitig beherrschte.

[121] Von ihnen stammt vermutlich die im Chinesischen erhaltene Version des Dīrgha-Āgama; s. oben, 4.3.1.1.

dafür, daß diese Schulen eigene Vinaya-Piṭakas hatten, daß es also, auf den Text als Ganzes gesehen, mehr als einen Mahāsāṃghika-Vinaya gegeben hat.

Das eigentliche Verbreitungsgebiet der Mahāsāṃghikas war der Osten des Subkontinents, bis tief in den Süden hinein. Ihr Zentrum scheinen sie am Unterlauf der Kṛṣṇā (Kistnā), bei Amarāvatī, gehabt zu haben. Später sind sie auch im Westen und Nordwesten, sogar außerhalb Indiens (in Bāmiyān, Afghanistan) nachweisbar.

Der bekannteste, und wichtigste Mahāsāṃghika-Text, der sich erhalten hat, ist das Mahāvastu, eine alte, möglicherweise die älteste Quelle zur Buddha-Legende; s. oben, S. 52. Es gehört nach eigener Aussage zum Vinaya der den Mahāsāṃghikas zugehörigen Lokottaravādins. Diese Schule ist auch sonst nicht unbekannt; *lokottara* heißt „über der Welt stehend" und bezieht sich auf die Buddha-Anschauung: Die Buddhas (längst im Plural) sind lediglich der Welt angepaßt; in Wahrheit jedoch „transzendent". Das geht so weit, daß sie, um fast wahllos einige Beispiele zu nennen, ihre Füße waschen oder sich baden, obwohl kein Staub an ihnen haftet, essen, obwohl sie nie Hunger plagt, zu altern scheinen, obwohl sie ewig sind u. a. m.; (Mvu I 168f.; vgl. J. J. Jones [1949] I, S. XI und S. 132f.): Es ist die Vorstellung des „Körpers der magischen Projektion" *(nirmāṇakāya)*, von der unten, 5.4.2., in anderem Zusammenhang noch einmal die Rede sein wird.

Hier sind wir der alten Lehre, wie sie der Buddha selber vertreten hatte, schon weit entrückt. Mahāyāna kündigt sich an.

5. MAHĀYĀNA

5.1. Allgemeines

mahāyāna wird gewöhnlich mit „Großes Fahrzeug" wiedergegeben. Und wenn man auch zweifeln kann, ob „Fahrzeug" für *yāna* die adäquate Übersetzung ist, so bleibt doch „groß" für *mahā* unbestritten; *hīna* aber (in *hīnayāna*) ist sein Gegensatz, heißt „klein", und zwar im abschätzigen Sinne. Daraus folgt, daß Mahāyāna eine Eigenbenennung ist, die einen Überlegenheitsanspruch bekundet.

Überlegenheit — worüber? Ganz sicher nicht über den Buddha, denn der stand außerhalb jeder Kritik. Somit, notwendigerweise, Überlegenheit über das, was die Hīnayāna-Anhänger als Lehre des Buddha verstanden und verbreiteten: Sie haben nämlich, aus mahāyānistischer Sicht, nur eine Teilwahrheit. Erst die Mahāyāna-Sūtras bringen die volle Wahrheit. Auch die stammt, selbstverständlich, vom Buddha selber. Doch war sie zunächst erlesenen Kreisen vorbehalten. Der normale Buddha-Hörer hatte nur das Hīnayāna-Fassungsvermögen und mußte entsprechend bedient werden.

Die Authentizität des im Hīnayāna bewahrten Buddhawortes wird also nicht bestritten. Es wird nur die eigene (Mahāyāna-)Lehre darübergebaut — als ein höheres Buddhawort, für dessen umfassende Verkündigung, gelegentlich als eine „zweite Drehung des Rades der Lehre" bezeichnet, die Zeit erst reif werden mußte.

In Wirklichkeit ist Mahāyāna natürlich jünger. Und obwohl es sich ganz allmählich aus dem Hīnayāna heraus entwickelt hat, wird es terminologisch scharf gegen dieses abgegrenzt. Insoweit (nur insoweit!) ist auch die Frage nach Zeit und Ort seiner Entstehung berechtigt. Diese Frage ist, wenigstens beim gegenwärtigen Stand der Forschung, identisch mit der Frage nach Zeit und Ort der Entstehung der Prajñāpāramitā-Literatur, der ersten uns bekannten literarischen Äußerung, die sich selbst als mahāyānistisch versteht[122].

Schon der Titel bringt dies zum Ausdruck: *prajñā-pāramitā* heißt „Vollkommenheit der Einsicht", und gemeint ist damit die vom analytischen Wissen des Abhidharma grundverschiedene Einsicht in das Wesen der Dinge, wie sie nötig und möglich ist, um den Geburtenkreislauf weniger zu überwinden als (nach dem Vorbild der Ātman-Lehre) geistig abzustreifen.

[122] Zum folgenden vgl. vor allem E. Conze (1960).

Doch darüber an anderer Stelle mehr (s. unten, S. 184f.). Kehren wir zurück zur Frage des örtlichen und zeitlichen Ursprungs der Prajñāpāramitā-Literatur, so ist zu konstatieren, daß sich der Grundtext (wie so oft in Indien) nicht erhalten hat. Das ist in diesem Fall deshalb besonders bedauerlich, weil er nicht wie die späteren Versionen in Sanskrit abgefaßt war, sondern in Mittelindisch und uns daher schon von der Sprache her ausreichend Indizien hätte liefern können für eine Entscheidung zugunsten einer der beiden geographisch weit auseinandergehenden Hypothesen, die heute existieren: É. Lamotte (1954), S. 389ff., plädiert für den Nordwesten und Khotan; er legt dafür wichtiges Material vor, u. a. aus chinesischen Pilgerberichten. Nach E. Conze (1960), S. 9ff., beweist dieses Material jedoch nur, daß der oder ein Mahāyāna-Schwerpunkt in der Kuṣāṇa-Zeit (etwa 1.—2. Jh. n. Chr.) in diesem Gebiet war und daß von dort die Ausbreitung nach Zentral- und Ostasien stattgefunden hat.

Conze hält an dem früher schon ins Auge gefaßten Mahāsāṃghika-Zentrum als Ausgangspunkt für die Prajñāpāramitā-Texte und damit, in dem oben beschriebenen Sinne, auch für die Entstehung von Mahāyāna fest, also an der Gegend um Amarāvatī (und Dhānyakaṭaka [heute: Dharanikot]) am Unterlauf der Kṛṣṇā in Andhra-Pradesh. Und er denkt an das 1. Jahrhundert v. Chr. Seine Argumente sind u. a. die Tatsache, daß die Mahāsāṃghikas in mehr als einer Hinsicht Wegbereiter des Mahāyāna waren und als solche angesehen wurden — daß Nāgārjuna, der bedeutende und älteste uns namentlich bekannte Philosoph des Mahāyāna (etwa 2. Jh. n. Chr.) traditionell mit dieser Gegend verbunden wird — daß die älteste uns erhaltene Prajñāpāramitā-Version, die Aṣṭasāhasrikā, vom Süden spricht.

Ich würde mich eher Conzes als Lamottes Ansicht anschließen, schon aus der allgemeineren Erwägung heraus, daß im Osten (und dazu gehört Amarāvatī) auch sonst die, im ganzen, progressiveren Kräfte am Werk waren — deutlich sichtbar bereits in den Berichten zum sogenannten „zweiten Konzil" von Vaiśālī, s. oben, 4.1.1.2., besonders S. 135, Pkt. 3.

Doch wie dem auch sein möge, mit einer Antwort auf die Frage nach dem Ursprung der Prajñāpāramitā-Literatur hätten wir ohnehin nur den literarhistorisch und terminologisch abgrenzbaren Teil des Problems im Griff. Und das wäre der kleinere Teil. Tatsächlich verbirgt sich hinter der Entwicklung zum Mahāyāna weit mehr, nämlich ein allgemeiner Trend, der auch vor dem nicht haltgemacht hat, was dann von den Progressiveren abschätzig Hīnayāna genannt wurde — genau besehen gar nicht haltmachen konnte, da sich auch in den konservativen Kreisen der Wille zum Engagement in die Welt durchgesetzt hatte, von dem bereits oben, 4.4., die Rede war. Wenn man so will, kann man hierin bereits die Anfänge der zum Mahāyāna hinführenden Entwicklung sehen.

So finden wir denn auch in den Hīnayāna-Texten — ganz ausgesprochen in der (im Pāli-Kanon zum Khuddaka-Nikāya, s. oben, 4.3.1.1., gerechneten) Jātaka-Literatur, deren Popularität durch Flachreliefs auf dem Stūpa von Bhārhut bereit für das 2. Jahrhundert v. Chr. bezeugt ist (vgl. dazu É. Lamotte [1958], S. 444) — volksreligiöse Einbrüche, das vom Buddha als Leitbild wegführende Bodhisattva-Ideal, Altruismus auf Kosten der an sich streng egozentrischen Karman-Theorie und was dergleichen Dinge mehr sind. Der Unterschied zwischen Hīnayāna und Mahāyāna ist, von solcher Warte aus betrachtet, vielleicht nur ein quantitativer. Allein, was im Hīnayāna weitgehend in Ansätzen steckenbleibt, das erscheint im Mahāyāna so weit vorangetrieben, daß es für das Ganze repräsentativ wird und somit praktisch eine neue Qualität schafft.

Es ist also — was keineswegs überraschend kommt — die allgemeine Entwicklung (wie sie oben, vor allem an Hand der Konzilsberichte, aufgezeigt wurde), welche schließlich zu der offiziellen Zweiteilung des Buddhismus in Hīnayāna und Mahāyāna führt — einer Zweiteilung, die durch die große Spaltung in Sthaviras und Mahāsāṃghikas gewissermaßen vorbereitet wurde: Der Mahāsāṃghika-Flügel führt zu Mahāyāna, während sich aus der Gruppe der Sthaviras der im Hīnayāna verbleibende Rest rekrutiert.

Wenigstens kann man das gelten lassen, wenn man die Dinge ganz grob einordnen will. Im einzelnen mag vieles anders gewesen sein. Denn die Entwicklung — von keiner Zentrale gesteuert und daher, wie zu vermuten steht, eigenwillig bis in die letzte Ortsgruppe hinein — wird auch innerhalb der beiden sich formierenden Blöcke vielschichtig und unterschiedlich verlaufen sein. Ohne das in nennenswertem Maße zu berücksichtigen, also mit der Einschränkung, daß vergröbert und vereinfacht wird, soll im folgenden der Versuch gemacht werden, Mahāyāna zu beschreiben, und zwar, um der Komplexität des Phänomens wenigstens einigermaßen gerecht zu werden, von verschiedenen Seiten her.

5.2. Die Gemeinde

Ich beginne mit dem Blick auf die Gemeinde. Erhebliche Meinungsverschiedenheiten hat es in ihr schon lange vor der Entstehung des eigentlichen Mahāyāna gegeben. Von besonderem Interesse sind in unserem Zusammenhang einmal die beim „zweiten Konzil" (von Vaiśālī) zutage tretenden Spannungen, welche zehn von den Vṛjiputraka-Mönchen eingeführte Neuerungen betreffen (s. oben, 4.1.1.2.), und zum anderen der Streit um die fünf unorthodoxen Thesen hinsichtlich der Qualifikation zum Arhat (s. oben, 4.1.2., Punkt A).

Beide Ereignisse sind in ihrer historischen Bewertung, die den Hintergrund mitzuberücksichtigen hat, nicht ohne weiteres gleichzusetzen. Im ersteren Fall geht es schlicht um laxeren Lebenswandel, somit um die Frage, ob (und gegebenenfalls wohl auch wieweit) man die Zahl der Mönche auf Kosten ihrer Qualität wachsen lassen soll. Im zweiten Fall geht es mit einer nicht zu verkennenden Radikalität bereits um die Aufweichung der Position einer geistlichen Elite (des Arhat, eines hīnayānistischen Ideals).

Dieser zweite Fall reflektiert augenscheinlich ein fortgeschritteneres Stadium im Zuge der Entwicklung zur Massenbewegung. Man könnte von einer Revolte Unterdrückter oder sich unterdrückt Fühlender sprechen. Allein auch hier handelt es sich noch um eine Bewegung, die sich innerhalb der Geistlichkeit abspielt.

Das ist im Mahāyāna anders. Da erscheinen zum ersten Male die Laienanhänger auf dem Plan, auch mit einer Revolte, die sich aber gegen die gesamte Geistlichkeit richtet. Und ihr Ziel ist (wie das der einfachen Mönche, als sie gegen den Arhat Front machten) Gleichberechtigung. (Vgl. dazu Ē. Lamotte [1954], S. 378 und [1958], S. 89.)

Man könnte von einem „Klassenkampf" sprechen. Allerdings wäre es dann einer, dem der ökonomische Anreiz fehlt. Ist es doch die besitzende Schicht, die sich benachteiligt fühlt; und die Privilegierten sind Mönche, also „Bettler ex professo". Daher kann das, worum es geht, nicht irgendein materieller Vorteil sein. Es ist vielmehr die (traditionell nur mit der Arhatschaft, also im Status des Mönches, gegebene) Frucht der Erlösung. Und die Argumentation der Mehr-haben-Wollenden, Unterprivilegierten, läßt sich etwa folgendermaßen wiedergeben: Wer im weltlichen Leben verbleibt, um anderen, die nichts tun, diese Art von Existenz überhaupt erst zu ermöglichen, verdient zumindest Gleichberechtigung mit diesen — oder mehr.

Doch noch etwas anderes ist klar: Die Frucht der Erlösung — gemeint ist die Möglichkeit oder Fähigkeit, sich in dieser Existenz erlösen zu können — ist ungreifbar, zumindest unbeweisbar. Das schließt natürlich nicht aus, daß man sich darum bemüht. Aber ganz gewiß ist der Machtkampf mit einer anderen (wie man meint: sie besitzenden) Gruppe dazu ein ungeeignetes Mittel. Wird es dennoch angewandt, so läßt sich daraus schließen: Es geht letztlich gar nicht um die Frucht der Erlösung; diese ist vielmehr nur eine Chiffre für soziales Prestige, das man gewinnt, indem man andere — und auf diesem Umwege dann auch sich selber — glauben macht, man habe diese Frucht.

5.3. *Der politische Aspekt*

Voraussetzung für die soeben geschilderte Laienrevolte ist im Grunde die Politisierung des Buddhismus, wie sie unter Aśoka erfolgte und oben, 4.2., ausführlich abgehandelt wurde. Ich brauche hier nur den im Zusammenhang mit der Weiterentwicklung zum Mahāyāna wichtigen Gesichtspunkt hervorzuheben.

Den lokalen Mönchsgemeinden, und damit dem Orden insgesamt, bringt Aśokas Dharma-Politik einen ungeahnten Aufschwung: materiell, indem durch Neubauten und Erweiterungen Zahl und Größe der Klöster und Wallfahrtsplätze sprunghaft ansteigen, und natürlich auch personell. Wie am deutlichsten aus dem Pāli-Bericht über das sogenannte „dritte Konzil" von Pāṭaliputra hervorgeht (s. oben, 4.1.2., Zu E und C), muß es einen Zulauf von Krethi und Plethi gegeben haben, der sogar „Ordensreinigungen" mit königlicher Hilfe nötig machte. Es werden also durch diese Entwicklung nicht unbedingt die mönchischen Tugenden gestärkt. Und das ist ja auch ganz klar:

Bei aller (übrigens keineswegs maßlosen) Wertschätzung, deren sich die Mönche unter Aśoka erfreuten, waren sie doch — von ihren Fähigkeiten dazu einmal ganz abgesehen — weder in ihrer Gelehrsamkeit gefordert (die mußte hinter „Wachstum im Wesentlichen" zurücktreten; vgl. dazu das 12. Felsenedikt, oben S. 155f.) noch von ihrem asketischen, letztlich egozentrischen Lebenswandel her. Was daran brauchbar war, d.h. Vorbild für die breite Masse sein sollte, war gerade nicht das spezifisch Mönchische, sondern die Laienethik, mit ihrer Tendenz zur Gemeinschaft, zur Verantwortung auch für den anderen — wie ja sehr deutlich wird, wenn man sich die Entwicklung zum Vegetarismus aus dem Gebot des Nicht-Tötens vor Augen hält.

So wird es durchaus plausibel, daß auf lange Sicht bei der Politisierung des Buddhismus mehr noch die Laienanhänger als die Mönche ihren Einfluß, ihre gesellschaftliche Machtposition stärken konnten.

5.4. *Konsequenzen für die Lehre*

Lange bevor Mahāyāna aufkam, hatte man sich ein gutes Stück entfernt von der alten Erlösungslehre, die eine egozentrische Ethik bot mit dem Ziel, durch Unterdrückung von „Durst" *(tṛṣṇā)* Karman zu vermeiden, und die vorgab, dieses Ziel auf dem Edlen Achtgliedrigen Wege (mit dem Endpunkt *samādhi*), der ein die Extreme vermeidender Mittlerer Pfad ist, erreichen zu können:

1. So wurden schon bald meditative Praktiken (*dhyāna* u.a.) eingeführt, um „Konzentration" *(samādhi)* des Achtgliedrigen Weges, welche von Haus aus leer (d.h. ohne Vorstellungen) ist, mit entsprechendem Material (u.a. kosmologischem) aufzufüllen (s. oben, S. 89ff.), oder auch, um über „Konzentration" hinauszugelangen — etwa bis zur „Einsicht" *(prajñā)* s.u.

2. Kaum (wenn überhaupt) später rückte, wie aus der Zusammenfassung, oben, 2.3., ersichtlich wird, im „Satz vom abhängigen Entstehen" an die Stelle des „Durstes" als Wurzel allen Übels das „Nicht-Wissen" der Lehre.

3. Und schließlich setzte eine Entwicklung zur Scholastik (*abhi-dharma*, s. oben, 4.3.1.3.) ein; die Lehre wurde systematisiert und nach der erkenntnistheoretischen und kosmologischen Seite (weiter) ausgebaut. —

Was nun den so stark das Mahāyāna prägenden Einfluß der Laien angeht, so ist sein entscheidendes Ergebnis eine Rückbesinnung auf die Ethik, die nun allerdings nicht mehr in egozentrischer Weise auf den einzelnen gerichtet ist, sondern auf die Gemeinschaft. Das Ideal ist — nach dem oben Gesagten fast selbstverständlich — nicht mehr der Arhat (der sich selber erlöst, doch für den anderen nichts tut), sondern der Bodhisattva (vgl. 1.4.1., n. 16), welcher, mit der Buddha-Legende populär geworden (s. dazu 1.4.2.), jetzt etwas Unerhörtes tut: Er stellt die eigene Erlösung (die er sicher hat) zurück, um auch anderen — bald: allen anderen — zur Erlösung verhelfen zu können.

Wahrscheinlich nach dem Vorbild der (hīnayānistischen) Mönchskarriere (die vom „In-den-Strom-Eingetretenen" bis zum Arhat geht; vgl. oben, 3.2., am Ende), und in Konkurrenz zu ihr, entsteht auf solche Weise eine — auch Nicht-Ordinierten und sogar Frauen offene — Bodhisattva-Karriere mit zunächst wahrscheinlich sechs, später zehn Stufen *(bhūmi*[123]*)*. Mit ihnen werden „Vollkommenheiten" *(pāramitā)* parallelisiert, welche ein Bodhisattva ebenfalls nacheinander erlangt. Diese zehn Vollkommenheiten sind: (1) *dāna* „Freigebigkeit"; (2) *śīla* „Sittlichkeit"; (3) *kṣānti* „Nachsicht"; (4) *vīrya* „Willensstärke"; (5) *dhyāna* „Versenkung"; (6) *prajñā* „Einsicht"; (7) *upāyakauśalya* „Fähigkeit, das rechte Mittel anzuwenden"; (8) *praṇidhāna* „Gelübde"; (9) *bala* „Kraft"; (10) *jñāna* „Erkennen".

Die Reihe ist, mir jedenfalls, nicht in allen Einzelheiten einleuchtend. Sicher ist aber, daß Nr. 7—10 später angestückt wurden. Zwischen Nr. 6 und 7 liegt eine bemerkenswerte Zäsur; hat doch mit Nr. 6 — der *prajñā-pāramitā*,

[123] Ein steinernes Symbol dieses zehnstufigen Bodhisattva-Weges ist der im 9. Jahrhundert n. Chr. auf Java errichtete Borobodur, wohl der gewaltigste Kultbau der buddhistischen Welt. Man vergleiche die den Plan des Kunstwerkes verdeutlichende Schemazeichnung bei H. W. Schumann (1976), S. 165.

welche, wie wir sahen, einer ganzen Literatur ihren Namen gab — der Bodhisattva eigentlich schon den Endpunkt, das Nirvāṇa, erreicht. Da er jedoch, um für das Wohl der anderen Lebewesen weiterwirken zu können, darauf verzichtet, ins Nirvāṇa einzugehen, bleibt es ein „aktives" („nichtstatisches" *a-pratiṣṭhita*) Nirvāṇa. Und mit Nr. 7 wird daher der Bodhisattva „transzendent", d.h. er wird nicht mehr wiedergeboren und kann sich, um anderen zu helfen, ohne Rücksicht auf Naturgesetze jeder Situation anpassen.

Schon aus der Art, wie hier der Bodhisattva das Nirvāṇa storniert, um, als Gott (das ist er dann praktisch), für die Lebewelt weiterwirken zu können, erhellt, daß die Lehre in starkem Maße volksreligiöse Züge aufnimmt, dazu ein auf das Glück der Masse gerichtetes Streben. Das verträgt sich längst nicht mehr mit dem skeptischen, blassen, nur mehr negativ bestimmbaren Nirvāṇa-Begriff der alten Lehre. Zwar bleibt der Kernsatz des Buddha, daß alles Leben (letztlich) Leiden *(duḥkha)* bedeutet, unangetastet. Doch was von der Masse gebieterisch gefordert wird, ist, wenn nicht Glück im Leben — auch das sollen die Bodhisattvas in Form von günstigen Wiedergeburten nach Möglichkeit verschaffen —, so doch wenigstens Glück in der Erlösung, die man sich nur als einen Zustand vorstellen konnte.

5.4.1. Die Rückwärtsbewegung mit der „zweiten Drehung des Rades der Lehre"

Will man thesenartig (und, wie bereits bemerkt, vergröbernd) die Entwicklung zum Mahāyāna festhalten, dann empfiehlt sich als
Merksatz 1: *Das Erlösungsstreben begnügt sich nicht mehr mit dem Freisein von Leiden* (duḥkha); *es geht auf die Erlangung von Glück* (sukha).

Das einfachste wäre nun gewesen, dieses „Glück" mit einer Paradiesvorstellung zu assoziieren. Das ist auch getan worden. So entstand, um gleich das wichtigste Beispiel zu nennen, die Vorstellung von einem Paradies des Westens namens Sukhāvatī (wörtlich etwa: „das glückreiche [Land"]), dessen Herr der Buddha Amitābha („der unermeßlichen Glanz Besitzende[124]") ist. Allerdings ist auch dieses Paradies — wie übrigens alle buddhistischen Paradiese — nicht definitiv, sondern nur der Vorhof zur Erlösung. Warum, ist nicht schwer einzusehen, wenn man die Quellenlage berücksichtigt: Uns sind nicht die solchen Paradiesauffassungen unterliegenden volkstümlichen

[124] Ein anderer Name für ihn ist Amitāyus („der unermeßliche Lebensdauer Besitzende"). In Ostasien wird er unter dem Namen Amida verehrt und genießt dort eine von keiner anderen buddhistischen Gottheit erreichte Popularität. (S. Hôbôgirin. s. v.)

Vorstellungen überliefert, sondern nur ihre philosophisch-literarischen Überhöhungen (im Falle des hier genannten westlichen Paradieses vor allem im Sukhāvatī-Vyūha[125]). Und da verbot sich ein so „banausischer" Ausweg wie der, welcher ein Paradies zur Endstation macht, aus zwei Gründen: einmal, weil das (Bodhisattva-)Ideal ja war, in der Welt zu bleiben, um in ihr für die Erlösung aller Geschöpfe wirken zu können; und zum anderen, weil man sich über die Nirvāṇa-Konzeption des Buddha (nach der, wie wir gesehen haben, das Nirvāṇa nur negativ bestimmbar ist) nicht so leichtfertig hinwegsetzen konnte.

Der dem banausischen Ausweg überlegene philosophische war somit — und hier kommen wir zum

Merksatz 2: *Von* samādhi *her, der (rechten) „Konzentration" = dem als „leer" von Vorstellungen angesehenen Endpunkt des zum Nirvāṇa führenden Edlen Achtgliedrigen Weges (vgl. 2.2.2.2.2.), wird auch Nirvāṇa selbst als „leer"* (śūnya) *definiert.*

Damit ist an der negativen Definition von Nirvāṇa scheinbar nichts, tatsächlich aber sehr viel geändert. Denn „Leere" *(śūnyatā)* wird hinfort als positive Aussage (über das Nirvāṇa) empfunden und behandelt.

Nun konnte man verbinden —

Merksatz 3: *„Glück"* (sukha, *s. o., Nr. 1) entsteht bei der Erkenntnis der „Leere"* (śūnyatā).

Damit kommt — vielleicht als folgenreichster Schritt in dieser Entwicklung überhaupt — „Erkenntnis" ins Spiel, allerdings nicht irgendeine Erkenntnis. Nicht umsonst macht in der Prajñāpāramitā ein gewisser Subhūti (zusammen mit Pūrṇa Verkünder der neuen, höheren [mahāyānistischen] Wahrheit) Front gegen das Kategorienwissen (skt. *pratisaṃvid*, p. *paṭisaṃbhidā*) des Abhidharma (also der hīnayānistischen Scholastik), als dessen Vertreter Śāriputra fungiert. Weit über Śāriputras durch Analyse gewonnener, niederer Erkenntnis (die übrigens auch *prajñā* genannt wird) steht die „Vollkommenheit der Erkenntnis", eben die *prajñāpāramitā*. (Vgl. dazu E. Conze [1960], S. 13f.) Und die ist fundamental; sie führt nicht zu (Detail-)Wissen, auch nicht (wie die *bodhi*, vgl. dazu oben, S. 55f., S. 47 n. 16) zu dem Wissen schlechthin (mit dem man sich erlösen kann), sondern unmittelbar zur Erlösung.

[125] Es gibt zwei Texte sehr unterschiedlichen Umfangs, die diesen Titel tragen. Beide sind aus dem Sanskrit (es gibt auch chinesische Übersetzungen) übertragen von M. Müller (1894). — Weitere bibliographische Angaben bei M. Winternitz (1933), S. 310ff.

Diese fundamentale Erkenntnis wird anderweit auch nur *prajñā* (dann hier, aus Gründen der Differenzierung, mit „Einsicht" übersetzt), *vijñāna, vijñapti* oder auch *jñāna* genannt[126].

Die terminologischen Schwankungen sind unerheblich. Zeigen sie doch nur den Hang, etwa der Schulen, sicherlich aber auch einzelner Denker, sich zu profilieren, wodurch das Gemeinsame (welches für uns allein wichtig sein kann) lediglich verdeckt, nicht jedoch beseitigt wird. Dieses Gemeinsame erhellt schon daraus, daß es sich in allen genannten Fällen um Bildungen von der Verbalwurzel *jñā*[127] handelt, wobei als Präfixe entweder *vi-* oder *pra-* in Betracht kommen.

vijñāna, „Erkennen" oder „Bewußtsein", war schon in der Skandha-Theorie (vgl. dazu oben, S. 101f.) ein wichtiger Begriff. Vollendet sich doch in ihm die — sich damit ihrer selbst bewußt werdende — „empirische Person", ein komplexes Gebilde, Vehikel des Geburtenkreislaufes, in welchem der Buddha vergeblich nach dem (für die älteren Philosophen) Erlösung bedeutenden Ātman suchte — woraus hervorgeht, daß dieses *vijñāna* (normalerweise) in den Geburtenkreislauf führt, jedenfalls keine erlösende Funktion hat.

Das ist nun zwar ein großer Unterschied zu der hier zu erörternden mahāyānistischen „Erkenntnis". Dieser Unterschied verschwindet jedoch, wenn wir philosophiegeschichtlich noch weiter zurückgehen, nämlich zu der gerade mit der Skandha-Theorie vom Buddha bekämpften (und überwunden geglaubten) Ātman-Lehre der Upaniṣaden (s. oben, 2.1.3.). In ihr finden wir, wie im Mahāyāna, den aus *vi jñā* (bzw. *pra jñā*, was auch hier nur einen Schulunterschied charakterisiert) gebildeten Begriff der fundamentalen (weil zur Erlösung führenden, sogar mit Erlösung identischen) Erkenntnis. Und wir finden in der Ātman-Lehre auch das bei dieser Erkenntnis entstehende „Glück" *(sukha)* wieder: es heißt hier „Wonne" *(ānanda)*, das wahrscheinlich deswegen auf buddhistischer Seite *sukha* weichen mußte, weil man hier den Gegensatz zu *duḥkha* („Leiden") betonen wollte.

Wir können daher formulieren als

Merksatz 4: *Wie in der Ātman-Lehre ist das Erlösungsmittel wieder ein Erkenntnisakt (statt des vom Buddha propagierten Nicht-Sammelns von Karman) und das Erlösungsziel, positiv, „Glück" (obwohl der Buddha nur noch ein Freisein von Leiden glaubte versprechen zu können).*

[126] Man vergleiche die oben gegebene Liste der „zehn Vollkommenheiten", die aus zwei Teilen besteht, von denen der eine mit *prajñā*, der andere mit *jñāna* endet (s. S. 182).

[127] Eine indogermanische Wurzel, zu der z.B. auch das griechische Wort „Gnosis" gehört.

Man sieht: Die „zweite Drehung des Rades der Lehre" (vgl. oben, 5.1.) brachte eine Rückwärtsbewegung — wenigstens in der Problemstellung. Denn tatsächlich wurde natürlich nicht auf die Upaniṣad-Philosophie zurückgegriffen, sondern auf deren zeitgenössische (wohl auch zeitgemäße) Fortsetzung, den Vedānta (wörtlich: „Ende des Veda"), welcher in vielen brahmanischen Schulen gepflegt und der buddhistischen Lehre entgegengehalten wurde.

Ein Problem für die buddhistischen Denker blieb bei alledem der Ātman. Der konnte nicht einfach übernommen werden, wenn man sich überhaupt noch unterscheiden (und auf den Buddha mit seinem „Nicht-Ātman" berufen) wollte. Was kam aber dann als Absolutes in Betracht?

Hier gab es im philosophischen Bereich — auf den, ein wenig gewaltsam abgetrennten, religiösen kommen wir unten, 5.4.2. — zwei Möglichkeiten:

a) Zunächst, nämlich in der ältesten uns faßbaren Mahāyāna-Literatur[128], hat es den Anschein, als ob man es mit der „Leere" selbst als Absolutem versuchte, was übrigens nach dem oben, Merksätze 1—3, Ausgeführten nur folgerichtig war. Dazu kam hier sogar ein formales Element der Anknüpfung an die alte Lehre des Buddha, nämlich der Mittlere Pfad. Dieser, der die Vermeidung von Extremen im ethischen (Karman-)Bereich empfahl (vgl. oben, 2.2.2.2.1.) wurde, wiederum ganz folgerichtig, erkenntnistheoretisch uminterpretiert: Rechte Erkenntnis, so folgerte man, hebt die Gegensätzlichkeit auf, welche die Erscheinungswelt beherrscht. In Wirklichkeit gibt es weder „est" noch „non est", weder „ewig" noch „nicht ewig" usw. — alles ist „leer".

Hieraus ergab sich eine denkwürdige Gleichung —

Merksatz 5: *„Leere"* (śūnyatā) *ist nicht nur mit Nirvāṇa identisch, sondern auch mit der Erscheinungswelt; man muß nur erkennen, daß diese — wie alles — „leer" ist. Somit ist auch Nirvāṇa identisch mit der Erscheinungswelt, diese auf alle Fälle aber irreal.*

b) Die zweite, wohl erst später ins Auge gefaßte Möglichkeit[129] geht schlicht von der Überlegung aus, daß „leer" eben doch nicht absolut genommen werden kann. (Man fragte sich: leer wovon? Vgl. dazu E. Frauwallner [1956], S. 278f.) Und so kam es dazu, daß die fundamentale Erkenntnis sel-

[128] D.h. in den Prajñāpāramitā- und in den Ratnakūṭa-Texten sowie im Madhyamaka- bzw. Śūnyatāvāda-System des Nāgārjuna (ca. 200 n. Chr.?). Vgl. dazu H. W. Schumann (1976), S. 177ff.; E. Frauwallner (1956), S. 143ff. — Am meisten verpflichtet bin ich im folgenden F. Weller (1963), der eine aufschlußreiche Analyse des Kāśyapa-Parivarta (eines Ratnakūṭa-Textes) gibt.

[129] Im Yogācāra- bzw. Vijñānavāda-System. Vgl. dazu H. W. Schumann (1976), S. 184ff.; E. Frauwallner (1956), S. 264ff.

ber als Ziel gesetzt wurde. Dabei kann es für die hier vertretenen Belange gleichgültig bleiben, ob man dieses Ziel (= das dem verpönten Ātman entsprechende Absolute) *vijñāna* („Bewußtsein"), *ālaya-vijñāna* („Speicher-Bewußtsein"), *citta* („Geist") oder ähnlich nannte. Entscheidend ist, daß man mit diesem letzten Coup, dem Sich-Absetzen gegen die „Leere", sich der Ātman-Lehre der Vedāntins so weit genähert hatte, wie das überhaupt ohne Verlust der buddhistischen Identität möglich war.

In dem oben, 0.1., erwähnten Prozeß des Gebens und Nehmens zwischen Buddhismus einerseits und sich herausbildendem Hinduismus (als Folge einer brahmanischen Reaktion) andererseits haben wir hier — soviel ist jedenfalls klar — die große Wende längst hinter uns. Der Buddhismus hat sich mit dieser Mahāyāna-Philosophie, so scharfsinnig sie im einzelnen sein mag, schon fast bis zur Selbstentäußerung angeglichen. Deutlich ist die brahmanische Seite die tonangebende.

5.4.2. Die (volks-)religiöse Ebene dieser Entwicklung

Von einem bestimmten Blickwinkel aus betrachtet, liegen die Gründe für die Rückentwicklung der Problemstellung in der buddhistischen Philosophie, wie sie soeben geschildert wurde, bei der Lehre des Buddha selber.

Diese Lehre war — ein Manko von nicht zu unterschätzender Bedeutung! — nicht weiterzuentwickeln, da sie bereits die Grenze dessen erreicht hatte, was auch eine skeptische Philosophie noch tragen kann. Und sie war auch schwer auf der erreichten Höhe zu halten. Denn sowohl (1) in der Skandha-Theorie, die eine Wiedergeburtslehre bietet, in welcher nichts von Bestand (auf keinen Fall eine „Seele") wiedergeboren wird, als auch (2) in der Konzeption eines Erlösungszieles, Nirvāṇa, das nur mehr negativ bestimmbar (als Freisein von Leiden) erscheint, steckt zwar eine denkerische Leistung, die achtunggebietend ist, allein diese zeugt auch von einer intellektuellen Kälte, welche vielleicht einzelnen zugemutet werden kann, keineswegs jedoch einer breiteren Masse behagt.

Man könnte sich daher sogar fragen, wie es überhaupt möglich war, daß der Buddha mit einer solch skeptischen Lehre attraktiv werden konnte. Aber darauf gibt es eine Antwort, die, obwohl sie aus dem oben, 2.2.1., Gesagten hervorgeht, ihrer Wichtigkeit wegen hier noch einmal in zwei Punkten herausgestellt werden möge: Da war einmal ihre Exoterik, mehr noch ihre soziale Schranken niederreißende Weltoffenheit, und da war zum anderen die Tatsache, daß sie trotz ihres hohen theoretischen Niveaus praktisch intellektuell anspruchslos blieb. Ihre ethische Orientierung erlaubte es, die Erlösung (des einzelnen) nicht mehr von einer bestimmten Bildung oder einem bestimmten Wissen abhängig zu machen, sondern allein von einem prinzipiell jedem möglichen Lebenswandel; es bedurfte dazu lediglich der Befolgung gewisser — asketischer, doch wegen des Mittleren Pfades noch nicht einmal allzu strenger — Vorschriften. Ein theoretisches Begreifen der Lehre war unnötig; es konnte, sollte im Regelfall, durch „Vertrauen" *(śraddhā)* auf den Buddha kompensiert werden. Die Erlösung war also — trotz der Schwierigkeit und Tiefe der Lehre (die immer wieder betont wird, z.B. MN I 167) — relativ billig zu haben.

Später war dies freilich nicht mehr billig genug. Inzwischen war nämlich die brahmanische Konkurrenz auf dem Plan erschienen und hatte — als Reaktion auf den (existenzbedrohenden) Zuzug der Massen zum Buddhismus — den Erlösungspreis so drastisch reduziert, daß es nichts mehr zu unterbieten gab. Das Zauberwort hieß Bhakti.

bhakti wird gewöhnlich mit „Gottesliebe" wiedergegeben. Gemeint ist die bedingungslose, unreflektierte Hingabe an Gott. Sie schlägt, das ist der propagierte Glaube, unmittelbar zur Erlösung durch, ohne Rücksicht auf Karman, Wissen oder Erkenntnisfähigkeit der betreffenden Person. Man kann daher sagen: Was der brahmanische Philosoph (oder Mystiker) durch Erkenntnis des Ātman erreicht (und was nur leicht abgewandelt auch im Mahāyāna erstrebt wird; vgl. dazu oben, 5.4.1., besonders Merksätze 3 und 4), das erreicht nach der Bhakti-Lehre der einfache Mann durch seine Hingabe an Gott.

Es liegt auf der Hand, daß diese Bhakti-Lehre — theistisch und schon daher volkstümlich, darüber hinaus aber auch bequem — vorzüglich geeignet war, die hochgestochene Ātman-Theorie nach der exoterischen Seite hin zu ergänzen, auch, und nicht zuletzt, um damit die zum Buddhismus übergelaufenen Massen zurückzugewinnen. Tatsächlich finden wir auch, spätestens in der frühen Purāṇa-Literatur[130], dargestellt, wie mit dem Tod (und der Verklärung) Kṛṣṇas — einer Gestalt des ehemals tragischen Heldenepos Mahābhārata (vgl. oben, 0.4.) aus der im Laufe der Zeit die wichtigste, noch heute an Popularität unübertroffene Bhakti-Gottheit wird — die alte Rechtsordnung *(dharma)* ihre letzte Stütze verliert und damit Kali-Yuga, das schlechteste aller Zeitalter, anhebt. In ihm, so heißt es weiter, inkarnierte sich Viṣṇu in Gestalt des Ketzers Buddha, um die Menschen ganz im Sinne des kosmischen Kreislaufs mit seiner Irrlehre zu verblenden. Kṛṣṇa und Buddha werden somit zu (gleichermaßen aus Viṣṇu hervorgegangenen) Kontrastfiguren, von denen jener das Recht schützt, dieser es pervertiert. Wenn die Menschen des Kali-Zeitalters dennoch nicht zu verzweifeln brauchen, dann deshalb, weil Kṛṣṇa ihnen Bhakti hinterlassen hat. Das schlechteste

[130] Man vergleiche dazu etwa das 6. Kapitel des Viṣṇu-Purāṇa.

Zeitalter bietet somit, als Anreiz für Rechtgläubigkeit, den einfachsten Weg zur Erlösung, selbstverständlich in paradiesische Zustände. Aus der Geschichte erhellt, daß diese Art von Bhakti-Propaganda durchaus in der Lage war, aus buddhistischen Häretikern Kṛṣṇa-Verehrer zu machen.

Den Buddhisten jedenfalls blieb, angesichts solcher Erlösungsangebote, gar nichts anderes übrig als nachzuziehen. *śraddhā* wurde in (Buddha-)Bhakti weiterentwickelt[131], und Paradiesvorstellungen kamen auf, von denen eine, die bedeutendste, oben (S. 183f.) bereits erwähnt wurde. Wir müssen hier noch einmal darauf zurückkommen. Amitābha, der Herr dieses westlichen Paradieses hat einen „Körper des Genusses" *(sambhogakāya)*, einen überweltlichen Körper, der, wie es heißt, „nicht mit den Sinnesorganen wahrzunehmen, sondern nur spirituell erfahrbar" ist. (Vgl. dazu und zum folgenden H. W. Schumann [1976], S. 135ff.) Dieser „Körper des Genusses" ist Bestandteil einer „Drei-Körper-*(tri-kāya-)*Lehre". Über ihm steht der *dharma-kāya* („Körper der Lehre") und unter ihm der *nirmāṇa-kāya* („Körper der magischen Projektion").

Mit der Konzeption dieser Drei-Körper-Lehre hat es meiner Ansicht nach folgende Bewandtnis (vgl. dazu auch N. Dutt [1929]):

1. Ausgangspunkt ist die Tatsache, daß der Buddha ein Mensch war, einen Körper hatte. Das war später, als die Bewunderung für seine Lehre und seinen Lehrerfolg, und damit auch für ihn, religiöse Dimensionen annahm, nicht mehr so selbstverständlich. Dazu kam — vielleicht als ein winziger Schritt in diese Richtung —, daß der Buddha schon in alten Texten (z.B. im Aggañña-Sutta, s. oben, 2.2.1.) u.a. *dharma-kāya* genannt wurde, was hier durchaus nicht religiös gemeint ist, sondern metaphorisch: „der die fleischgewordene Lehre (oder Wahrheit) ist", weil er nämlich diese Lehre gefunden hat und mitteilt.

2. Später jedoch, als man den Buddha mehr oder weniger der menschlichen Sphäre entrückt hatte, wurde mit *dharma-kāya,* und dann bald auch mit anderen „Körpern" des Buddha, spekuliert. Den Anstoß dazu gaben viṣṇuitische Kreise. Hier, wo übrigens auch die Bhakti-Lehre guten Nährboden fand und zu allen Zeiten am festesten verwurzelt blieb, waren Emanationslehren zu Hause, deren theistische Ausprägungen darauf hinausliefen, daß man aus einem transzendenten, alles umfassenden Hochgott bestimmte „Gestalten" *(rūpa)* hervorgehen (und im Sinne des zyklischen Denkens auch wieder eingehen) ließ. Setzt man *dharma-kāya* mit diesem Hochgott gleich,

[131] Wahrscheinlich steht in Zusammenhang damit auch die Entwicklung des Buddha-Bildes, im Nordwesten (Gandhāra) und in Mathurā vgl. dazu É. Lamotte (1958), S. 479ff. Die ältere buddhistische Kunst hatte sich gescheut, den Buddha anders als symbolisch (z.B. durch Fußabdrücke) darzustellen.

d. h., buddhistisch gesprochen, mit dem Absoluten, wie es sich im Mahāyāna bereits herausgebildet hatte — heiße es nun „Leere" *(śūnyatā)*, „Denken" *(citta)*, „Erkennen" oder „Bewußtsein" *(vijñāna)*, „Soheit" *(tathatā)* oder, schon mehr dem Theismus angenähert, „Mutterschoß des Vollendeten" *(tathāgata-garbha)*, „Ur-Buddha" *(ādi-buddha)* o. a. —, dann wird der mit menschlichem Körper für einige Zeit auf der Erde wandelnde Buddha leicht zu einer Art „Inkarnation" (viṣṇuitisch: *avatāra*, wörtlich: „Herabstieg"), d. h., wiederum buddhistisch gesprochen, zum „Körper der magischen Projektion" *(nirmāṇa-kāya)*, wie ihn, wenigstens de facto, die Mahāsāṃghikas bereits kannten. (Vgl. dazu oben, 4.4.2.).

Ob eine voll ausgebildete und entsprechend anerkannte Lehre von *dharma-* und *nirmāṇa-kāya* bei den Mahāsāṃghikas bereits vorlag, sei dahingestellt. Im frühen Mahāyāna jedenfalls ist sie da. Und sie hat hier sicher nicht nur meditativem Bedürfnis gedient, sondern auch kultischem, indem man über den *nirmāṇa-kāya* (z. B. durch die Verehrung seiner in einem Stūpa untergebrachten Reliquien oder seines Bildes) den *dharma-kāya* zu erreichen suchte.

Von da aus erklärt sich dann auch ein — in Opposition dazu stehendes, vielleicht polemisch gemeintes — Gegenstück einer „Zwei-Körper-Lehre", welches die (konservativen) Sarvāstivādins (vgl. dazu oben, 4.4.1.) entwickelten; diese unterscheiden nämlich zwischen einem *dharma-kāya* und einem *rūpa-kāya*, ohne über den menschlichen Bereich hinauszugehen: Beide sind menschliche Körper, letzterer ist der gewöhnliche des Unerlösten (wie ihn auch ein Bodhisattva aufweist), ersterer der von den Karman-Einflüssen „gereinigte", wie ihn jeder lebend Erlöste *(arhat)* besitzt, also nicht nur der Buddha.

3. Sollte diese Lehre (der Sarvāstivādins) dazu bestimmt gewesen sein, weiteren Spekulationen mit „Körpern" des Buddha den Boden zu entziehen, so hat sie ihr Ziel nicht — oder doch nur, weitgehend, für das Hīnayāna — erreicht. Die mahāyānistische „Zwei-Körper-Lehre" (mit *dharma-* und *nirmāṇa-kāya*) wurde noch mehrfach erweitert und modifiziert, wobei die hier zur Erörterung stehende „Drei-Körper-Lehre" zwar nicht das letzte, wohl aber das wichtigste Ergebnis geworden ist. Eben weil sie mit dem *sambhoga-kāya*, welcher hier zwischen *dharma-* und *nirmāṇa-kāya* eingeschoben erscheint, massiven Bhakti-Einfluß verrät. Ist doch das entsprechende-Paradies, wie insbesondere der alles sonst noch Einschlägige an Bedeutung überragende Amitābha-Kult beweist, ausgesprochen eine Angelegenheit der niveaulosen Masse, die alles genießen und nichts dafür tun will. Es gibt Bhakti-Richtungen, nach denen das bloße, einmalige Denken an Amitābha für einen sicheren Platz in seinem Paradies ausreicht. (Vgl. dazu A. Bareau [1964], S. 152.)

Ein wenig mag die Einführung des *sambhoga-kāya*, und damit die Entwicklung zu einer Drei-Körper-Lehre, auch den Zweck gehabt haben, gerade solchen Auswüchsen (denen die Bhakti-Lehre übrigens auch im Hinduismus ausgesetzt war) zu steuern. Denn immerhin ist der *sambhoga-kāya* nicht der höchste Körper, er geht auch noch gesondert auf jeden einzelnen Buddha (während der *dharma-kāya* für alle Buddhas gilt), und der entsprechende Paradiesaufenthalt dauert zwar sehr lange und führt unausweichlich zur Erlösung, aber er ist nicht identisch mit der Erlösung. Auch ist der *sambhoga-kāya* dieser Lehre, wie wir oben sahen, nicht (besser: nicht mehr) im sinnlichen Bereich angesiedelt; *sambhoga* wurde sublimiert.

Doch man täusche sich nicht: von Haus aus ist *sambhoga* der grob sinnliche Genuß (mehr noch als die „Wonne" *[ānanda]* der Ātman-Theoretiker; vgl. oben, 2.1.3.). Die Verwendung dieses Wortes macht daher ein interessantes Phänomen sichtbar, das zumindest in der indischen Religionsgeschichte von einiger Bedeutung ist.

Es läßt sich etwa wie folgt darstellen: Erlösung — auf einem gehobenen (intellektuellen oder auch nur moralischen) Niveau — wird nicht nur um ihrer selbst willen angestrebt, sondern auch zur Erlangung von sozialem Prestige. In letzterem Falle allerdings nur vorgeblich. Dennoch handelt es sich lediglich in der Theorie um eine Alternative; praktisch finden wir — wofür die Widersprüchlichkeit menschlicher Natur verantwortlich zu machen ist — fließende Übergänge zwischen zwei Extremen, von denen besonders das des kompromißlosen Erlösungsstrebens nur selten erreicht wird. Das sieht dann so aus, daß etwa der Wunsch nach Linderungen der Sorgen des Alltags und, mehr noch, das Genießenwollen des als hoffnungslos leidvoll deklarierten Lebens auch bei „Erlösungsuchenden" recht auffällig in den Vordergrund rücken, um mit dem hohen, aber mehr oder weniger vorgegebenen Ziel (eben der Erlösung) eine innige Verbindung einzugehen, die ich als „Genuß ohne Reue" bezeichnen möchte. Diese Verbindung besteht nämlich darin, daß man in weiter, (fast) unerreichbarer Ferne die Erlösung sicher, vor sich jedoch erst einmal ein genußreiches, leidfreies, dabei nicht karmanträchtiges Leben haben möchte.

Dieser Wunsch (nach „Genuß ohne Reue"), obwohl sicherlich töricht, weil unerfüllbar, schlägt sich immer wieder in indischen Lehrsystemen nieder. Was den Buddhismus angeht, so hatten wir ihn bereits in der merkwürdigen, sonst, wie mir scheint, unverständlichen Konzeption des „Nicht-Wiederkehrenden" *(anāgāmin*; s. oben, S. 123) kennengelernt, jener dritten und vorletzten, aber nicht obligatorischen, Stufe zum Heil, in welcher dem Nirvāṇa eine himmlische Existenz vorgeschuht ist. Und er war im Grunde auch erkennbar in dem Versprechen an die Laienanhänger, keine üblen Geburten mehr mitmachen zu müssen (selbst wenn die Erlösung noch sehr lange auf sich warten läßt).

Vor allem aber findet sich der „Genuß ohne Reue" eben in unserer Drei-Körper-Lehre, und hier in einer geradezu klassischen Form. Bringt diese Lehre doch den „Körper des Genusses" genau an der richtigen Stelle zur Geltung, nämlich vor dem die Erlösung markierenden Dharma-Körper, dabei noch, wie bereits erwähnt, in individueller Ausprägung, aber immerhin schon der sinnlichen Sphäre entrückt.

Ein so sublimer „Körper des Genusses" läßt sich unschwer als Produkt von Philosophen erkennen, die — soviel mag zusammenfassend gesagt werden — mit ihm nach zwei Seiten hin lavieren: nach der Seite der Massen hin, indem sie die offenbar begehrte Bhakti konzedieren, und nach der Seite der (wenn auch bereits mahāyānistischen, von der Ātman-Theorie infizierten) Lehre hin, indem sie wenigstens noch den Dharma (in Gestalt des *dharmakāya*) hochhalten.

Daß dem Versuch, auf solche Weise die Bhakti zu zähmen, kaum Erfolg zuteil wurde, zeigt die Praxis des Amitābha-Kultes mit ihrem unbekümmerten Beiseiteschieben der anderen (von *sambhoga-kāya* = Amitābha verschiedenen) Körper des Buddha. Bemerkenswerterweise hat sich indessen auch diese radikale Buddha-Bhakti, wie es scheint, mehr außerhalb Indiens durchsetzen können als innerhalb.

In Indien war die hinduistische Bhakti offenbar auch so nicht aus dem Felde zu schlagen — im Gegenteil, während dadurch der Buddhismus immer mehr an Profil verlor, wurde sie zu einer der tragenden Kräfte des Hinduismus.

Etwas später kam eine zweite hinzu: Tantra („Tantrismus"). Sie darzustellen würde den Rahmen dieser „Einführung in den Buddhismus" sprengen. Nur soviel sei gesagt: Während Bhakti exoterisch ist wie die ursprüngliche Lehre des Buddha, die sie überwindet, indem sie (rationalem) Denken (religiösen) bis zur Inbrunst gesteigerten Glauben entgegensetzt, ist Tantra esoterisch, elitär (d. h. brahmanisch — und nicht bloß, wie Bhakti, die aus Kriegerkreisen stammt, von den Brahmanen nolens volens übernommen); Tantra lebt von einem Rückgriff auf magische Praktiken der vedischen Zeit (insbesondere des vedischen Opferkults), ist jedoch selber keineswegs primitiv, auch nicht naiv, sondern eher raffiniert (im eigentlichen Sinne: „verfeinert"), weil angereichert mit der gesamten dazwischenliegenden philosophischen Tradition.

Tantra ist die letzte ganz große Herausforderung an den Buddhismus. Mit ihm erleben wir, mutatis mutandis, dasselbe Schauspiel wie mit Bhakti: Der Buddhismus re-agiert, indem er aufnimmt und sich angleicht (wobei übrigens, u. a., auch die Drei-Körper-Lehre entsprechend erweitert wird); und er hat damit außerhalb Indiens, wo der Hinduismus sich sehr viel schwerer tut, noch beträchtlichen Erfolg, wenn auch um den Preis, daß er schon fast mehr hinduistisches Gedankengut verbreitet als eigenes.

Innerhalb Indiens jedoch ist sein Schicksal besiegelt. Er gerät noch stärker in den Sog des Hinduismus. Folglich werden weitere „Drehungen des Rades der Lehre“ nötig, auch weitere „Fahrzeuge“ (über *tantra-yāna* hinaus). Die Entwicklung wird immer hektischer, die Position immer schwächer — bis schließlich auch die letzte Mönchsgemeinde aufgibt oder verschwindet.

CORRIGENDA

S. 6, Z. 19: Statt wärmsten: wärmstens
S. 7, Z. 4: Statt In älteren: Von älteren
S. 82, A. 41, Z. 3: Statt *uddhaca*: *uddhacca*
S. 83, Z. 28: Statt Fragt sich nun: Fragt sich nur
S. 86, Z. 5: Statt *samphapalāpa*: *samphappalāpa*
S. 101, Z. 1: Statt *āneñca*: *āneñja*
S. 105, Z. 26: Statt *ṣadāyatana*: *ṣaḍāyatana*
S. 137, Z. 24: Statt Vatsīputrīya: Vatsīputrīas
S. 188, Z. 30: Statt (vgl. oben, 0.4.) aus: (vgl. oben, 0.4.), aus
S. 189, Z. 10: Statt dieses hat: dieses, hat
S. 189, A. 131, Z. 131: Statt Mathurā vgl.: Mathurā, vgl.
S. 202a, Z. 25: Statt *ānenca*: *āneñja*
S. 204a, Z. 17: Statt 154: 156
S. 212a, Z. 20: Statt Mulasarvastivadins: Mūlasarvāstivādins
S. 213a, Z. 31: Statt *upādānskandhāh*: *upādānkandhāḥ*
S. 213a, Z. 38: Statt Panjab: Panjāb
S. 216b, Z. 28: Statt satta: *satta*
S. 218, Z. 1: Statt Sudras: Śudras
S. 218, Z. 2: Statt *śūkara-mārdava*: *sūkara-mārdava*

NACHTRÄGE

S. 21: Zur Frage der Datierung des Buddha vgl. jetzt auch A. Bareau (1991).
S. 67, Anm. 26: Vgl. jetzt auch K. Meisig (1987b) und K. Meisig (1988a).

ZITIERTE LITERATUR

Akanuma (1958): Ch. Akanuma, The Comparative Catalogue of Chinese Āgamas and Pāli Nikāyas. Tokyo 1958.

Alsdorf (1955): L. Alsdorf, Vorderindien – Bharat, Pakistan, Ceylon. Braunschweig 1955.

Alsdorf (1962): L. Alsdorf, Aśokas Separatedikte von Dhauli und Jaugaḍa. Wiesbaden 1962 (= AWLM 1962, Nr. 1).

Bareau (1955): A. Bareau, Les premiers conciles bouddhiques. Paris 1955.

Bareau (1955a): A. Bareau, Les sectes bouddhiques du Petit Véhicule. Saigon 1955.

Bareau (1962): A. Bareau, La légende de la jeunesse du Buddha dans les Vinayapiṭaka anciens. In: Oriens Extremus, 9. Jg. (1962), S. 6ff.

Bareau (1963): A. Bareau, Recherches sur la biographie du Buddha dans les Sūtrapiṭaka et les Vinayapiṭaka anciens: de la quête de l'éveil à la conversion de Śāriputra et de Maudgalyāyana. Paris 1963 (= Publications de l'École Française d'Extrême-Orient LIII).

Bareau (1964): A. Bareau, Der indische Buddhismus. In: Die Religionen Indiens III. Stuttgart 1964. (= Die Religionen der Menschheit, Bd. 13).

Bareau (1970): A. Bareau, Recherches sur la biographie du Buddha dans les Sūtrapiṭaka et les Vinayapiṭaka anciens. Bd. II: Les derniers mois, le parinirvāṇa et les funérailles. 2 Bde. Paris 1970 und 1971. (= Publications de l'École Française d'Extrême-Orient LXXVII).

Bareau (1991): A. Bareau, Quelques considérations sur le problème posé par la date du Parinirvāṇa du Buddha, in: H. Bechert, ed., The Dating of the Historical Buddha. Die Datierung des historischen Buddha, Part 1, Göttingen 1991, S. 211–221 (Symposien zur Buddhismusforschung IV, 1).

Bechert (1961): H. Bechert, Aśokas „Schismenedikt" und der Begriff Saṅghabheda. In: WZKSOA V (1961), S. 18ff.

Bechert (1966): H. Bechert, Buddhismus, Staat und Gesellschaft in den Ländern des Theravāda-Buddhismus. Bd. I: Grundlagen. Ceylon. Frankfurt und Berlin 1966. Bd. II: Birma, Kambodscha, Laos, Thailand. Wiesbaden 1967. Bd. III: Bibliographie, Dokumente, Index. Wiesbaden 1973.

Beckh (1916): H. Beckh, Buddhismus (Buddha und seine Lehre). Bd. I: Einleitung. Der Buddha. Bd. II: Die Lehre. Berlin und Leipzig 1916 und 1919 (= Sammlung Göschen 174 und 770), [4]1958.

Bertholet (1942): A. Bertholet, Der Sinn des kultischen Opfers. Berlin 1942 (= ABAW 1942, Nr. 2).

Bertholet (1952): A. Bertholet, Wörterbuch der Religionen. Stuttgart 1952 (= Kröners Taschenausgabe, Bd. 152).

Bibliographie bouddhique. Paris 1930ff. (fasc. XXVIII—XXXI erfaßt die Literatur bis Mai 1958; fasc. XXXII: Index général des tomes XXIV—XXVII et XXVIII—XXXI).

Bloch (1950): J. Bloch, Les inscriptions d'Asoka. Paris 1950.

Burnouf (1844) und (1852): E. Burnouf, Introduction à l'histoire du Buddhisme Indien. Paris 1844, ²1876. Bd. II: Le lotus de la bonne loi. 1852, Neuaufl. 1925.

Conze (1957): E. Conze, Im Zeichen Buddhas. Buddhistische Texte. Frankfurt – Hamburg 1957 (= Fischer-Bücherei 144 [deutsche Übers. von „Buddhist Texts through the Ages". Oxford 1954]).

Conze (1960): E. Conze, The Prajñāpāramitā Literature. 'S-Gravenhage 1960 (= Indo-Iranian Monographs VI).

Dasgupta (1922): S. Dasgupta, A History of Indian Philosophy. Calcutta 1922ff., Neudruck: 1969. (Bd. I, S. 78—168: „Buddhist Philosophy").

Demiéville (1951): P. Demiéville, A propos du concile de Vaiśālī. In: TP 40 (1951), S. 239ff.

Dutt (1929): N. Dutt, The Doctrine of Kāya in Hīnayāna and Mahāyāna. In: IHQ V (1929), S. 518ff.

Dutt (1941): N. Dutt, Early Monastic Buddhism. 2 Bde. Calcutta 1941 und 1945.

Dutt (1924): S. Dutt, Early Buddhist Monachism. London 1924 (Indische Ausgabe: Bombay 1960).

Dutt (1962): S. Dutt, Buddhist Monks and Monasteries of India, Their History and Their Contribution to Indian Culture. London 1962.

Eggermont (1965ff.): P.H.L. Eggermont. New Notes on Aśoka and His Susscessors I, in: Persica II (1965—1966), S. 27—70); II, in: Persica IV (1969), S. 77—120; III, in: Persica V (1970—1971), S. 69—102.

Filliozat-Demiéville (1953): J. Filliozat and P. Demiéville, Le bouddhisme = Kap. XI in: L'Inde classique II. Manuel des études indiennes par L. Renou et J. Filliozat. Paris-Hanoi 1953.

Fischer-Länderk., S-Asien (1977): Fischer Länderkunde, Bd. 2: Südasien, hrsg. von J. Blenck, D. Bronger, H. Uhlig. Frankfurt a. M. 1977.

Foucher (1949): A. Foucher, La vie du Bouddha, d'après les textes et les monuments de l'Inde. Paris 1949 (Bibliothèque Historique).

Franke (1902): R. O. Franke, Pāli und Sanskrit. Straßburg 1902.

Franke (1913): R. O. Franke, Dīghanikāya — Das Buch der langen Texte des buddhistischen Kanons, in Auswahl übersetzt. Göttingen und Leipzig 1913 (Quellen der Religionsgeschichte).

Frauwallner (1952): E. Frauwallner, Die buddhistischen Konzile. In: ZDMG 102 (1952), S. 240ff.

Frauwallner (1953): E. Frauwallner, Geschichte der indischen Philosophie, Bd. I. Salzburg 1953.

Frauwallner (1956): E. Frauwallner, Die Philosophie des Buddhismus. Berlin 1956 (= Philosophische Studientexte. Texte der indischen Philosophie, Bd. 2).

Frauwallner (1956a): E. Frauwallner, The Earliest Vinaya and the Beginnings of Buddhist Literature. Rom 1956. (= Serie Orientale Roma VIII).

Frauwallner (1971): E. Frauwallner, Die Entstehung der buddhistischen Systeme. Göttingen 1971 (= NGAW 1971, Nr. 6).

Geiger (1916): W. Geiger, Pāli, Literatur und Sprache. Straßburg 1916 (= Grundriß der Indo-Arischen Philologie und Altertumskunde I 7).

Giles (1923): H. A. Giles, The Travels of Fa-hsien (399—414 A.D.) or Record of the Buddhistic Kingdoms. Re-translated by H.A.G. London 1923, ³1959.

v. Glasenapp (1956): H. v. Glasenapp, Der Pfad der Erleuchtung. Grundtexte der buddhistischen Heilslehre in deutscher Übersetzung. Düsseldorf-Köln 1956.

Hanayama (1961): Sh. Hanayama, Bibliography on Buddhism. Tokyo 1961.

Hanefeld (1976): E. Hanefeld, Philosophische Haupttexte der älteren Upanisaden. Wiesbaden 1976.

Härtel (1956): H. Härtel, Karmavācanā. Formulare für den Gebrauch im buddhistischen Gemeindeleben aus ostturkistanischen Sanskrit-Handschriften. Berlin 1956 (= Sanskrittexte aus den Turfanfunden III).

Hauer (1958): J. W. Hauer, Der Yoga. Ein indischer Weg zum Selbst. 2., umgearb. Aufl. Stuttgart 1958.

Heiler (1922): F. Heiler, Die buddhistische Versenkung. 2., verb. Aufl. München 1922.

Hôbôgirin. Dictionnaire encyclopédique du Bouddhisme d'après les sources chinoises et japonaises. Paris 1929ff.

Hofinger (1946): M. Hofinger, Étude sur le concile de Vaiśālī.Louvain 1946.

Horner (1938ff.): I. B. Horner, The Book of the Discipline. 6 Bde. London 1938—1966.

Hultzsch (1924): E. Hultzsch, Inscriptions of Asoka. Neuaufl., New Delhi, Varanasi 1969 (= CII, Bd. I).

Jones (1949): J. J. Jones, The Mahāvastu. Translated from the Buddhist Sanskrit. 3 Bde. London 1949, 1952 und 1956 (= SBB XVI, XVIII und XIX).

de Jong (1974): J. W. de Jong, A Brief History of Buddhist Studies in Europe and America. In: The Eastern Buddhist. New Series VII 1, S. 55—106 (Kap. I—II); VII 2, S. 49—82 (Kap. III—IV). Kyoto 1974.

Kern (1882): H. Kern, Der Buddhismus und seine Geschichte in Indien. Übers. von H. Jacobi. 2 Bde. Leipzig 1882 und 1884.

Kern (1884): H. Kern, The Lotus of the True Law. (Übers. des Saddharmapuṇḍarīka-Sūtra). Oxford 1884. (= SBE, Bd. 21).

Kirfel (1920): W. Kirfel, Die Kosmographie der Inder nach den Quellen dargestellt. Bonn und Leipzig 1920. Reprogr. Nachdr. Darmstadt 1967.

Koeppen (1857): C. F. Koeppen, Die Religion des Buddha und ihre Entstehung. Bd. I. Berlin 1857; Bd. II: Die lamaische Hierarchie und Kirche. Berlin 1859. ²1906.

Krebs (1939): N. Krebs, Vorderindien und Ceylon. Eine Landeskunde. Stuttgart 1939, reprogr. Nachdr. Darmstadt 1965.

Lamotte (1954): É. Lamotte, Sur la formation du Mahāyāna. In: Asiatica, Festschrift F. Weller. Leipzig 1954, S. 377ff.

Lamotte (1958): É. Lamotte, Histoire du bouddhisme indien, dès origines à l'ère Śaka. Louvain 1958. (= Bibliothèque du Muséon, Bd. 43).

La Vallée-Poussin (1910): L. de La Vallée-Poussin, Councils (Buddhist). In: ERE IV London 1910, S. 179—185.

La Vallée-Poussin (1937): L. de La Vallée-Poussin, Le bouddhisme et le Yoga de Patañjali. In: MCB V, (1936—37), S. 223ff.

van der Leeuw (1956): G. van der Leeuw, Phänomenologie der Religion. Tübingen ²1956.

Lévi (1912): S. Lévi, Observations sur une langue précanonique du bouddhisme. In: JA 1912, S. 495ff.

Lüders (1940): H. Lüders, Philologica Indica. Göttingen 1940.

Lüders (1954): H. Lüders, Beobachtungen über die Sprache des buddhistischen Urkanons. Aus dem Nachlaß hrsg. von E. Waldschmidt. Berlin 1954. (= ABAW 1952, Nr. 10).

Majumdar (1960): R. C. Majumdar, The Classical Accounts of India. Being a Compilation of the English Translations of the Accounts Left by Herodotus, Megasthenes, Arrian, Strabo, Quintus, Diodorus, Siculus, Justin, Plutarch, Frontinus, Nearchus, Apollonius, Pliny, Ptolemy, Aelian and Others with Maps, Editorial Notes, Comments, Analysis and Introduction. Calcutta 1960.

Malalasekera (1937): G. P. Malalasekera, Dictionary of Pāli Proper Names. 2 Bde. London 1937f., Reprint 1960.

Malalasekera (1961): Encyclopaedia of Buddhism, hrsg. von G. P. Malalasekera. Colombo 1961ff.

Meisig (1987a): K. Meisig, Das Śrāmaṇyaphala-Sūtra. Synoptische Übersetzung und Glossar der chinesischen Fassungen verglichen mit dem Sanskrit und Pāli, Wiesbaden 1987 (Freiburger Beiträge zur Indologie 19).

Meisig (1987b): Sheng Tao King, die chinesische Fassung des Mahācattārīsaka-Sutta, in: Hinduismus und Buddhismus — Festschrift für Ulrich Schneider, hrsg. von H. Falk, Freiburg 1987, S. 220 — 248.

Meisig (1988a): K. Meisig, Das Sūtra von den vier Ständen. Das Aggañña-Sutta im Licht seiner chinesischen Parallelen, Wiesbaden 1988 (Freiburger Beiträge zur Indologie 20).

Meisig (1988b): Das Kastensystem des Hinduismus, in: Wer ist mein Nächster? Die Antwort der Weltreligionen, hrsg. von A. Th. Khoury und P. Hünermann, Freiburg 1988, 11 — 58 (Herder Taschenbuch 1512).

Meisig (1990): K. Meisig, Meditation (dhyāna) in der ältesten buddhistischen Lehre, in: L. Hagemann — E. Pulsfort, Hrsg., „Ihr alle seid meine Brüder", Festschrift für A. Th. Khoury zum 60. Geburtstag, Würzburg — Altenberge 1990, S. 541 — 554 (Würzburger Forschungen zur Missions- und Religionswissenschaft, Religionswissenschaftliche Studien 14).

Mensching (1938): G. Mensching, Volksreligion und Weltreligion. Leipzig 1938.

Mode (1959): H. Mode, Das frühe Indien. Stuttgart 1959.

Mookerji (1962): R. K. Mookerji, Asoka. 3., durchges. und erw. Aufl., Delhi, Varanasi, Patna 1962.

Müller (1894): M. Müller, Buddhist Mahāyāna Texts. Pt. II: Sukhâvatî-vyûha, Vagra*kkh*edikâ etc., übers. von F. M. M. Oxford 1894 (= SBE, Bd. 49).

Oldenberg (1881): H. Oldenberg, Buddha, sein Leben, seine Lehre, seine Gemeinde. 1881. Stuttgart ^{13}1959 (mit einem Nachwort von H. v. Glasenapp).

Pischel (1921): R. Pischel, Leben und Lehre des Buddha. 3. Aufl. von H. Lüders. Leipzig und Berlin 1921 (= Aus Natur und Geisteswelt 109).

Preuss (1923): K. Th. Preuss, Die geistige Kultur der Naturvölker. Leipzig und Berlin ^{2}1923 (= Aus Natur und Geisteswelt 452).

Przyluski (1923): J. Przyluski, La legende de l'Empereur Açoka. Paris 1923.

Przyluski (1926): J. Przyluski, Le concile de Rājagṛha. 3 Tle. Paris 1926—28.

Regamey (1950): C. Regamey. Buddhistische Philosophie. Bern 1950 (= Bibliographische Einführungen in das Studium der Philosophie 20/21).

Rosenberg (1918): O. Rosenberg, Die Probleme der buddhistischen Philosophie. Aus dem Russischen übers. von Frau E. Rosenberg. Heidelberg 1924 (= Materialien zur Kunde des Buddhismus, H. 7/8).

Schlingloff (1962): D. Schlingloff, Die Religion des Buddhismus. Bd. I: Der Heilsweg des Mönchtums. Berlin 1962. Bd. II: Der Heilsweg für die Welt. Berlin 1963 (= Sammlung Göschen 174 und 770).

Schneider (1957): U. Schneider, Ein Beitrag zur Textgeschichte des Aggañña-Suttanta. In: IIJ I (1957), S. 253 ff.

Schneider (1961): U. Schneider, Die altindische Lehre vom Kreislauf des Wassers. In: Saeculum XII (1961), S. 1 ff.

Schneider (1967): U. Schneider, Upanisad-Philosophie und früher Buddhismus. In: Saeculum XVIII (1967), S. 245 ff.

Schneider (1971): U. Schneider, Buddha. In: Die Großen der Weltgeschichte. Bd. I, Zürich 1971, S. 401 ff.

Schneider (1978): U. Schneider, Die Großen Felsen-Edikte Aśokas. Kritische Ausgabe, Übersetzung und Analyse der Texte. Wiesbaden 1978.

Schumann (1976): H. W. Schumann, Buddhismus. Stifter, Schulen und Systeme. Olten und Freiburg i. Br. 1976.

Seidenstücker (1923): K. Seidenstücker, Pāli-Buddhismus in Übersetzungen. Texte aus dem buddhistischen Pāli-Kanon und dem Kammavāca, aus dem Pāli übers. nebst Erläuterungen und einer Tabelle. 2., verm. und verb. Aufl. München-Neubiberg 1923.

Spate (1967): O. H. K. Spate, A. T. A. Learmonth and B. A. Farmer, India and Pakistan. London [3]1967 (Neudr. 1972).

Stcherbatsky (1930): T. Stcherbatsky. Buddhist Logic. 2 Bde. Leningrad 1930 und 1932.

Thapar (1963): R. Thapar. Aśoka and the Decline of the Mauryas. Oxford (1963).

Toynbee (1952): A. J. Toynbee, Der Gang der Weltgeschichte. Aufstieg und Verfall der Kulturen. Stuttgart [4]1954.

Uhlig (1966): H. Uhlig, Der indische Subkontinent. Bd. II: Land und Wirtschaft. Bonn 1966 (= Informationen zur politischen Bildung 117).

Waldschmidt (1929): E. Waldschmidt, Die Legende vom Leben des Buddha. Berlin 1929.

Waldschmidt (1939): E. Waldschmidt, Beiträge zur Textgeschichte des Mahāparinirvāṇasūtra. Göttingen 1939 (= NGGW, Neue Folge II 3).

Waldschmidt (1944): E. Waldschmidt, Die Überlieferung vom Lebensende des Buddha. Eine vergleichende Analyse des Mahāparinirvāṇasūtra und seiner Textentsprechungen. 2. Bde. Göttingen 1944 und 1948 (= AGAW, 3. Folge, Nr. 29 und 30).

Waldschmidt (1948): E. Waldschmidt, Wunderkräfte des Buddha. Eine Episode im Sanskrittext des Mahāparinirvāṇasūtra. Göttingen 1948 (= NGAW 1948, H. 1).

Waldschmidt (1950): E. Waldschmidt. Das Mahāparinirvāṇasūtra. Text in Sanskrit und Tibetisch. Verglichen mit dem Pāli nebst einer Übersetzung der chinesischen Entsprechung im Vinaya der Mūlasarvāstivādins. Auf Grund von Turfan-

Handschriften hrsg. und bearb. von E. W. 3 Teile. Berlin 1950—51 (= ABAW 1949, Nr. 1, 1950, Nr. 2, 1950, Nr. 3).

Waldschmidt (1952): E. Waldschmidt, Das Catuṣparisatsūtra. Eine kanonische Lehrschrift über die Begründung der buddhistischen Gemeinde. Text in Sanskrit und Tibetisch, verglichen mit dem Pāli nebst einer Übersetzung der chinesischen Entsprechung im Vinaya der Mūlasarvāstivadins. Auf Grund der Turfan-Handschriften hrsg. und bearb. von E. W. 2 Teile. Berlin 1952 und 1957 (= ABAW 1952, Nr. 2, und 1956, Nr. 1).

Waldschmidt (1953): E. Waldschmidt, Das Mahāvadānasūtra. Ein kanonischer Text über die sieben letzten Buddhas. Sanskrit, verglichen mit dem Pāli, nebst einer Analyse der in chinesischer Übersetzung überlieferten Parallelversionen. Auf Grund von Turfan-Handschriften hrsg. von E. W. 2 Teile. Berlin 1953 und 1956 (= ABAW 1952, Nr. 8, und 1954, Nr. 3).

Waldschmidt (1960): E. Waldschmidt, Die Erleuchtung des Buddha. In: Indogermanica. Festschrift für W. Krause. Heidelberg 1960, S. 214ff.

Warren (1896): H. C. Warren, Buddhism in Translations. Cambridge, Mass. 1896 (= HOS, Bd. 3) (Neuaufl. 1915 und 1922).

Wassiljew (1860): W. Wassiljew, Der Buddhismus, seine Dogmen, Geschichte und Literatur. Aus dem Russischen übersetzt (von A. Schiefner). Petersburg 1860.

Weber (1972): M. Weber, Wirtschaft und Gesellschaft. Tübingen [5]1972.

Weller (1963): F. Weller, Betrachtungen über einen Ratnakūṭa-Text. In: Forschungen und Fortschritte, 37. Jg., H. 12, Berlin 1963, S. 369ff.

Wheeler (1960): M. Wheeler, The Indus Civilization. Cambridge 1960 (= The Cambridge History of India. Suppl. Volume).

Wilhelm (1967): F. Wilhelm u. a., Indien. Frankfurt a. M. 1967 (= Fischer Weltgeschichte, Bd. 17).

Winternitz (1933): M. Winternitz, A History of Indian Literature. Bd. II: Buddhist Literature and Jaina Literature. Calcutta 1933.

REGISTER

Von Konrad Meisig